행복기초론

이현복 지음

도서출판 청어

행복기초론

이현복 지음

머리글

1. 행복론은 어디에 있는가

삶의 목적은 행복이다. 당신이 지금 어떤 삶을 살아가든 우리 삶의 목적은 행복에 있다. 동서고금의 현자들이 공통적 사유 주제는 어떠한 접근형태를 취하더라도 궁극적으로는 〈어떻게 살아야 행복한가〉를 목표로 하였다.

"모든 철학은 플라톤 철학의 각주"라는 화이트 헤드의 말처럼 '모든 학문은 행복학의 각주'일 뿐이다. 철학이나 종교, 과학과 예술도 인간의 행복을 위한 수단에 불과하다. 하지만 학문의 역사는 인간의 행복을 활동의 중심에 두고 삶을 본격 논의 대상으로 삼거나 체계화하는 것에는 소극적으로 보인다. 행복학은 학문의 중심은커녕 윤리적 활동을 보조하는 효과로 유지되거나 밀려나 있으며 심리학, 뇌과학 그리고 사회학에 걸쳐 어떤 상태나 만족도를 그려내는 일에 형식적 역할에 불과하거나 단순한 삶의 기술로 전락해왔다.

아리스토텔레스와 에피쿠로스가 제시한 고대 서양의 행복론은 삶의 기술인 '덕' 윤리가 중심이였으나 그나마 행복에 관한 논의는 활발했던 시기였다. 쇼펜하우어는 『인생론』에 행복에 관한 아포리즘과 다채로운 비전을 남겼지만, 그것들의 체계화와는 거리가 먼 방법이였다. 그리고 정작 오늘날에도 행복론은 쏟아져 나오지만, 자세히 들여다보면 삶의 본질에 다가가는 진정한 행복보다는 생존 기술이자 행복 산업에 가깝다.

행복은 우리 삶의 지형도에서 가장 깊고 가장 높으며 가장 중심에 있다는 사실은 어떠한 삶에서도 부정할 수 없다. 그럼에도 정작 중요한 인간의 행복 경영을 위한 학문적 체계화는 미흡하고 배우려는 사람도 드물다. 이처럼 행복론이 제자리를 찾지 못하는 이유는 무엇일까?

우리는 행복을 개인의 주관적인 문제로 치부하거나 그 반대로 불가지론이나 객관적인 답을 내기가 어려운 문제로만 여긴다는 것이다. 그러나 이것은 안이한 태도다. 아무리 개별성이 강하더라도 그 속에서 골조는 필요한 것이며, 그 골조의 기초가 되는 구조를 충분히 찾아낼 수 있는 것이다.

사람들은 상대주의적 관점에서 행복이란 무엇인지에 저마다 자신 있게 대답할지 모른다. 하지만 그 답은 대단히 가벼울 것이다. 우리는 삶에서 행복이란 단어를 수없이 보고 듣고 쓰고 있으나, 그 가치나 의미를 인식하는 수준은 매우 낮으며 심지어는 왜곡으로 불행한 길을 추구하기도 한다.

이는 우리가 행복을 일생을 통한 경영 대상으로 보지 않고 삶에서 가끔 느끼는 즐거움 정도로 보는 근본적 무지 때문이다. 또한 행복을 추구할 도구가 미흡하여 누구도 배우거나 가르치지 않았고 다른 학문을 통한 우회로에 골몰한다. 또한 그동안 행복은 인간 삶의 궁극적인 목표임에도 그 범위가 너무 광범위하고 상대적이라는 이유로 소홀히 취급하였다. 마치 모든 학문의 전제인 『존재』이해가 너무 보편적 개념이라는 이유로 최근까지 소홀히 취급되었다는 하이데거의 주장처럼 말이다.

또한, 행복론은 공통의 구성된 체계가 없었기 때문이다. 행복이 인간이 추구해야 할 가장 높은 위계에 있다면 학문의 한 분과로 우뚝 서야 하지 않겠는가. 그간 적지 않은 행복론이 나왔으나, 인간 삶의 전체인 행복 요소 중에서 신체, 관조, 감정, 이성, 자유, 의식 등 특정 영역만을 탐구의 목적으로 함으로써 보편적 체계화가 이루어지지 못한 것이다. 가장 종합적인 행복론 중 하나인 아리스토텔레스의 『니코마코스 윤리학』은 제 삶을 돌아볼 여유가 있는 귀족을 대상으로 하고 있으며, 삶 전체를 장악하는 구조적 접근을 시도하였으나 체계성은 미흡하였으며 그나마도 이후 명맥을 이어가지는 못하였다.

왜 정작 필요한 개인을 위한 행복학은 별도 분과로 독립되지 않았을까? 오늘날 서점 매대는 '행복 방법론'으로 뒤덮였지만, 독자는 그 내용을 자신의 이데올로기로 체화하지 못하고 그저 작은 물결처럼 이리저리 휩쓸리다 사라져 가버린다.

이제 행복론도 제자리를 찾아야 할 때다. F. 펠만은 "삶의 지혜가 심리학자와 신경정신과 의사에 의해 추구되는 상담자의 실천으로 가고 있다"며 "삶의 지혜가 순수한 기술적 문제 해결 능력의 한계를 넘어서 더 이상 경험적으로 측정되지 않는 의미 발견의 공간으로 나아가야 할 시점"이라고 한 것을 현재 행복론의 위상을 대변하는 것이다.[1]

가정도 기업도 정부도 비전과 목표가 뚜렷하지 않다면 비용 대비 소기의 성과를 거두기 어렵다. 그래서 가정학 재정학, 정치학, 경영학이 발달한 이유다. 사회는 무수한 개인과 개인 간의 관계망으로 이루어진다. 이러한 복잡한 사회망 속에서 행복을 추구해야 하는 세상에서 개인의 경영을 위한 행복론이 없는 것은 가야 할 지름길을 겉돌게 하는 사회적 문제다. 이 책은 개인의 체계적인 행복 함양을 통해 사회와 세상이 진정한 행복의 연대를 이루기를 바라며 시작했다. 이제 행복 관련 서적을 총류와 철학 사이에 두어야 할 때가 되었다.

2. 기획 취지

이 책은 인간 삶의 목표인 행복을 일생의 경영 대상으로 보고, 이를 구조적으로 분해 종합하여 '행복 원론서' 역할을 하도록 그 '기초인 주춧돌'을 놓고자 구성했다. 오늘날 대다수의 행복론이 저자의 개별적 경험이나 선호 등을 통한 특정 분야에 대한 땜질식 처방만 있었으나, 이 책은 모든 행복론을 포괄할 수 있도록 종합적으로 분류, 함축, 체계화한 것이다.

당신은 당신 인생의 경영자이자 창조자이며 예술가이다. 당신이 생애를 마칠 때 훌륭한 작품을 남겼는지는 작품을 만들며 당신이 얼마나 즐거웠는지에 따라 평가되어야 한다. 임종 시 '나는 행복했다.'라는 유언을 위해서다.

이 책은 행복은 '지혜'에 해당하는 학문임을 염두에 두고, 지혜가 발휘되어야 하는 관련 요소들의 종합 프레임화를 시도한다. 모든 학문은 인간의 복리 증진과 편리성, 안락을 위한 행복의 수단인데도 그 궁극적 행복학의 내용이 단편적으로 흩어져 있었다는 것은 이해할 수 없는 것이다. 그래도 최근 미국의 유수 대학과 우리나라 일부 대학에서도 행복 연구소를 운영하고 강의를 여는 현상은 분명 희망적이다.

아직 갈 길이 멀었지만, 우리는 행복의 근원과 그 지향은 결국 '긍정적 감정'에 있음을 인정해야 한다. 긍정적 감정이란 마음의 즐거움, 쾌락, 기쁨 등 의식의 상태를 말한다. 감정의 상태는 이 '행복기초론'에서 가장 먼저 놓여지는 출발점이자 주춧돌이다. 그동안 삶에서 감정은 도덕에 억제되어야 하는 것으로 천대받아 온 것도 사실이다. 감정을 다루는 심리학이 근대에 와서야 출현한 탓도 있지만. 돈, 가족, 사랑, 명예, 권력 등은 즐거운 감정을 얻기 위한 중간과정이자 수단에 불과함을 잊지 말아야 한다.

감정이 발생하기 이전의 모든 행위는 즐거운 감정을 위한 과정이자 수단인데도, 이것들만이 즐거움을 보증한다는 잘못된 이데올로기가 세상을 지배하고 있는 탓이다. 이제부터 당신의 행복에 감정의 중요성을 고찰할 것이며, 감정에 직접 접근하는 지름길을 찾아갈 것이다. 이것은 당신 의식에 장착된 프로그램인 이데올로기가 무엇인지를 이해하는 일부터 선행할 때 비로소 보인다. 행복이란 그런 과정에서 당신의 뇌가 느끼는 즐거움 감정, 긍정적 감정인 것이다.

즐거운 감정을 얻기 위해서는 삶 전체의 모습의 유기적 관계에 주목해야 한다. 우리 삶을 범주화하고 행복을 이루는 요소들의 관계를 구조화하며 그 구조물의 본질과 기능을 살펴봐야 한다. 이 구조물은 행복의 근원이자 지향인 '긍정적 감정', 행복의 상태인 '자유·사랑·창조', 행복의 3요소인 '필드·감정·이데올로기'로 체계화 된다. 즐거운 감정이자 행복한 상태는 행복의 3요소를 조화하는 기술로 '지혜'에 해당한다.

3. 책의 구성

책은 총 3부로 구성했다. 제1부에서는 행복의 정의를 알아보고 당신의 인생 경영 성과인 행복 총량에 대하여도 알아볼 것이다. 특히 관심 있게 살펴볼 단원은 '의식 수준도'다. IQ가 두뇌 능력이라면 의식 수준은 세상을 바라보는 평균적 감정 수준에 해당한다. 예컨대 현재 세상을 바라보는 당신의 평균적 감정이 분노 수준에 있다면 모든 사물을 분노 수준으로 보게 된다. 당신의 행복은 계속 마이너스 상태일 것이다. 지혜를 쌓는 목적은 이 평균적 감정 수준을 향상하는 데 있다. 이 책은 당신의 평균적 감정 수준을 올리는 것이 주 목표이다.

제2부는 행복에 영향을 미치는 삶을 세 가지 요소를 범주화하고 이를 행복의 3요소라 정의한다. 우리의 행복에 영향을 미치는 실존적 장인 필드와 필드와 삶을 제약하는 요소인 이데올로기, 그리고 이 두 가지의 상호작용으로 나타나는 아웃풋인 감정을 말한다. 이 세 요소는 우리 삶에 복합적으로 작용하여 행복의 총량을 결정하게 된다.

당신은 아마도 이데올로기가 무엇인가에 대해 의문이 생길 것이다. 이데올로기란 당신이 특정 상황에서 이러저러하게 생각하거나 실행해야 한다고 생각하는 틀, 사고, 개념이다. 인간사회를 규율하는 도덕, 법, 양심, 문화, 예절, 유행, 국가, 이념 등 사상과 규범을 총칭한다. 캐나다의 미디어 이론가이자 문화비평가인 마샬 맥루한은 인간이 만든 정신적, 물리적 생산품을 미디어(media)라 하였는데, 이데올로기는 미디어 개념 중 물리적 도구를 제외한 정신적 산물로 삶의 기준으로 작용하는 모든 개인적, 사회적 개념체계를 말한다.

제2장은 이데올로기의 긍정적 측면보다는 행복에 부정적 영

향에 대하여 중점적으로 살펴볼 것이다. 이데올로기의 근원인 선과 악의 문제부터 부, 지위, 국가이데올로기에 대해서도 별도의 단원을 추가하여 쟁점 파악에 힘을 주었으며, 또한 이데올로기에 대응하는 가장 훌륭한 지혜로 중용의 도를 고찰했다.

제3장은 감정과 감정 관리법을 다룬다. 당신은 지금 당신의 기분에 대해 정확한 감정 상태를 객관적으로 인식하면 할수록 감정 대처능력을 강화할 수 있다. 이를 위하여 일반적인 감정의 성격과 입자도, 감정의 유형 등을 공부하고 감정의 밀도와 표현력을 함양하여 감정을 효과적으로 관리하고 조절할 수 있도록 안내할 것이다. 최근에 나온 마크 브래킷의 『감정의 발견』이라는 책은 감정 관리의 필요성과 "RULER"라는 5단계 관리과정을 쉽고 상세하게 정리한 책으로 이 책과 함께 일독하기를 바란다.

제3부는 감정을 통제하는 지혜의 장을 마련했다. 시중에 나와 있는 수많은 행복론의 실천 지침을 집약했다. 독자들의 여유시간, 나이, 지적 능력, 직업, 상황에 따라 선택할 수 있도록 세 가지 유형으로 범주화하여 선택의 폭을 넓혔다. 모든 실천 방안은 선인들의 지혜를 소개하는 것으로 많은 현인들의 사유의 정수와 이들의 행복학 서적들의 도움으로 구성하였다.

특히 현대를 살아가는 소시민으로서 행복의 경영자이자 예술가로서 대중들이 꼭 가져야 할 보편적, 상시적 자세인 '배움, 정직, 비교, 용기, 죽음'이라는 5가지 코드를 제시한다.

우연히 세상에 던져진 당신은 스스로 존립하기 위해 몸, 관계, 그리고 자아를 바라보고 인간사회에 적응하며 행복을 추구할 것이다. 삶의 경영 목표는 행복이며 그 수단은 나와 세상에 대한 좀 더 깊은 앎이다. 당신은 행복프레임과 구성 요소를 종합적으로 체화한다면, 건축 도면을 눈앞에 펼쳐든 건축가처럼, 목적지에 대한 지도를 가진 여행자처럼 당신은 행복의 설계도를 가진 것과 같다.

이제 당신은 '나 자신을 모른다'는 깨달음부터 행복을 위한 길을 떠나야 한다. 당신을 앎으로 인도하는 가장 중요한 것은 독서다.

독서 습관이 없는 사람은 눈앞의 세상에 갇혀 지낸다. 그러나 책 한 권을 집어 들면 그 즉시 다른 세상으로 들어간다. 좋은 책일 경우 세상에서 가장 입담 좋은 사람과 만나게 되는 것이다. 달변가는 당신을 앞으로 나가도록 인도하고 다른 나라, 다른 시대로 데려가거나 개인적인 회환을 털어놓기도 하며 이제껏 몰랐던 학문 또는 삶의 문제를 토론하기도 한다. 이는 마치 여행과도 같은 것이다. -임어당

필자는 인문학을 전공하지 않았다. 그저 독서를 하다가 모든 사상의 목적이 인간의 행복에 있다는 결론을 얻고 그 행복을 위한 원론서가 필요하다는 착상을 하게 됐다. '독일 철학자 후설이

자연주의에 경도된 유럽 인문학의 위기에 선험 현상학을 내놓았고, 하이데거가 존재개념의 무지를 탓하면서 인간 존재의 위상을 재정립했듯이 인간의 행복 또한 재정립이 요망되는 시점이다. 모든 사람은 졸작을 쓸 권리가 있다'는 어느 교수의 말에 이 책을 쓸 힘을 얻었다. 비록 힘이 부대끼는 거대한 담론이며 운명적으로 졸작이 되는 한이 있더라도 용기 있게 나아가기를 선택하였다.

대부분의 내용은 훌륭한 선인들의 사상과 저서에서 가져왔지만, 행복의 기초 구조를 구상해 본 일에 대해서는 자긍심을 가지고 싶다. 앞으로의 행복학의 학문화에 한 조각의 보탬이 되길 바라고, 모든 학교와 가정에서 행복론을 펼쳐보는 그날을 기대한다.

횡성 우거

목차

Ⅱ. 행복 3요소

Ⅲ. 지혜

I

행복은 무엇인가

○
○
○

● ● ●

'상황 내(內) 존재(Being in situation)'인 개인의
행복량은 일생 동안 사건에 대한 인식과 그
활동에서 느끼는 긍정적 감정에서 부정적
감정을 제외한 총합이다.

1장
행복 방정식

1. 행복이란 즐거운 감정이다

누가 뭐라고 하든 우리 삶의 목적은 행복이다. 동서고금의 수
많은 사상가들은 '인간의 본성은 무엇인가, 삶은 무엇이며 그 목
적은 무엇인가, 어떻게 살아야 하는가'에 관해 사유를 계속 했는
데, 그 곁가지를 치고 나면 '어떻게 살아야 행복한 것인가'라는
큰 줄기만 남는다. 행복은 인류 문명의 시초인 메소포타미아의
우르 문명으로부터 그리스철학을 거쳐 현대의 우주과학에 이르
기까지 모든 학문의 궁극적 목표라 할 수있다.

지금부터 약 5천 년 전, 인간 문명의 흔적인 메소포타미아의
우르 문명은 "죽음은 필연이며 남은 인생 동안 먹고 마시고 즐
기며 행복하게 살 것"을 노래했다.[2] 척박한 환경의 삶을 살아
간 먼 조상들도 죽음의 필연성에 앞서 삶을 즐길 것을 후세들에

게 전해주고 싶었던 증거다. "이성과 지식에 따라 행동하는 인간이 행복을 얻기 위해 해야 하는 모든 것"[3]이라고 말한 존 로크나, "파리가 파리 병에서 빠져나갈 수 있도록 출구를 알려주는 것"이라는 비트겐슈타인까지. 인간이 밝혀온 철학적 사유는 물론 역사상 수많은 인문·사회학적 해법과 과학의 발견·발명은 각각의 고유한 사색과 탐구로 인간의 삶을 좀 더 행복하게 하려는 각기 다른 노력들에 해당한다.

철학은 인간 본성에 더 가까이 다가가려 하였고, 예술은 여가를 즐겁게 보내고 삶의 의미를 고찰하고자 했으며, 과학은 인간의 지능과 신체 능력을 강화하고 생활의 편의를 위해 헌신하였다. 그것들의 최종목표는 '지금보다 더 나은 인간의 행복'이었다.

> **삶의 목표는 행복에 있다. 종교를 믿든 안 믿든, 또는 어떤 종교를 믿든 우리 모두는 언제나 나은 삶을 추구하고 있다. 삶의 모든 몸짓은 행복을 위한 것이다. 따라서 우리의 삶은 근본적으로 행복을 향해 나아가고 있다. 그 행복은 각자의 마음 안에 있다는 것이 나의 변함없는 믿음이다.** —달라이 라마 외, 『달라이 라마의 행복론』, 류시화 옮김, 김영사, 2001, 5쪽

그러나 행복이라는 주제를 전면으로 내세운 사상가는 그다지 많지 않은 것도 사실이다. 아리스토텔레스가 그의 저서 『니코마

코스 윤리학』에서 '인간의 궁극적 목적은 행복'이라고 선언하고 이에 대한 훌륭한 방법론을 제시하였으며, 그 후에 에피쿠로스 등으로 이어졌지만,[4] 더 이상 독립적이고 체계적인 주류 학문으로 부각되지 못하였다.

중세기독교가 내세의 행복을 위해 '현세의 금욕, 인내'를 설파한 일이나, 니체가 고통과 번민을 과감히 받아들이는 힘의 의지를 강조한 '초인(Ubermensch)'사상이나, 하이데거가 죽음을 앞둔 자신이 자기 고유의 삶을 살 것을 주장한 현존재(Dasein)의 삶도 인간이란 결국 어떻게 살아야 행복할 것인가에 대한 지혜를 찾고자 한 결과라고 할 수 있는 것이다.

또한 칸트가 인간 이성의 모든 사변적, 실천적 대상으로 궁금해했던 의제 '내가 무엇을 알 수 있는가, 내가 무엇을 해야 하는가, 내가 무엇을 바래야 하는가'라는 의구심은 인간의 진정한 행복이 무엇인가에 대한 궁금증의 결과라고 생각된다.[5] 그는 도덕적 삶을 인간 삶의 목적으로 보고 행복을 그 아래로 보았지만, 그 두 가치를 동일선상에 두더라도 저세상에서 노여워하지는 않을 것이라고 본다.[6]

그럼에도 현인들은 자신의 이름을 걸고 행복론을 집필한 경우는 드물다. 시중에 나와 있는 고전들은 행복에 미치는 영향물이나 각론을 심층적으로 고찰하고 있었을 뿐이다. 이처럼 행복학이 철학의 시녀나 실용적 기술의 하나로 전락한 것은, 꼬리가 몸통을 삼켜버린 것처럼 목적이 과정에 묻혀 있는 것과 다름아니다. 이제 우리는 행복학의 위치를 되찾아줘야 하겠다.[7] 잘사는 일 외에 뭐가 더 중요한 게 있을 수 있겠는가? 앞으로 우리 삶의 척도는 삶의 질인 '행복'으로 전환되어야 한다. 유발 하라리는 다가올 인류의 의제는 행복이 될 것이라고 예단하며, 앞으로 국가의 총생산량은 국민의 총 행복량(Gross Domestic Happiness)으로 대체해야 할 것이라 하였다. 우리는 이제부터 '행복해야 한다'는 단어 사용을 부끄러워해서는 안 된다.

"모든 철학은 플라톤 철학의 각주"라는 화이트 헤드의 말처럼 '모든 학문은 행복학의 각주'라고 할 수 있다. 행복이야말로 우리 삶의 영원한 주제다. 삶의 가치는 행복에 있음을 의심해서는 안 된다. 이제 우리 삶의 목적은 자신의 행복에 있음을 명심하자.[8] 앞으로 행복 관련 도서는 도서관의 총류 다음의 자리에 놓아서 그 위상을 제대로 평가하여야 할 것이다.

인간의 행복이 학문의 주체적 무대에 서지 못하는 이유는 무엇일까? 먼저 행복의 의미가 명확하지 않다. 대부분의 행복론 저자들은 독자들이 행복이 무엇인지에 대해 의당 알고 있다는 전제하에 글을 시작한다. 그만큼 행복이란 단어가 너무 보편적이라 진부하고 식상한 문제로 여기는 것은 아닐까. 이것은 마치 철학사가 '우리 삶의 가장 근본적 문제인 존재라는 개념을 가장 보편적이고, 정의될 수 없는 뻔한 개념으로 치부하여 어둠 속에 묻어 놓았다'며 비판한 하이데거의 존재 문제를 떠올린다.

러셀은 『행복의 정복』에서 제1장 제목을 <불행의 원인>이라는 제목으로 시작하고 있다. 또한 제2장은 <행복을 위한 제언>을 제시하고 있다. 행복의 정의는 명료하게 제시하지 않는다. 다른 행복론도 별반 다르지 않다. 달라이 라마의 행복론도, 카네기의 행복론도 삶의 목표는 행복에 있다는 당위에서 출발하고 있다. 행복이 무엇인가에 대해서는 말을 아낀다. 디팩 초프라의 『디팩 초프라의 완전한 행복』은 "우리 인생의 목적은 보다 행복해지는 것이다. 행복은 다양한 삶의 목표가 추구하는 최종 목적지이다."라는 말로 필자의 사유를 응원하고 있지만, 행복에 대한 구체적 의미를 찾기 어렵다. 행복론 연구로 유명한 소냐 류보머스키는 『How To Be Happy』에서 "행복해져야 하는 이유"를 먼저 찾는다. 구글 공학자 모 가댓은 『행복을 풀다』에서 "행복은 어디에 있을까? 누구나 행복하기를 원할 수 있다"라는 소제목이 지향하는 바는 뚜렷하지만, 그 정의는 어디 있는지 모르겠다. 이와 같이 대부분의 행복론은 '행복이란 용어가 너무 일반적이며, 상식적이라 모든 독자가 행복의 의미쯤은 최소한 알고 있다'는 전제로 시작된다. 탈벤 사하르가 『해피어』라는 저서에서 행복을 "즐거움+의미"라고 하여 비교적 상세히 풀이하고 있는 대목이 눈에 띄는 것은 예외적인 현상이다.

행복을 쉽게 정의하지 않는 이유는 무엇일까? 그 의미가 아주 단순하거나, 반대로 의미가 과잉되기 때문이다. 행복주체의 주관성이 강하고 시대 환경이나 상황 조건에 의존하여 사유할 수밖에 없으니 변수가 너무 많은 것이다. 따라서 오늘날 우리가 일상에서 통용하는 행복이라는 단어의 의미는 간단히 정의할 수 있는 것은 아닐 수도 있다. 아니, 우리는 그것의 정확한 의미나 가치를 고찰하려는 노력 없이 살고 있다는 표현이 옳다. 당신에게 행복이란 관념이 명확하지 않거나 왜곡되었으며, 행복이 인생의 목표여야 한다는 의지 또한 부족하다고 생각하는 세상을 살아가는 이유는 행복을 방해하는 다른 이데올로기가 범람하기 때문이다. 이런 점을 감안한다면 행복에 관한 정의는 물론 학문적 체계적 접근을 꼭 필요로 하는 때가 늦은 것이다.

그렇다면 행복한 상태란 어떤 것일까? 잘 산다는 것은 최종적으로 우리가 느끼는 "즐거운 감정"에 있지 않을까? 그러나 행복을 정의하는 일에 감정을 앞세우는 일은 쉽지 않다. 그동안 이성 중심으로 발전해온 사상사는 감정의 가치를 제대로 평가하지 않는다.

행복감, 행복하다는 것은 당신의 의식에서 느끼는 즐거운 감정에 있다. 행복은 복권에 당첨되거나, 승진, 연인과의 만남 같은 사건 자체가 아니라 그로 인해 느끼는 의식상 감정의 쾌락인 것이다.

위키백과사전은 행복(幸福, happiness)을 "희망을 그리는 상태에서의 좋은 감정으로 심리적인 상태 및 이성적 경지 또는 자신이 원하는 욕구와 욕망이 충족되어 만족하거나 즐거움과 여유로움을 느끼는 상태, 불안감을 느끼지 않고 안심해 하는 것" 그리고 "그 상태는 주관적일 수 있고 객관적으로 규정될 수 있다. 특별히, 행복은 철학적으로 대단히 복잡하고 엄밀하며 금욕적인 삶을 행복으로 보기도 한다. (중략) 인간의 경우 만족감 외에도 다양한 요소가 행복감에 영향을 미친다"라고 정의한다. 이를 요약하면 행복은 개인마다 주관적이긴 하지만 개인적 생각이나 활동, 그 과정과 결과에서 얻어지는 '긍정적 감정'임을 알 수 있다.

어원적으로 영어 happiness는 그리스어 eudaimonia로 아리스토텔레스의 『니코마코스 윤리학』에서 번역 사용 중인데 '선한 신이 지켜주는 마음의 평화, 평안'을 의미한다. 그리스인들은 고양된 기쁨의 감정을 신의 선물로 이해하였으며, 동양의 많은 오래된 문화들에서도 마찬가지였다. 모든 종교의 신비주의자들은 그러한 경험에 도달하겠다며 특정 기술을 사용하거나 의식을 행했다고 한다. 아리스토텔레스는 eudaimonia란 인간 행위의 최종 목적이자 최고선으로 인간의 본성인 이성적 기능을 잘 발휘하는 것이라고 했다. 그런데 happiness는 '우연히 일어나다'라는 의미로 외적 환경 극복을 통한 노력으로 얻은 물질적 면이 강하다.[9] 즉 eudaimonia가 통제 불능의 자연적 외경에서 온 이성적, 내면적, 정신적 감정을 중시하며, 물질적 수단을 중시하는 영어 happiness보다는 느낌에 중심을 두고 있음을 엿볼 수 있다. 어쨌든 행복하다는 것은 '즐거운 감정'임에 분명하다.

당신이 고대하던 일에 성공한다면, 당신은 지극히 긍정적인 정서, 최고의 기쁨, 감동, 희열을 접하고 그 일을 통해 첨예화된 정서와 고양된 감각으로 세상을 느끼게 된다. 동시에 사물과 환경에 대한 긍정적 시선, 적극적인 시각, 뭔가에 대한 추진력도 향상된다. 주변의 모든 것은 아름다우며, 조화와 일치, 집중력, 통일성, 자유스러움 같은 추상적 관념은 서로 뒤섞여 밝은 인상으로 나타나는 것이다. 급격한 자신감의 상승, 높아진 자존감은 간혹 황홀감을 느낀다. 행복한 상태는 당신의 부드러운 태도로 드러난다. 행복한 사람의 언행은 친절하고 자발적이며 유연하고 생산적이다. 이런 사람은 정말 태산이라도 옮겨 놓을 수 있을 것처럼 보인다.[10]

행복은 2가지의 의미가 있는데 하나는 지금 이 순간의 기분이다. 현재 얼마나 유쾌하거나 화가 나거나 걱정이 되는 것이냐 하는 것이다. (중략) 행복의 또 다른 의미는 전반적으로 볼 때 현재의 삶이 얼마나 만족스럽거나 불만족스러운가에 대한 단순한 기분이 아니라 종합적 인생 평가이다. —조너선 라우시, 『인생은 왜 50부터 반등하는가』, 김고명 옮김, 부키, 2021, 63~64쪽

역사적으로도 행복에 대한 상세한 논서가 드문 가운데 아리스토텔레스는 삶의 목적, 행복의 정의, 실천 방안 등을 구체적으

로 제시하면서 인간 활동의 궁극적 목표는 완전성과 자족성을 가지는 것이라고 하였다. 그는 인간의 모든 행위와 선택은 좋음(Agathon, 善)이라는 목적을 추구하며 이러한 선에는 위계가 있는데 그 최종 위계는 '최고선'으로 바로 '완전성과 자족성'을 가져야 한다는 것이다.[11] 더이상의 목표가 없는 행위의 결과는 완전성과 자족성으로 곧 좋은 감정을 의미하는 것이다.

> **행복은 완전성과 자족성을 가지는 것으로, 우리가 행위를 선택하는 것은 어떤 목적을 위한 것인데 더 이상의 목적이 없는 최종 행위는 완전성을 가진 것으로 곧 행복이 된다. 자족성은 그 자체로 삶을 바람직하게 만들며 더 이상 모자람이 없는 상태, 이 또한 행복이다. 따라서 행복은 완전성과 자족성을 가진 것이다. 아리스토텔레스가 자신의 '탁월성' 추구를 "최고선"으로 본 것도 그 자체가 완전성과 자족성을 가지는 활동으로 행복한 상태로 보고 있다.** ─아리스토텔레스, 『니코마코스 윤리학』, 천병희 옮김, 도서출판 숲, 2018, 35~38쪽

예를 들면 고시생의 목표는 시험 합격에 있지는 않다. 고시에 합격하여 좋은 직업을 얻고 안락한 삶을 살아가는 게 궁극적 목표일 것이다. 이처럼 행복은 어떤 행위가 아니라 그 행위로 만드는 최종결과물인 완전성과 자족성으로 그로 인한 느낌 감정인 것이다.

아리스토텔레스가 '쾌락적 삶, 정치적 성공과 명예에 바친 삶, 그리고 지적 연구와 관조에 바친 삶'이라는 세 가지 필드 중에서 지적 연구와 관조적 삶을 최고라 하며 외재적 행위나 활동보다는 정신적 삶을 강조한다. 그것은 경제적 부와 같은 수단을 통한 느낌화하는 것보다는 자기감정에 더 가까이 있는 이유는 아닐까? 하지만 이와 같이 더이상의 추구 대상이 필요 없는 영역에서 얻을 수 있는 결과를 궁극성, 완전성으로 표현하면서 이에 대해 이해하기 쉬운 '좋은 감정, 즐거움'이라는 표현은 자제하고 있다. 만일 그것이 고통이라고 하더라도 추구해야 될 인간의 본성이라는 말은 아닐 것이다.

아리스토텔레스는, "인간의 기능은 어떤 종류의 생이요. 이생은 이성적 원리를 내포하는 정신의 활동 내지 행위이며, 훌륭한 사람의 기능이란 이러한 활동 내지 행위를 훌륭하게 수행하는 것이며, 또 어떠한 행동이나 거기 알맞은 덕을 가지고 수행될 때 잘 수행하는 것이기에, 인간의 선이란 결국 덕에 일치하는 정신의 활동이라 하겠다"고 했다. —레슬리 스티븐슨 외, 『인간의 본성에 관한 10가지 이론』, 박중서 옮김, 갈라파고스, 2006, 182쪽

행복이 완전성과 자족성을 가진다는 의미 자체는 더 이상의 목적이 없는 상태, 즉 우리 마음에 즐거운 감정에 해당하는 것인데도 감정이란 용어는 사용하지 않는다. 그가 행복이라는 단어

를 쓸 때 감정이 내포되었다는데 만족해야 할 것이다.

에피쿠로스학파는 고통이 없는 '아타락시아(ataraxia)'를, 스토아학파는 절제된 감정 상태인 '아파테이아(apatheia)'를 행복으로 제시한다. 행복에 개인의 감정을 중시한다는 면에서 에피쿠로스학파나 스토아학파적 행복은 이성적 행위에 중점을 두는 위 두 철학자의 설명보다는 자연스럽다. 또한 불교는 고통을 없애는 것을 행복으로 보고 있다. 이는 고통이 없는 평온한 감정을 행복의 판단 근거로 보는 것이다. 하지만 감정을 중시한 행복론도 그 기저에는 이성적 도덕을 배치하는 것에는 아리스토텔레스와 비슷하다. 감정을 전면에 배치하는 행복은 이성을 앞세운 규범적, 도덕적 규제에 따르며 수동적이다.

로크, 흄과 같은 영국의 경험론자 그리고 스피노자와 니체 등을 거치면서 개인의 자유와 감정을 앞세운 개별적 주체의 행복론이 부각되었다. 이후 비로소 내재적 감정에서 찾으려는 노력은 강화된다. 스피노자는 감정을 기쁨과 슬픔으로 구분하고, 행복이란 즐거운 감정으로서 "기쁨이란 당신의 몸에 활력을 불어넣고 삶의 의욕을 증대시키며 동시에 당신의 정신을 보다 큰 충만으로 이끄는 감정"이라고 하였으며[12], 존 스튜어트 밀은 "행복이야말로 가장 바람직한 인간의 목적으로서 쾌락 또는 고통의 부재인데 불행은 그 반대에 해당한다"며 느낌으로서의 행복을 강조하고 있는 것이다.[13]

벤담은 인간은 천성적으로 쾌락을 추구하도록 태어났으며,

고통을 싫어하는 본성을 강조하면서 쾌락과 고통이야말로 인간 행위의 선택 기준으로서 인간 활동 목적인 행복이 감정의 좋고 나쁨에 있음을 명확히 했다.[14] 이처럼 행복을 인간의 감정을 통해 직접적으로 찾으려는 논의는 노력이 없이는 찾기가 쉽지 않다.

하지만 스피노자는 물론 홉스, 흄, 밀도 일상에서의 개인적 느낌을 앞세우기 보다는 도덕을 버무린 의지나 행위 중심의 행복을 강조하고 있다. 이와 같이 행복의 목표가 뚜렷하지 않으니 구체적 방법론은 위축될 수밖에 없다. 그 시대가 귀족과 노예 간의 대립관계이거나 종교적 엄격주의, 심리학의 미발달 등 환경적 영향이었을 것이라고 생각된다. 최근에서야 서구의 영성가들은 행복은 마음먹기에 달려 있다거나, 마음을 '순수한 나'와 '에고(ego)'로 구분하고 에고를 다스리는 방법을 제시하며 기존의 외재적 활동 통제로부터 내재적 정신의 문제로 이동을 가속하고 있는 실정이다. 하지만 주류학계는 여전히 행복을 궁극적, 완전성을 가진 감정을 직접적으로 다루려는 태도는 부족하다. 마치 예술에서 신체적 감정적 요소를 예술과 무관하거나 심지어 나쁜 형식으로 간주하는 태도처럼 말이다.

감정 관리의 중요성은 최근 심리학이나 영성가들의 논의로 진척되었는데, 행복이라는 커다란 목표로서의 중요성보다는 삶의 수단, 즉 감정 다스리기 기술로 한정하고 있다. 이제 감정은 인간 행복의 거대한 프레임의 목표로 정립, 진화해 나가야 할 때다.

인간 삶의 가장 중요한 본질인 행복이, 돈에 대한 의식처럼 명확하게 사고로 와닿지 않는 삶은 행복이란 목적지로 가는 길에 걸림돌이 아닐 수 없다. 행복이란 삶의 목표를 분명히 밝히고 과정을 명확히 함으로써, 개개인은 행복을 경영하는 경영자이자 창조자로서 최대의 행복을 산출할 수 있는 기준을 가지게 되는 것이다. 이제 우리의 삶은 행복이라는 목표를 달성하기 위하여 종합적 교본을 선택해야 하겠다.

사람도 사업과 마찬가지로 이익을 보기도 하고 손실을 보기도 한다. 하지만 사람에게 궁극적 가치는 돈, 지위, 권력과 같은 외부수단이 아니라 바로 행복이다. ─탈 벤-샤하르, 『해피어』, 노혜숙 옮김, 위즈덤하우스, 2007, 104쪽

그렇다면 우리는 추상적 행복을 계량화할 필요가 있다. 사상사가 도출한 논의의 심층을 종합하면 행복은 삶에서 느끼는 좋은 감정이라는 것은 자명하다. 이것은 생각이나 활동의 장에서 얻어지는 일시적 즐거움이 아니라 일생을 통한 감정의 총합이다. 즉 당신의 행복량은 '상황 내(內) 존재(Being in situation)로서 당신이 사건에 대한 인식과 활동을 통해 느끼는 긍정적 감정에서 부정적 감정을 제외한 총합'으로 정의할 수 있다. 이제 당신의 목표는 지혜를 발휘하여 삶에서 가능한 많은 즐거움을 얻도

록 최대한 긍정적 감정을 만들어 가는 것이 목표다.

기계론적 인간관처럼 아무런 사고나 활동 없이 마약으로 직접 뇌를 자극하여 단순한 즐거움을 느끼는 경우도 행복한 상태라고 보지 않을 이유는 없다. 다만 약물로 즐거움을 느끼는 것은 지속성이 있을 수 없으며 단기간에 신체를 망가뜨릴 것이므로 전체적인 생애 즐거움의 총량은 급격하게 적어지기 때문에 중용이 없는 악일 뿐이다.

2. 행복 방정식

개인의 행복 총량은 산출이 가능한 것인가? 가능하다면 어떻게 산출할 수 있을까? 행복을 최초로 계량한 사람은 기원전 4세기쯤의 그리스 철학자 아리스티포스로, 그는 가장 적당한 육체적 쾌락을 경험하는 것이 인생의 목적이며, 향유한 쾌락의 총화를 행복으로 표시한 것이 최초인 것 같다.[15] 그의 사유의 중요성에도 불구하고 이 공식은 지금까지 고고학적 유물로 남겨졌는데, 그의 방정식이 육체적 쾌락에 중점을 두어 단순하지만, 철학을 시작한 그리스에서 행복 총량을 구하려는 이런 시도가 있었다는 것은 놀라운 일이 아닐 수 없다.

아리스티포스 이후 행복의 계량화 시도는 에피쿠로스, 벤담 등에 의해 간간이 이어진다. 에피쿠로스는 성취하려는 욕망이 크면 클수록 그에 따르는 고통이 크므로 성취하려는 욕망을 줄이면 오히려 평안에 이를 수 있다는 도식을 제시했는데, 행복은 욕망을 분모로 하고 성취를 분자로 둔 것으로, 욕망을 크게 하지 않음으로써 식의 값인 행복량을 증가시키라는 것이다.[16] 당시에는 신분과 계급이 존재하며 빈번한 정쟁으로 개인이 열정을 쏟아 무언가를 성취하기가 어려운 환경이었다. 따라서 욕망을 키우기보다는 오히려 줄여서 그에 따른 값을 크게함으로써 행복량을 늘리는 것이 현명한 선택이 되었을 것이다. 이런 에피쿠로스의 기대론은 행복량을 욕망과 고통이란 감정으로 측량화 하려는 데 큰 의의를 둘 수 있다.

에피큐로스의 기대론과 유사하게, 루트비히 마르쿠제와 모 가댓도 사건에 대한 기대치를 이용한 '행복 ≥ 사건의 결과치 – 사건에 대한 기대치'의 행복 방정식을 제시하였는데, 이는 삶이 기대처럼 제 뜻대로 되면 행복량은 커지고, 뜻대로 되지 않아도 지나치게 기대하거나 사건을 대하는 생각을 바꾼다면 불행하지는 않다는 것이다. 당신에게 일어난 사건이 당신의 기대와 일치하거나 당신의 기대를 넘어서면 당신은 행복해지거나 적어도 불행하지는 않다는 것이리라.[17] 그의 산출식은 기대 자체를 크게 갖지 않는 것을 최선책으로 여긴다. 따라서 긍정적 감정이 플러스가 되도록 사건에 대한 기대치를 낮춰 생각과 태도와 삶을 가꾼다면 행복해질 수 있다는 결론에 이른다. 자신이 원하는 이상으로 삶이 진행된다면 누구나 즐거움을 느낄 것이며 이러한 상태는 즐거운 기분일 것이기 때문이다. 이러한 사고는 삶에서 야기되는 사건은 내가 감당할 수 있는 적절한 수준이어야 기대치에 접근할 수 있음을 말하며, 즉 너무 어렵지도 너무 쉽지도 않은 적절한 수준이어야 한다. 그러나 세상일은 단순히 난도가 적은 일만 할 수는 없을 것이다. 그러나 이 식은 개별 사건에 대한 것으로 생애 전체 행복량을 고려하지는 않았다.

공리주의자 벤담은 '쾌락의 최대 증대가 그 사람에게 최대 행복을 준다'며 행복량을 쾌락의 총량으로 표시하였다. 그는 쾌락의 종류와 고통의 유형까지 제시하였고, 강렬도, 지속도, 확실도, 원근도, 다산성, 순수성, 범위 등 일곱 가지 감정 측정기준을 제시하고 있다. 벤담은 이 산출식에 따라 "강하고 길며 확실하고 빠르며 효과적이고 순수한 쾌락은 지속하여야 하며 고통은 피해야 하는데 고통이 불가피하다면 그것을 최소한도에 그치도록 노력하라"는 요령도 제시하고 있다.[18] 벤담의 행복론은 개인적 행복과 사회 전체적 행복을 구분하지 않고 전체 총량을 구하므로 개인을 희생할 우려가 있으나, 개별 사건의 쾌락에 대한 계량화 시도는 인간의 행복 측정을 위한 종합적 시도로 유효하다.

이러한 행복량 산출 방식과는 달리 미국의 긍정심리학자 소냐 류보머스키와 마틴 셀리그만은 타고난 성정과 환경, 그리고 후천적 노력 등이 행복에 미치는 영향력을 평가하였다. 행복량 자체의 산출이 아니라 행복에 영향을 주는 내적·외적 요인 간의 관계도와 그 구성비를 제시하였는데, 특히 환경이 미치는 영향을 평가했다는 데 의의를 둘 수 있다.

H(행복량) = S(세트포인트, 50%) + C(환경, 10%) + V(자발성, 40%)

이 관계식을 보면 유전적 요인인 S(세트포인트)는 성격상 세상을 낙관적으로 보느냐, 비관적으로 보느냐 등 타고난 성정이 행복량의 50%나 차지한다. 처한 환경이 10%로 생각보다 적으며, 나머지 40%는 삶을 만들어 가는 자신의 의지에 달려 있다는 것이다.[19] 행복량의 절반에 해당하는 50%가 타고난 기질과 성격 같은 선천적 요인에 의한다는 것은 의외다. 이 연구는 같은 영화를 보는 사람들의 감상이 모두 다르다는 점, 전혀 다른 환경에서 자란 쌍둥이들이 세상을 바라보는 의식 수준이나 관점이 비슷한 점을 그 근거로 들고 있다.

이를 인정한다면 어린이가 어른이 되는 사고의 변화, 교육이나 학습자체가 거의 무용하다는 극단적 결론에 이를 수 있어 비판적 수용이 요망된다. 50%라는 타고난 성정의 영향력에 대하여 디팩 초프라는 섣부른 생각이라고 비판하며 인간의 뇌와 유전자는 한번 굳어진 대로 교정되는 딱딱한 조직이 될 수 있으며 매 순간 진화하는 부드러운 조직이기에 새로운 경험으로 얼마든지 달라질 수 있다고 반박한다.[20] 즉 '나는 불행해'와 같은 부정적 의식은 '현실을 긍정적으로 받아들이는 자세'의 의식으로 바꿀 수 있는 것으로 타고난 세트포인트를 변화시킬 수 있다는 것이다. 필자도 이에 동의한다. 타고난 자질이 의식 전환 속도와 그 강도에는 영향을 주겠지만, 이와 같이 행복량의 50%를 고정값으로 가져간다고 보기는 어렵다.

설령 위 식을 인정한다 하더라도, 우리는 더 행복한 삶을 위해 우리가 바꿀 수 있는 요소들에 주목해야 한다. 우선 환경요소가 단 10%에 불과하다는 점은 우리의 이데올로기에 가장 어긋나고 있음을 인정해야 한다. 부의 수준, 문화, 자연환경 등의 영향력이 10%에 불과하다는 결론은 불행을 주변 탓으로 돌리는 자세가 크게 잘못된 사고임을 대변해준다.

이것은 행복을 '배워야 한다'는 주장을 뒷받침하는 근거도 된다. 삶의 환경은 행복의 열쇠가 되지 못한다는 사실을 인정하고 받아들일 때 우리는 스스로 행복을 추구할 수 있는 삶의 주체성과 의지 그리고 힘을 얻게 될 것이다.

그리고 행복하고자 하는 자신의 의지, 즉 자발적 요소가 40%에 달하는 점에 주목하자. 타고난 성품은 통제 불가능한 요소다. 그 통제 불가능한 요소를 제외한 80%(50% 중 40%)가 '마음먹기에 달렸다'는 사실은 얼마나 의미 있는가. 선천적으로 고정된 것은 없다는 디팩 초프라의 말대로 대부분은 자신의 마음에 달려 있다. 행복이란 당신이 만들어 가는 것이다.

이제부터 행복은 갈고 닦을 수 있다는 사실을 명심하자. 아래 산출식은 여러 교사들의 연구자료와 방정식을 토대로 만들었다. 각 사건에서 발생하는 순 감정은 모 가댓의 식을 참고하였으며 각 사건에 대한 순 감정을 생애 전체로 확대한 후 총량화를 한 것은 아리스티포스의 총량 개념을 차용하였다. 이 식에서 쾌락이나 고통도 감정의 유형에 따라 각기 다른 수치가 될 수 있는데, 이에 대해서는 벤담의 논리[21]가 유용하다. 도킨스 박사의 의식지도상 에너지 수준도 감정의 유형에 따른 점수화에 도움을 줄 것이다.

$$\text{행복량: } \sum_{\text{출생}}^{\text{죽음}}(P-p)=\{(P-p)_1 + (P-p)_2 + (P-p)_3 \cdots (P-p)_n\}$$
$$(\text{n: 사건, P: 쾌락, p: 고통})$$

공식에서 보듯이 행복은 각 사건이 불러일으키는 즐거운 감정이다. 또한 우리의 행복총량은 한 사건에 그칠 것은 아니고 전 생애를 고려해야 한다. 그래야 당신은 행복한 삶을 살았는가를 종합적으로 측량할 수 있다. 삶에는 수많은 미지수나 굴곡이 있기 때문이다. 이처럼 한 개인의 행복량은 각 사건에서 발생하는 순 감정을 총합한 것으로 정의할 수 있는데, 이러한 식을 통해 얻은 행복량은 절대적이지 않다. 당신의 행복량은 보편적으로 이러한 과정으로 산출할 수 있겠지만, 개인적으로는 고려해야 할 다각도의 요소와 그 관계가 매우 고유한 경우가 많을 수 있기 때문이다.

이처럼 행복은 저 멀리 어딘가에 있어서 우리가 찾아야 할 대상이 아니다. 행복은 우리 안에 있기 때문이다. 전부하고 뻔한 소리로 들릴지도 모르지만 행복은 무엇보다도 마음 상태이며 지각하는 방식이고 우리가 살고 있는 세상과 자신에게 접근하는 방식이다. 그렇기 때문에 내일 모레 그리고 남은 삶 동안 행복해지고 싶다면 지금 당신의 마음 상태를 변화시키고 그 변화를 유지하겠다고 결단해야 한다. ─소냐 류보머스키, 『How To Be Happy』, 오혜경 옮김, 지식노마드, 2008, 58쪽

[표 1] 행복기초론의 체제

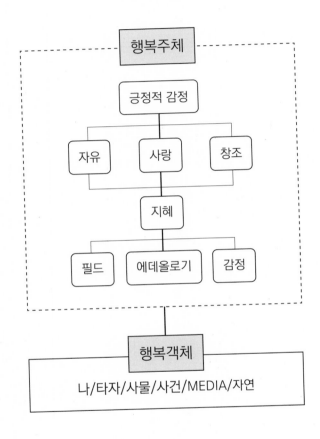

- - - - - 의식의 흐름
──────── 의식대상
● MEDIA는 인간이 만든 모든 정신적·물질적 산물(마셜 맥루한)

2장
행복기초론 개요

1. 행복 3요소

이 행복기초론은 당신이 존재하는 '실존의 장'인 행복 객체와 행복의 주체인 당신의 인식으로 구현되는 '의식의 장'을 구분하는 것에서 시작할 것이다. 세상에는 당신의 오감이 작용하는 인식 대상의 외부적 사건, 사물에 해당하는 행복객체와 이것을 인식하고 해석하며 행동으로 이행토록하는 일련의 의식 흐름에 해당하는 행복 주체로서 당신이 있다.

인식 대상인 행복객체는 나/타자/사물/사건/MEDIA[22]/자연물들로서 당신이 활동하고 살아가는 물리적 실존적 공간과 사건, 사물들이다. 당신의 생활환경, 가족과 친구, 연인, 그리고 기업과 국가, 이데올로기, 지식, 문화, 사고, 물건, 자연도 있다. 우리의 오감과 의식으로 인식하기 전의 실존적 세상으로. 칸트가 말하는 "물자체"라 할 수 있다.

즉 이곳에는 생물과 무생물만 있는 곳을 말하는 것이 아니다. 인간이 만든 모든 물리적 가공물은 물론 인간이 만든 정신적 모든 개념도 여기 포함된다. 당신의 의식이 인식·해석하기 전의 세계, 이것은 당신이 욕망의 대상이자 이를 규제하는 모든 객관물이다. 하지만 앞으로 행복객체는 더 이상 논의의 대상이 되지 않을 것이다. 왜냐하면 당신의 의식은 이미 행복객체의 상당 부분을 어떤 형태로 든지 자기 나름대로 머릿속에 개념화하여 보유하고 있기 때문이다.

행복주체는 행복객체를 인식하는 당신으로, 당신의 의식이자 당신의 정체성이다. 행복을 경영한다는 관점에서 구조화 해 보면 [표 1]과 같은 모습으로 나타난다. 먼저 우리가 사는 행복 환경은 행복에 미치는 기능적 측면에서 그 영역을 구분하면 필드와 이데올로기, 감정의 세 유형으로 범주화할 수 있는데 행복 3요소라 정했다. 행복을 감정의 문제라 한다면 이 세 가지의 상호작용의 결과라 보는 것이 가장 적절하다고 판단한 것이다.

우리의 삶은 세상에 대한 인식에서 출발할 것이다. 인식은 당신의 오감이 세상을 바라보고 평가하며 실행하는 과정이다. 인간은 신체와 의식으로 세상을 인식한 후 그 내용을 해석하고 그에 따라 판단하며 그 결과는 말과 행동으로 나타나게 된다. 이러한 당신의 인식 과정의 각각의 순간순간에 느낌이 발생하게 되는데 이것이 곧 감정에 해당한다.

이 감정은 함축하면 '좋다, 나쁘다, 보통이다' 정도로 단순화할 수 있으며, 필드에 대한 판단은 자신의 평가 기준이자 가치관에 의하게 되는 것이다. 그 평가 기준은 세상을 규제하는 사유체계와 이에 따른 자신의 가치관이 혼용된 형태로 나타날 것으로 이를 이데올로기로 정의하였다.

당신의 출근 시간은 오전 9시라고 하자. 야근과 불면증으로 어젯밤 잠을 설쳤으며 아침 7시 알람은 울렸지만 침대를 벗어나기가 어려운 상태를 가정하자. 지금 일어나지 못하면 회사에 늦을 수 있다. 지금 당신의 몸과 정신은 피곤하고 불안하다. 지각했을 때 상황이 그려진다. 상사의 질책이 두렵다. 두려움의 이유는 무엇일까. 단순한 예지만 이처럼 단순한 사건에도 세상의 수많은 이데올로기가 나를 거미줄처럼 옥죈다. 회사 규정인 아침 9시 출근 규정, 가장으로서의 책임감, 어젯밤 과로가 출근을 늦출 수 없다는 관습, 지각한 행위에 대한 타인이 나를 보는 시선, 사회적 명예와 신용도 관리, 회사 인사고과 기준 등의 규범들이 불안 등 내 감정을 유발하게 된다.

이러한 사회적 기준은 당신의 모든 활동에 적용되어 당신의 행동을 제약하고 감정을 불러일으킨다. 당신은 삶을 이러이러하게 살아야 한다는 경험과 지향과 관습, 문화, 양심과 도덕, 법규 등 일체가 당신의 생활에 기준으로 작용한다. 이것이 이데올로기다. 감정은 필드에서 사회적 이데올로기가 작용한 결과다.

사회적 정언명령(Kategorischer Imperativ)만이 이데올로기가 아니다. 이데올로기라는 개념은 당신이 고안하고 옳다고 정한 모든 기준을 포괄한다. '물가에 가지 않아야 한다, 살아가는 데 돈은 필요 없다, 나는 죽으면 안 된다, 지구는 평평하다'처럼 다양한 신념들도 또 다른 크고 작은 당신 고유의 이데올로기일 뿐이다.

> **인간은 자유로운 존재가 아니다. 그 이유는 첫째로 인간은 자신의 성향과 경험, 교육의 산물이기 때문이다. (생략) 내가 그간의 내경험, 교육과 학식으로 실제로 사회적 부자유를 겪는다면 진실로 내 행위는 단지 사회적 프로그램만을 반복하는 셈이다. 그렇다면 사회적 역할을 수행하거나 사회적 규범을 이행하면서 사회가 부여한 시나리오를 그저 수동적으로 따르는 셈이다.** —R. D. 프레히트, 『내가 아는 나는 누구인가』, 윤순식 외 옮김, 교학도서, 2022, 386쪽

감정은 이러한 개인적, 사회적 제약이 필드를 인식한 사건에 미치는 결과물이다. 즉 감정은 현실의 사건에 해당하는 필드와 이 필드를 규제하는 관념체계인 이데올로기, 그리고 이 둘의 갈등과 충돌로 일어나는 느낌들이다. 필드와 이데올로기의 접점이 곧 감정 관리의 대상이 되는 것이다. 물론 이러한 과정은 신체와 생화학적 관점에서 보면 전혀 단순하지는 않을 것이다.

그렇다면 당신은 부정적 감정을 최소화하고 긍정적 감정을 최대화할 수 있는 어떤 수단이 필요할 것인가. 그 수단은 행복 3요

소가 조화롭게 진행되도록 처신할 때 부정적 감정의 최소화가 될 터이다. 이 조화로운 관리 운영의 총체가 '지혜'다. 당신의 감정 관리는 행복 3요소의 지혜로운 경영에 의한다. 우리는 흔히 지혜라는 단어를 지적 능력이나 전문성, 지식의 정도에서 약간 확장한 개념으로 사용한다. 하지만 지혜롭다는 것은 뭔가를 '알고 있다는 것을 넘어 각양각색의 실존 세계에서 조화롭고 현명하게 대처할 수 있는 종합기술'인 것이다.

행복 3요소에 대한 지혜가 발휘된 상태는 어떤 모습일까. 필자는 이 상태를 "행복 상태"라 명하였는데, 그 모습은 "주체적 자유, 이타적 사랑, 그리고 의미와 가치를 가진 창조성"으로 보았다. 행복 상태는 세상을 인식하고 평가하는 지혜의 자세로 바라본 그 결과가 보여주는 최상의 모습이다. 자유와 사랑 그리고 창조적 사고를 가지거나 행위 결과가 그렇게 나타난다면 '즐거움'이자 행복한 자의 보편적 상태에 해당한다. 당신이 이 세 가지 자세의 어느 하나이거나 둘, 셋의 조합의 모습이라면 즐겁지 않겠는가?

자유, 사랑, 창조적인 심상은 지혜로운 처세에 달렸다. '자유롭게 살자, 남을 사랑하자, 좋은 일을 하자, 무언가를 창조하자'고 선언한다고 해서 그런 마음이 형성되지는 않는다. 이러한 심상들은 실존적 삶에서 지혜롭게 행동하는 자에게서 분출되는 자연스러운 모습에 해당한다.

우리들 각자는 자기 인생을 경영하는 경영자다. 기업이 좋은 성과를 이루려면 도달해야 할 바르고 정확한 목표가 필요하다. 목표가 올바르게 설정되었다 하더라도 체계적 시스템이 없다면 혼란을 일으킬 수밖에 없다. 또 체제를 겸비했다 하더라도 가는 방향이 올바르지 않다면 큰 비용이 투입되고 소기의 성과를 이루기 힘들 것이다.

행복도 마찬가지다. 행복을 단순히 즐거운 감정으로만 이해한다면 너무 포괄적이고 광범위하여 개념화된 의식으로 자리 잡지 못한다. 시중 서점의 많은 행복 관련 서적들이 행복경영에 큰 도움을 주지 못하는 이유는 지엽적이며 단편적이기 때문이다. 따라서 행복을 구성하는 제반 요소와 그에 따른 구체적 실천 지침을 명확히 이해하고 실천할 때에 당신의 행복경영은 효과적인 성과를 거둘 수 있을 것이다.

여기서는 행복의 수단인 지혜와 그로부터 야기되는 행복한 상태인 자유, 사랑, 창조적 심성의 의미를 살펴보고 행복의 세 가지 요소에 대해서는 II부에서 알아볼 것이다.

2. 지혜는 행복의 총체적 기술이다

지혜의 사전적 정의는 '사물의 도리나 이치를 잘 분별하는 정신 능력, 슬기'로서 어떤 상황에서도 흔들림 없이 현명하게 대처하는 능력이다. 행복은 지혜 수준의 크기에 비례한다. 왜냐하면 지혜는 부정적 감정을 최소화하고 긍정적 감정을 최대화할 수 있는 가장 적합한 삶의 해석 수단이기 때문이다. 지금까지 학문에서 행복학이 제 지위를 얻지 못했듯이 지혜라는 덕목 또한 제 자리를 잡지 못한 것 같다.

지혜란 인간 내면의 여러 영역의 강점이 집약된 성품이자 혜안으로, 이성 및 지식과 같은 이해의 영역, 감정과 공감의 정서적 영역, 자신과 타인을 대등한 인격체로 바라보는 주관성과 객관성의 영역이 잘 조화된 수준을 의미한다.[23] 조너선 라우시에 따르면, 지혜는 친 사회적 태도와 연민, 실용적인 인생의 지식, 실용적인 지식을 응용해 개인적 문제와 사회적 문제를 해결하는 능력, 모호성과 불확실성을 처리하고 다양한 관점을 보는 능력, 정서적 안정성과 감정 통제력, 성찰 능력과 공평무사하게 자신을 이해하는 능력 등을 말한다. 흥미로운 점은 그 의미가 지역과 시대를 아우르며 놀라울 정도의 공통성을 보인다는 것이다.[24] 이는 지혜가 인류 역사와 개인들의 삶을 관통하는 모토라는 것을 말해 준다.

이와 같이 지혜란 여러 품성의 종합적 특성을 가진다. 지혜는 단순한 기질이나 재능을 초월하여 세상에 대한 경험과 지적 능력, 감정통제, 사랑, 공평무사, 예측력 등을 종합적으로 겸비함을 뜻한다. 지혜는 각자의 능력과 지적 수준, 성품에 따라 각양각색으로 나타날 수 있지만, 삶의 어떤 상황에서든 그 상황에 가장 적합한 방안을 도출하여 긍정적 결과를 이끌어가는 능력인 것이다.

우리가 태어나서 배우고 경험하는 모든 과정은 결국 지혜를 획득하기 위한 목적이며, 그 목적은 우리의 삶을 풍요롭게 하고 행복을 추구하기 위한 것이다. 이러한 지혜는 지식, 통찰력, 감정의 절제, 공익에 대한 기여로 주체와 자유, 사랑, 그리고 창조적 마인드로 귀결되는 기예인 것이다.

가장 높은 지혜를 가진 자는 누구일까? 깨달은 자, 불교의 고승, 니체의 초인, 하이데거의 현존재, 불교의 부처, 플라톤의 이데아를 찾은 자가 되지 않을까? 하지만 우리의 목표는 성자가 되거나 행복량으로 경쟁하여 승자와 패자를 구분하지 않는다. 자신에게 알맞은 방향으로 가려는 과정에서 행복량을 늘려가는 것에 있다.

지혜는 인간의 내면에서 작동하여 언행으로 표출되며 사건으로 외면화한다. 참된 지혜는 세상에 대한 지식을 갖춘 이성적 행위로 세련된 모습을 보일 것이며 자발적이고 주체적 힘을 발휘한다. 특히 타인에 대한 공감은 이타적인 형태로 드러나 사회적 균형감을 발휘하며 상황에 알맞은 윤리로 표출될 것이다. 이데올로기에 초연한 주체로서 중용의 자세로 세상의 경계에 서는 일, 그리고 자유로이 세상을 바라볼 수 있는 지혜는 큰 사랑의 발현과 같다.

지혜로운 자는, 일상을 주체적으로 행할 것이며 일에 의미를 부여하고 인류애를 위하여 창의력을 발휘할 수 있는 자다. 당신이 이러한 자세를 유지할 수 있다면 삶에서 어떤 문제에 직면하더라도 평화와 행복을 느낄 수 있을 것이라고 확신할 수 있다.

우리는 매일매일의 실존적 삶터에서 스스로 다음과 같이 자문한다. '그 사람을 계속 증오할 것인가? 이번 사건을 반면교사로 하여 성장의 경험으로 할 것인가? 다른 사람이 내 실수를 넘어가 줄 것인가? 앞으로 이런 유사한 문제가 생긴다면 겁내고 물러설 것인가. 이런 문제를 초월하고 정복할 것인가? 지금 여기서 좌절할 것인가 재기의 한 걸음을 내디딜 것인가? 용기를 가질 것인가, 분노하고 비탄해 할 것인가?'

이것은 선택의 기로에 섰다는 증거다. 우리는 갈림길에서 여러 선택지를 헤아린다. '얼마나 취하고 버릴 것인가. 얼마나 양보하고 타협해야 하는가. 이러한 갈등과 모순에서 감정을 어떻게 관리하며 부정적 감정에서 벗어날 것인가, 사건을 바라보는 나의 관점과 관념(이데올로기)은 타당한 것인가, 내 주장이 도덕적으로 옳은가, 이 사건과 그 사건에 대해서도 항상 옳은가, 실효성이 있는가, 내 선택이 단기적으로 장기적으로 그리고 나에게, 타인에게 더 나은 행복을 주는가···'

이런 필연적이고 연쇄적인 내적 갈등을 겪으며 우리는 선택할 수밖에 없다. 그리고 그러한 선택들의 수단이 지혜이며, 이러한 지혜가 발휘된 결과는 행복량을 형성해간다.

지혜는 이러한 삶의 시시각각에 발생하는 사건들 속에서 가장 바람직하게 처세하여 부정적 감정을 최소화하고 긍정적 감정을 최대화할 수 있는 능력이다. 지혜는 지식과 공감력, 판단력, 사고력을 총체적으로 나타내는 행복경영의 핵심 요소다. 따라서 지혜를 향상시킨다는 것은 마치 팔정도가 불교의 수련 지혜듯이 행복을 추구하는 정도(正道)라 할 수 있다.

일반적으로 우리는 나이가 들수록 지혜로워진다. 지혜는 젊은 시절의 야심에서 유대로, 자기중심적 가치관에서 공동체 지향과 연대로 확장하며 점차 증가한다. 인간은 현상과 사건을 다면적으로 봐야 하는데, 이러한 경향은 나이가 들수록 강화되기 때문이다. 개인에 국한된 삶은 점차 모든 이들에 대한 이해도와 그들을 대하는 인품의 성숙으로 이어진다. 무분별한 경쟁과 물질적 이익만을 좇는 일은 자신의 감정을 상하게 하고 삶의 의미로부터 멀어지게 만든다는 사실을 깨닫게 되기 때문이다.[25]

지혜는 자신과 타인의 삶을 개선하며 긍정적 감정을 추구한다. 이것은 때로 원칙을 초월해 올바른 행동을 추동한다. 현실의 이데올로기에 맞지 않아도 그 현실을 뛰어넘거나 대안을 제시하는 경우가 점차 많아진다. 굳은 원칙에서 유연한 균형을 모색하는 단계로 나아가고, 청년기 자신에게로 향하는 욕망은 공동체의 이익과 화합으로 향하는 성인기로 나아가며, 전 우주와 하나 되는 일을 중시하는 성숙기로 인식의 전환이 이루어지기 때문이다. 이것은 진정한 자아실현자의 모습과도 같다.

인간은 사회적 '동물'이다. 동물적 본능에 의지하지만 '사회'적인 특성으로 인해 후손이 더 번성할 수 있도록 공동체를 형성하고 유전자가 대대로 전달될 확률을 극대화한다. 다윈의 진화론을 거론하지 않더라도 당연한 사실이다. 출산과 양육이 끝나면 우리의 역할은 새롭게 바뀐다. 자신과 가족이라는 경계 너머 소속 공동체의 안녕과 번영을 방해하는 요소를 고치거나 없애려 한다.

힌두인들의 학습기, 가주기, 산림기, 유랑기적 삶[26]의 형태는 이러한 삶의 대표적 사례다. 다만 이들은 유랑기적 삶이 저 영혼의 브라만 세계로 가는 것을 목적으로 하지만, 그 바탕에는 인간 삶의 후반기에는 속세의 욕심을 버리고 가치 있는 일을 하거나 자연과 하나 되는 생활을 유도하려는 교훈이 있다고 생각된다. 따라서 이들이 목표로 하는 우주의 궁극적 근원을 찾아간다는 의미는 '세상은 하나'라는 의식의 추구행위이다. 플라톤이 그의 저서 『공화국』에서 '늙으면 지금까지 우리를 끝없이 괴롭게 하던 성욕으로부터 자유로워졌다는 것만으로도 행복해질 수 있다'라고 한 것은 개인주의, 경쟁, 쾌락에서 벗어난 삶은 지혜에 가까워질 수 있다는 것을 의미한다.

물론 나이가 든다고 모두가 지혜로워진다고는 할 수 없다. 그러나 다른 조건들이 일정하다면 나이가 드는 과정에서 노년에 지혜로워지기가 더 쉬워진다.[27] 결국 나이가 들면 지혜를 통해 더 좋은 행복을 누릴 수 있다.

지혜는 머릿속 사유만으로 발현되지 않는다. 용기로 실천하는 자만이 누릴 수 있다. 머릿속에만 가지고 있다면 오히려 가슴속에 갈등을 키워 부정적 에너지만 품게 된다. 지혜를 실천하기 위해서는 용기라는 불씨와 행동이라는 장작이 필요하다. 지혜라는 용어 자체가 기본적으로 실행, 행동을 포함한다.

지혜로운 행동이 지혜로운 판단보다도 어려울 수 있다. 어떤 불의와 대면할 때, 연애할 때, 친구와의 우정에서, 가족 간 다툼에서, 정치적 불합리를 겪을 때 우리 자신이 실천한 것들을 생각해 보자. '혹여 내가 가진 것을 잃지는 않을까' 행동하지 못한 경우가 허다할 것이다. 나이가 들면서, 죽음에 가까워서야 그때 행동으로 실천하지 못한 순간을 후회하는 경우가 많다. 사람들은 지혜로운 의식 상태에서 긍정적 감정은 강해지고 부정적 감정은 줄어들며, 절제력은 향상되고 너그러워진다. 지혜의 구체적 수련에 대해서는 Ⅲ부를 할애했다.

3. 행복의 상태는 자유, 사랑, 창조다

① 자유, 주체

자유는 삶에 대한 자기 결정권이다. 그 어떤 기쁨도 자신의 자유의지-최근 기계론적 인간관에서는 인간의 자유의지를 부정하기도 한다.-로 선택한 활동이 가져다주는 행복에 견줄 수 없다.

자유란 자유의지를 가지는 정신의 상태다. 지두 크리슈나무르티는 "자유란 어떤 물건이나 욕망으로부터의 물리적 자유는 물론이고, 모든 것을 회의하고 질문하는 자유이며 아주 강렬하고 집중적이며 능동적이고 활기에 차 있기 때문에 그것은 모든 의존 예속, 순응, 수락을 내던진다. 그런 자유에는 완전히 혼자라는 의미가 함축되어 있다"라고 하였다.[28] 자유로움은 나를 구속하는 삶의 물리적·정신적 제약의 강도로, 나의 삶이 행복 객체 등 일체의 외부 도움에 의지하지 않거나 의지의 정도를 가능한 한 축소하고 능동성과 주체성을 견지하는 수준이다. 경제적으로는 물론, 일의 추진, 사람과의 관계, 생활양식, 삶의 방향 등 모든 면을 자율적, 수용적, 주체적으로 인식하고 평가하고 행동하는 자세다.

자유와 주체성은 동전의 양면과 같다. 정신의 자유란 한 인간으로서 주체성을 회복하고 스스로 참모습을 찾아 완전한 자기가 되는 과정에서 확대된다. 자유롭고 주체적인 고독은 어떤 외적 자극이나 피상적 지식에 의존하지 않으며 외적 체험이나 선택의 결과도 아닌 바로 나 자신으로 홀로 서 있는 내적 고요의 상태를 뜻한다. 자유는 삶을 바라보는 법을 알고 익숙한 시간의 속박 없이 의식 너머에 있는 세상을 보는 시각이다. 불행은 자신이 주체적으로 살지 못하거나 자신을 통제하지 못하는 부자유에서 시작된다. 자유는 주체적 활동을 통해 의식을 제어할 수 있을 때 찾아온다. 자유는 행복한 자의 적나라한 모습의 하나다.

당신은 태어나서 부모의 품을 벗어나 배우고 모방하고 성장하며 주체성을 찾아가는데, 자유란 주체성의 심화 정도에 비례한다. 하지만 주체성이 어느 정도 깊어지면 부단한 자기 계발 없이는 거기서 멈춘다. 현대인이 불안, 초조, 긴장, 우울 등 부정적 감정을 겪는 이유는 주체성의 결핍으로 이데올로기 그물에 예속된 스스로를 부자유한 상태에 놓아두기 때문이다.

우리의 조상들은 적대적인 외부 환경과 물리적 제약으로 자유롭지 못했지만, 현대인들은 삶이 주는 불안과 두려움 등 정신적 부자유가 그 자리를 대신하고 있다. 즉 과거의 물리적 부자유가 현대의 정신적 부자유로 대체됐을 뿐, 자유를 갈구하는 본성에는 변함이 없는 것이다. 지금도 당신의 머릿속에는 수많은 생각이 떠오르고 사라진다. 이것들은 정신적 불안과 두려움으로 당신의 마음을 옥죄어 한시도 머릿속은 맑지 못하다. 우리는 한 시간에도 오만가지 생각을 한다. 그것이 바로 번뇌로, 불교는 이 번뇌를 줄이고 벗어나는 것이 목표다. 당신의 자유와 부자유는 당신이 머리에 장착하고 다니는 관념 덩어리, 이데올로기의 문제인 것이다.

인도인들의 삶의 목표인 '해탈(解脫, Moksa)'은 완전한 자유의 경지에 이르는 길이며, 헤겔이 정반합을 거쳐 절대정신에 이르고자 한 목적도 무한 자유를 추구하는 과정을 그린 것이다. 푸코가 '파놉티콘(Panopticon)'으로 국가의 권력을 구조적 예속으로 보고 이에 저항하는 일도 자유를 얻고자 하는 몸짓이다. 니체, 키에르케고르, 사르트르, 하이데거 등 실존주의 철학자들은 철저하게 자신을 찾아가는 노정과 주체성의 회복을 자유를 향한 본성의 몸짓으로 보고 사랑하였다. 니체는 인간에게 삶의 방향이나 본질적 틀이 정해져 있는 것이 아니라 자신의 욕망에 따라 스스로 살아가야 하는 자유의지를 강조했다. 키에르케고르 또한 삶에 절대적 기준은 없다고 하면서 자신의 판단에 따라 행동하는 것을 본성으로 보고 주체적 자유를 강조하였다.

개인의 자유는 경험 수준에 따른 인식 수준에서 정해지므로 상대적 개념이다. 그러므로 사람마다 느끼는 자유에는 다양성이나 수준상에서 많은 차이가 있을 수 있다. 프롬이 인간은 자유롭게 살도록 저주받았다거나 현기증과 같다는 표현을 하고, 사르트르가 타인을 지옥으로 비유한 것도 자유를 얻는 것이 얼마나 힘든지 여실히 드러낸다. 또 자유를 얻었다 하더라도 자유를 누리거나 유지하기가 어렵다는 것을 말해준다.[29]

인간은 사회적 동물이라지만, 사회야말로 현기증을 느낄 정도로 우리의 자유를 억압하는 것이다. 자유에는 늘 책임이 따르며 이를 누리거나 발휘하는 일에도 능력과 지혜가 필요한 것이다. 우리가 지식을 축적하고 통찰력을 기르는 일도 삶에서 궁극적 자유를 얻으려는 지난한 노력인 것이다.

그렇다면 현대인은 왜 자유를 상실했을까? 근대사는 자유를 위한 투쟁의 역사다. 봉건주의, 중세기독교주의 등 낡은 형태의 정치, 종교 이데올로기에서 벗어난 현대인은 일견 더 많은 자유를 누리는 것처럼 보인다. 그러나 이러한 구속을 벗어난 인간은 또다시 산업사회가 불러온 다른 성질의 개미지옥에 빠져들었다. 그 새로운 올가미들은 본질적으로 외적인 속박에 있는 것이 아니라, 인간 본성의 자유를 완전하게 실현하는 것을 방해하는 내적 속박, 주체성의 상실에 있다.[30]

산업사회의 자본주의는 물신을 떠받들며 현대인의 물적 탐욕을 신격화하였다. 자신의 가치와 의미가 아니라 군중의 욕망을 좇는 문화산업은 우리를 추종적 인간으로 만들고 있다. 세상의 물질적 요소는 필요에 의한 용도나 소모품이 아닌 끝없는 탐욕과 갈증의 대상이 된 것이다. 생활용품, 재산, 의례, 지위, 자존심 등은 우리 삶에 필요한 것들임에는 분명하나 이에 대한 집착이 강하면 강할수록 주체성과 자유는 멀어지고 존재 의미를 묻고 가치를 추구하며 창조력을 발휘하는 행복은 점점 멀어지게 된다. 이러한 모습은 18세기 산업자본주의 및 정치적 진보를 통해 이룬 근대사회가 인간에게 미친 부정적 영향이다.

대표적으로 민주주의 승리의 마지막 단계라고 생각했던 언론의 자유 쟁취는 현대인의 주체성 상실에 큰 영향을 미치고 있다. 냉정하게 생각해 보라. 설령 객관적 보도에 충실한 언론이 정론을 펴더라도 그 내용에 어떤 독자도 심혈을 기울여 읽는 경우가 얼마나 될까.[31] 이러한 태도는 언론이 국가나 기업 등 특정 집단의 이데올로기 선전도구로 전락하는 데 일조하게 된 요인이다. 언론은 그들의 생존을 위해 언론의 사명을 버렸다. 언론의 자유는 없다. 지금의 우리나라 언론을 보라. 그들이 어떤 짓을 하고 있는가? 우리 스스로가 자유를 버린 것이다.

> **밀은 사람들에게 시민적이고 사회적인 자유가 주어졌을 때도, 사람들은 각자의 역량에 따라 자유를 누릴 수 있는 정도가 달라진다고 말한다. 이것은 어린아이에게 자유를 주어도, 자유를 제대로 활용할 수 없는 것과 같다. 그래서 자유를 향유하기 위해서는 일정 정도의 지적 역량(intelligence)을 갖추어야 한다고 말한다.** —존 스튜어트 밀, 『자유론』, 박문재 옮김, 현대지성, 2020, 21쪽

현대인은 자기가 생각하고 말하는 것 대부분이 다른 사람들과 비슷하다는 것을 눈치채지 못하거나 망각해버린다. 이러한 사고가 타인을 근거 없이 모방하는 것에 불과한데도 또한 이를 알지 못한다. 그런데도 이를 자유라고 착각한다. 현대인의 이러한 의식은 국가, 언론, 사회단체, 기업광고 등 이데올로기를 생산하고 유도하는 자들에게 통제, 흡수당한다는 것을 알지 못하기 때문이다.

데이비드 리즈먼에 의하면 현대 미국인들은 산업사회가 일으킨 소외현상을 극복하기 위하여 타인의 생각과 행동을 모방하

는 '타인지향형' 삶을 추구하면서 개인의 소외감은 점차 커지게 됐다고 말한다.[32] 한마디로 주체성을 상실한 시대, 현대인의 외형적 자유가 정신적 부자유로 대체된 상태로서 본질적인 우리의 행복은 점점 멀어져만 간다.

남들도 다 그렇다는 식으로는 인간 본연의 행복을 찾을 수 없다. 온갖 모방을 요구하는 거짓 선전과 선동 이데올로기 파도에 순진하게 몸을 맡기고 살 것인지, 아니면 주체적 자존의 길을 갈 것인지를 심각하게 고민해 볼 때다.

하버마스의 진단처럼, 현대 산업사회의 행정과 경제체계의 고도화, 복합화는 개인의 사적 생활세계를 위협하는 병리 현상을 초래하면서, 개인들은 삶의 의미 상실, 아노미, 노이로제로 생활세계의 식민지화가 탁류처럼 급속하게 진행된다.[33] 개개인의 삶이 세상의 외압에 흔들려 소외를 불러오고 있지만 국가는 물론 사회나 시민은 무심하기만 하다.

세계는 노예해방, 자유민주주의 국가 탄생 등 외형적 자유를 실현했지만, 개인들은 내재적 허무, 무력, 소외 등 총체적 불안에 허덕인다. 이것은 국가의 끊임없는 규제, 언론과 매체가 조장한 타인 모방, 대중의 자본주의 물신 등, 우리를 가둔 각종 부정적 이데올로기 그물망에 예속당하고 있기 때문인 것이다.

그러나 우리는 그 원인을 정확히 알지 못한다. 이데올로기는 늘 우리가 모르는 사이에 머리에 각인된다. 대표적인 예가 '부자가 되면 행복하다는 것과 국가에 충성하라'는 것이다. 물론 그 원인을 인식하는 식견자도 자신의 주체성에 앞서 대중을 모방하며 어정쩡한 선에서 타협하며 살아간다.

호르크하이머와 아도르노의 "자연을 정복한 인간의 문명은 이제 인간을 종속화, 노예화하고 있다면서 그 결과는 고립, 혼란, 양분화 등 문제로 이어지고 있다. 계몽은 인간이 자연을 지배하는 문명을 일으켰으나 이 문명이 다시 인간에게 폭력과 야만을 가져다 주었다"는 비판은 우리의 실존적 정신 조류를 다시한번 생각하게 한다. 특히 오늘날의 문화산업은 인간을 기능-도구화하여 비판적 능력의 상실과 자기 정체성 상실을 유도함으로써, 대중은 단순히 유행만 좇으며 사유하지 않는 동물적 행태를 보이고 있다.[34]

우리는 물리적 자유는 얻었지만, 정신적 자유를 제약당함으로써 독창적이며 주체적인 사고능력을 갖추지 못하고 있다. 바로 이러한 자기 고유의 독창적인 사고를 할 수 있는 자유야말로 진정한 자유가 아닌가?

우리는 사회적으로 용인된, 타인의 자유와 권리를 침해하지 않는 한도 내에서 자유를 누리고 일상을 영위한다. 과거 봉건사회나 전제국가와는 달리 외적 강압으로 자유를 침해받는 일은 드문 것이다. 그런데 우리는 다른 사람들과 생각, 행동, 삶의 패턴이 같지 않음을 두려워하고 다수가 가진 속성들이 자신에게도 있어야 한다는 강박에 시달린다. 바꿔 말하면 우리는 외부에 있는 권력으로부터 자유롭게 되는데 열중하여 내부에 있는 속박과 강제, 그리고 두려움의 기원과 그 해법은 잊어버린 것이다. 물리적 자유를 획득하였을 뿐, 현대인은 진정한 질적인 자유, 즉 내재적 자유를 누리지 못하고 있다. 이러한 환경 변화는 우리를 고립감, 무력감, 권태감으로 빠져들게 하며 알 수 없는 불안정한 감정의 원천이 될 것이다.

빼앗긴 자유를 얻는 일은 녹록하지 않다. 우리들의 주체적 자유의지는 자신이 따라야 한다고 생각하는 사회적 이데올로기와의 충돌로 좌절되며, 세상을 뒤덮은 자본주의 이데올로기는 타인을 경쟁자로 적대하며, 나의 실존과 이상은 현실적 삶과 대치한다. 행복은 생활의 장을 통한 자유와 사랑 그리고 창조에 있으나 그 반대로 치닫고 있다. 당신의 행복은 완전한 당신을 찾아 자유로워지는 일에 달려 있다. 당신은 주체성을 확립할수록 자유는 증가하며 긍정적 감정의 삶은 증가할 것이다.[35]

자유롭기 위해서는 우선 이데올로기 홍수에서 탈출할 수 있는 능력을 키워야 한다. 그러기 위해서는 부단히 지식을 습득하고 세계와 자신의 관점에 늘상 의구심을 가지고 탐구하며 힘의 의지를 강화하여 삶의 영토를 확장해 나가야 한다. 만일 지금의 모방 생활이 행복하다면 이런 자아실현적 담론은 무시해도 괜찮다. 인간 중에는 주인, 주체, 자유보다는 노예, 속박, 종속에 편안함을 느끼는 자가 있는 것도 사실이다.

② 사랑, 이타주의

광의의 사랑이란 인간은 물론 모든 사물과 자연을 진심으로 대하는 자세다. 관대하고, 포용력 있고, 다정하고, 지속적이며, 자비롭고 자애로운 모습이다. 그런 자세는 타인과 공동체에 희망을 주고 전체적 시각을 제공한다. 사랑은 따뜻함, 감사, 공감, 겸손, 정직함, 순수한 동기, 상냥함으로 이룰 수 있다. 사랑은 더 나은 세상이 되기를 조건 없이 바라는 마음이며, 타인을 용서하고 품어주는 삶을 통해 실천된다. 사랑은 마음이 아니라 가슴에서 뿜어져 나온다. 사랑은 부분보다는 전체를 보며, 만물이 지닌 본연의 가치 그 자체를 본다.[36] 사랑은 분별을 초월한 경지에서 행해져야 하는 불교의 '육바라밀(보살의 여섯 가지 수행덕목)'인 보시(報施), 인욕(忍辱), 지계(持戒), 선정(禪定), 정진(精進), 반야(般若)와 통한다.

사랑이 넘치는 사람은 따뜻한 미소와 다정한 대화, 감사의 말과 칭찬을 아끼지 않는다. 판단하지 말고 이해하고 수용하도록 애쓰는 것이다. 당신이 사용하지 않는 옷이나 물건이 있다면 아낌없이 기부하라. 그런 것을 장롱에 묻어둔다는 것은 그 가치를 죽이는 것과 다름없다. 나에게 필요 없는 물건은 그것을 필요로 하는 사람들에게는 충만한 가치로 되살아난다.

사랑은 에너지가 높은 감정이자 개인의 의식 수준 중 하나이다. 사랑은 의식지도(다음장에서 제시)상 아주 높은 수준의 긍정적 감정에 해당하는데, 이 수준을 유지할 수만 있다면 매우 높은 (상위 4% 이내) 행복 수준에 이른다. 타자를 조건 없이 사랑하는 마음은 높은 자아실현 상태에 있는 자의 수준과 같다.[37] 사랑은 개별적 감정 중 하나가 아니다. 용기, 수용, 쾌락, 즐거움, 연민, 자비, 평화 등 모든 긍정적 감정을 포괄하는 의식이다.

사랑은 존재적 삶의 양식이다. 존재적 사랑은 상대가 처한 환경이나 조건과 관계없이, 있는 그대로를 바라보며 이해하는 현실의 인정과 받아들임이다. 존재적 사랑은 타자에 대한 자아의 우월성을 위한 세속적인 것들에 대한 탐욕을 내려놓는다. 우리가 부와 권력, 명예에 대한 욕망을 버릴 때 비로소 진정한 존재로서 사랑할 수 있게 된다. 사랑은 설명되지 않는다. 사랑은 꽃이 피어나듯이 발현되는 것이다. 존재적 사랑은 이 우주에 생명체로 태어난 경이 그리고 완전한 이타주의적 마음이다.

존재적 사랑의 반대인 소유적 사랑은 사랑을 하나의 사물로 인식하는 것으로, 점유하고 독점할 수 있는 어떤 실체로 보는 시각이다. 그런데 사랑이라는 사물은 없다. 우리가 사랑이라고 부르거나 비유하는 것들은 일반적으로 존재적 사랑이 아닌 소유적 사랑이며 진정한 사랑이 아니라는 사실을 숨기기 위한 위장막일 뿐이다.

흔히 사랑에 빠진다고 하는 말은 특정 상황이나 물건, 사람에게 집착을 의미하므로 소유적 사랑일 뿐이다. 조건부 사랑, 빠진 사랑은 오래가지 않는다. 조건부 사랑은 행복이 아니라 불행으로 가는 길이다. 어느 한 곳에 빠져 있음은 다른 것들을 배제한다는 뜻일 뿐이다. 소유적 사랑은 강하면 강할수록 타자를 적대할 수밖에 없다. 삼각관계에 빠진 연인들의 시기, 막장 드라마의 결혼 서사, 권태기 부부의 애증 관계, 자식의 일거수일투족을 감시하는 부모들은 소유적 사랑에 빠진 대표적인 예이다. 조건 없는 사랑은 생산적이며 능동적이며 주체적이다. 하지만 조건을 가진 사랑은 비생산적이고 수동적이며 반 주체적이다.

행복한 사랑은 조건 없는 사랑이다. 주변에 있는 책부터 마당에 난 풀, 벌레, 이웃, 동물, 나무, 자연, 돌, 인간 등 모든 자연물을 있는 그대로 봐주는 사랑이다. 소유양식의 사랑은 그 대상의 자유를 빼앗고, 가두려고 하는 것이며 또한 관리하고 군림하고자 하는 이기주의적 모습인 것이다.

어떤 대상을 사랑하는 정도는 세상을 보는 당신의 일체성(전체성), 관점에 따라 다르게 보는 선·악의 경계와 그 크기, 우주의 연기(緣起)에 대한 이해의 정도에 따라 차이가 생긴다.[38]

우리가 '나'라고 여기는 자아는 실존적 경험프로그램이 장착된 에고(ego)로서 내면의 순수의식인 진짜 나, '참다운 나'와 구별되는 개체적 사유 세계다. 인간은 본래의 순수의식에 수많은 믿음 체계(이데올로기)가 프로그래밍된 에고를 자아로 착각하면서 고통받는다. 인간의 고통은 순수의식이 진정한 자아임을 깨닫지 못하고 세상의 욕망이 자신이라고 보는 에고를 자아로 보며 타자를 적으로 볼 때 생긴다. 에고의 환상을 넘어 순수의식을 자아로 인식할 때, 나와 타자의 일체성을 인정할 때, 사랑의 시각이 열리며 이때 세상은 아름답고 평화롭다.[39]

일체성의 관점에서는 세상은 선도 악도, 좋거나 나쁜 것도 없다. 실존적 갈등의 자아는 진정한 나가 아닌 에고가 만드는 허상일 뿐이다. 너와 내가 따로 없이 세상은 하나이니 서로 미워하며 질투하고 시기할 것은 없다. 그러므로 세상에는 사랑만 남게 된다. 유한한 거짓 자기가 그것의 참된 기원인 보편적 참다운 나에게 녹아들며 전체성에 가까워질 때, 세상은 온갖 괴로움과 결함에서 벗어나 완전한 하나로 영속한다는 것을 깨닫게 되며, 번뇌는 사라지고 행복으로 아우러진다.[40]

이 글을 읽는 독자들은 세계가 하나라는 일체성이 당황스럽고 선뜻 이해하기 어려울지도 모른다. 이 책의 내용은 당신의 실존적 삶이 환상임을, 적어도 환상일 수 있다는 생각을 불러일으킬 의도도 없지 않다. 일반인이 이러한 지경에 도달하기는 쉽지 않지만, 그러한 경지에 도달하려는 노력이야말로 행복에 더 가까워지는 길임을 알아야 한다. 동서고금의 행복론은 강도의 차이가 있을 뿐, 세상을 일체성으로 바라보라는 교훈의 다른 설득일 뿐이라고 해도 과한 말은 아니다.

사랑은 높은 에너지의 의식으로 나를 즐겁게 할 뿐만 아니라 남을 유쾌하게 하는 감정으로, 살고자 하는 의욕(코나투스, Conatus)[41]을 강화하며 면역력을 높인다. 사랑과 대면적인 것들, 우리의 마음에 부정적 마음가짐, 믿음, 신념 등은 내면에 저장소를 지니고 있어 그 저장고가 채워지면 압력이 증가하며 두려움, 불안, 고통으로 육체에 병을 유발하게 된다. 사랑의 크기가 작고 깊이가 얕기에 자신을 둘러싼 외부 환경에 대한 두려움, 타자와의 경쟁, 과도한 소유욕, 집착, 불안에 시달리며 살아가게 되는 것이다. 이러한 억압된 감정의 부정적 에너지가 스트레스이며 질병의 원인이 되기도 한다.

행복론으로 많은 구독자를 가진 데일 카네기는 행복론 자체가 '걱정의 원인 해결과 극복 대책'이다. 그는 스트레스와 질병 간의 상관관계에 대해 많은 전문가의 연구와 사료로 제시한다. '걱정과 싸울 줄 모르면 단명한다'는 알렉시스, 카렐 박사의 함축적의견으로 책을 마무리하고 있다. 사랑이란 의식이 얼마나 우리를 강하게 하며, 곧 행복 자체라는 사실을 대변하는 것이다.[42]

의학이 크게 발달하지 않았던 그리스 시대에 플라톤이 의사들이 진료 시 정신적 문제를 소홀히 다루고 있음을 비판한 일은 선견지명이라고 볼 수 있다. 지금 필자의 책상 위에는 뤼디거 달케 외 1인의 공저 『마음과 질병의 관계는 무엇인가?』가 놓여 있다. 그는 마음과 몸은 하나로 어느 한쪽의 부조화가 다른 한쪽에 영향을 미치는 것을 질병으로 본다. 사람은 정신적으로 자기의 의식이 균형을 잃게 되면, 이 의식의 불균형이 육체에서 특정 증상으로 발현된다고 한다.[43] 일종의 심신상관설인 것이다. 병원을 찾아오는 환자의 대부분은 고민과 공포감에서 벗어날 수 있기만 하면 병이 사라진다고 하니 과히 심신상관설은 무척 신빙성 있는 논리인 것이다. 스트레스가 중추신경계의 엔도르핀 분비에 영향을 주어 면역체계의 작용을 억제하며 질병의 시작과 전개에 상당한 통제력을 발휘한다는 학설은 학술적 성과를 얻고 있는 실정이다.[44]

몸과 마음의 대립을 하나로 묶는 수단은 사랑이다. 몸은 마음이 믿는 그대로 행한다. 사랑으로 세상을 바라볼 때 몸도 그와 같은 모습으로 바뀐다. 자기 자신의 진정한 중심을 찾아내고 그것을 사랑으로 완성해가는 것. 즉 존재하는 모든 것과 하나 됨, 전체성, 통일성을 가질 때 몸은 건강해지는 것이다.

건강해지려면 부정성을 받아들이는 일을 자발적으로 멈춰야 한다. 건강에는 긍정적이고 건설적인 마음가짐을 받아들이고 부정적인 것들을 놓아버리는 자발성이 요구된다. 사람을 편하게 받아들이고 기꺼이 용서하는 자발성은 부정적인 프로그램을 거부하는 태도와 함께 건강에 직접적 도움을 줄 것이다. 이처럼 결과는 몸에 드러나지만, 원인은 마음에 있다는 사실을 잊지 말자. 이점을 뒤집어 보기만 해도, 건강과 치유의 열쇠를 얻을 수 있다. 건강은 사랑으로 대표되는 정신적인 감정, 의식, 태도에 큰 영향을 받게 된다.

우리가 사랑이라는 높은 의식으로 상승한다면 세상은 기쁨과 평화로 변할 것이다. 몸의 경험으로 인한 즐거움은 줄어들고 내면의 점진적인 고요와 평화로운 지복(至福)을 경험하게 될 것이다.

③ 창조, 의미와 가치를 찾는 일

누군가 '당신이 돌 하나를 굴리더라도 세상에 도움이 되는 일을 하라'고 한 것처럼, 당신이 어떤 일을 하더라도 세상에 유익한 일이라면 자긍심을 갖고 즐거움을 느끼게 된다. 세상을 위한 창조적 행위는 흔히 말하는 의미와 가치가 있는 활동을 말한다. 행복이란 목적지가 아니라, 삶의 여정 중간중간에서 크고 작은 가치를 찾고 자신만의 의미를 부여하는 과정에 있다. 이러한 창조적 행위는 세상을 사랑하는 마음에서 자연스럽게 생긴다.

그렇다면 살아가는 의미는 정말로 있는 것인가? 삶에 의미가 있다거나 없다고 답하는 것은 적절하지 않다. 답이 없다는 뜻이 아니다. 한 개인에게 고정적으로 존재하지 않는다는 뜻이다. 의미란 어딘가에서 발견해야 할 사건이 아니라, 당신이 만들어야 하는 발명품이다. 의미는 사람이 의미를 추구하는 지향성을 가질 때 생겨난다. 즉 의미란 어딘가에 존재하는 것을 발견하는 것이 아니라, 의미의 추구로 출현하는 어디까지나 동적인 개념으로 봐야 한다.

의미는 우리 인간의 알고자 하는 지적 욕구나 관념의 소산이다. 따라서 의미는 외적 영역에서보다는 자기 삶에 부여하는 내적 영역에서 나타난다.[45] 빅터 프랭클은 이것을 '의미에의 의지'라고 했다. 이는 니체의 '힘에의 의지'와 같은 것이다. 힘에의 의지는 삶의 주인이 되고자 하는 의지이며 자신이 항상 모든 일의 주체가 되고 나아가 만고의 진리, 생명의 본질 등을 인식하고자 하는 강한 자기의식이다. 끊임없이 자기 한계를 극복하고 내면과 외면의 길을 향해 전진하며 자기 삶을 긍정할 것을 주창한 디오니소스적 사고인 것이다.

의미란 나와 타인에게 가치 있는 행위의 창조로 표출된다. 예술이나 철학적 사유와 같은 거창한 행위만이 창조적 행위는 아니다. 가정을 돌보고 집안을 꾸미는 것도, 농사를 계획하고 사람들과 협업하는 것도, 회사 직원으로서 맡은 일을 충실하게 하는 것도 세상에 도움이 되는 창조적 행위가 된다. 창조적 행위는 일을 대하는 자세에 달려 있다. 그 일을 천직으로 생각하고 그 일이 곧 세상을 위하는 일이라는 사명감으로 최대한 능력을 발휘한다면 그것이 곧 창조적 행위다. 그럴 때에 삶의 의미와 가치는 자연스럽게 따라올 것이다.

다람쥐 쳇바퀴 돌 듯 그냥 하루를 보낼 것인가? 불안과 투쟁의 길을 갈 것인가? 아니면 자기 자신을 추구하고 만들어 가는 가치 있는 길을 택할 것인가?

삶의 의미를 깊게 탐구할수록 이런 결정에 자신 있게 답할 수 있다. 당신이 삶에서 의미를 느끼지 못할수록, 의미 있는 일과 멀어질수록 의식은 허무에 빠져 슬픔, 무의미, 우울, 수치심 등 부정적 감정의 상태가 된다. 테오도르 A. 코첸의 연구에 따르면 가치와 의미를 지향하고 추구하는 사람일수록 정신건강이 좋다고 한다.[46]

서구에서 삶의 의미 추구가 시작된 시기는 세계의 틀이 신에서 인간으로 이동한 18세기 이후의 일이다. 중세나 르네상스, 바로크 시대에는 삶의 의미에 관해 별도로 염려할 필요가 없었다. 교회가 인간에게 신의 생각과 의도가 무엇인지를 물으면 다 해결될 문제였다. 지상의 모든 것이 신의 뜻대로 창조되고 살아가고 있으니 선과 악의 구별 방법도 거기에 있었다. 인간의 행복은 의미의 유무와 관계없이 신의 뜻에 따르기만 하면 되었다.

그러나 자유주의(인본주의) 사회를 살아가는 우리는 점점 의미 상실의 감정에 지배당하며 무료, 권태, 허무감으로 고통받으며 집단 신경증을 앓고 있다. 현대인들은 의미 상실에 지배당하고 있으며 실존적 공허를 느낀다. 우리는 자신이 무엇을 하고 싶은지 진지하게 사유할 여유가 없고 자기 삶의 의미를 묻기 두려워하게 되었으며, 다른 사람들이 하는 대로 모방하는 삶을 당연하게 생각하고 편하게 받아들인다. 이러한 현상이야말로 현대인이 느끼는 불행의 가장 큰 원인이 되고 있다.

진정 만족스러운 행복은 자신의 창조력을 최대한 발휘해서 자신이 사는 세상을 더 나은 곳으로 만들어 가는 것이다. 자신의 행동이 세상에 어떤 영향을 미친다고 막연히 상상하는 것이 아니라, 실제로 영향을 미치며 현실이 바뀌기를 바라는 것은 인지 상정이다. 인간은 기억을 바탕으로 현실을 바라보고 자신이 바라는 이상향을 그려내는데, 이것을 표현하고 실현하는 것이 의미와 가치를 찾고 창조력을 발현하는 행위이다.

니체가 천진난만한 어린아이를 찬양한 일, 많은 철학자가 가장 행복한 직업 중 하나라고 말하는 미술가나 음악가는 그것의 자유로운 창조성을 찬양하는 말이다.[47] 당신도 행복을 위한 인생의 경영자이자 삶을 창조하는 예술가다. 예술은 인간의 깊은 내면을 마주하고 그곳에서 북받쳐 나오는 진실에 직면할 때 나타난다. 삶의 자각과 진실하게 살아가고자 하는 의지가 깊으면 깊을수록 반드시 예술의 경지에 다다른다고 했다.[48] 진실에는 예술을 보는 창이 열리게 마련이다. 우리의 삶이 가장 창조적 분야인 예술에 비유되는 것은 삶의 의미가 창조적 행위에 있음을 말해준다.

행복은 지속적인 즐거움이지만 단순한 식욕이나 성욕, 기계나 마약을 통해 느끼는 쾌락은 피동적이며 일시적이다. 이러한 쾌락은 삶의 가치를 찾는 일도, 의미를 부여할 수도 없는 일인 것이다.[49] 슈테판 클라인은 우리가 실존적 삶에서 권태에 대항하는 최선의 수단은, 무엇인가를 원하고, 이것을 끊임없이 숙고할 때 해소할 수 있다고 했다.[50] 이러한 열정은 육체적 쾌감이나 일시적 놀이를 의미하지는 않는다. 단순한 놀이는 열기가 금방 식고 더욱 큰 자극을 원하는 감각자극에 불과하다. 우리는 생산적이고 지속적인 일을 필요로 한다. 당신이 하는 일이 세상의 누군가에게 도움이 된다면 즐겁지 않겠는가? 창조적 행위는 이런 이유로 우리를 행복하게 하는 것이다.

늘 호기심을 잃지 마시고, 머릿속의 좋은 생각을 실천하십시오. 그리고 여러분의 나날을 삶의 기쁨으로 가득 채우시기 바랍니다. ─R. D. 프레히트, 『내가 아는 나는 누구인가』, 윤순식 외 옮김, 교학도서, 2022, 455쪽

살만한 삶을 사는 데는, 삶의 특정한 부면에 강렬한 흥미를 가지는 것이고 그런 흥미를 추구하는 와중에 수반되는 혹은 결과로 따라오는 즐거움을 누리는 것이다. ─미하엘 마우스 켈러, 『왜 살아야 하는가』, 김재경 옮김, 추수밭, 2021, 275쪽

빅터 프랭클은 하루하루 생사가 엇갈리는 나치독일의 포로수용소에서 살아 돌아온 자들은 삶의 의미를 잃지 않은 사람들이었다고 한다. 살아 돌아온 자들은 현실의 하루하루를 당위(當爲)로 생각한 사람과 언젠가는 가족을 만나리라는 기대를 저버리지 않은 사람들이었다. 하이데거가 인간 삶의 근본적 길로 제시하는 삶을 '인간은 죽음을 직시하고 가장 근원적 자기로 돌아와 자신의 삶을 사는 것'이라고 한 것은 삶에서 의미와 가치를 추구해야 함을 강조한 것이다.[51] 이러한 자아실현적 삶은 미래에 대한 불안을 사라지게 할 것이며 죽음도 두렵지 않은 존재적 삶을 살게 할 것이다.

니체는 삶이 지금과 같은 모습으로 영원히 변치 않고 지속되

는 영원회귀의 모습이더라도, 양치기가 입에 들어온 뱀을 꽉 깨물어 뱉어버리듯 현실 그 자체를 당당하게 정면으로 맞서며 활기차게 전진하기(amor fati)를 강조한다.[52] 현실의 고통을 살아있음의 증거로 사랑하며, 육체를 즐기며, 노예가 아닌 주인으로서 세상을 긍정하고 창의적이며 용기 있게 '초인'으로 살아가기를 주문한다. 디오니소스처럼, 시시포스처럼, 남 탓하지 않고, 해맑은 아이처럼. 자유롭고 주체적인 열린 자세로 삶을 사랑하며 창의력을 발휘하는 것이야말로 의미 있는 인생이며 행복한 삶인 것이다.

나 자신과 사회에 정직하게 살아가면 그 결과는 생산적이고 효율 높은 창조적 활동이 되니, 이 얼마나 아름다운 모습인가? 행복은 제 발로 찾아올 것이다.

3장
의식(감정)지도

    행복은 심리학 중에서도 타인의 심리가 아니라, 기계를 관찰하듯 나 자신을 알아가는, 자기관찰(self-obseravation)에 있다. 행복을 내적 차원에서 찾지 않고 외적 환경으로부터 얻으려 할수록 불행해질 가능성이 크다.

    많은 행복론이 '행복은 마음에 있다거나, 당신의 생각이나 의식의 문제'임을 강조하고 있으나, 우리는 늘상 행복객체나 필드 중심의 물적 마인드를 벗어나지 못하고 있다. 한 개인의 행복이 전 생애에 걸친 중대한 문제인데도 올바르게 접근하지 못하는 실정이다.

    특정 사건이 인생에 긍정적 영향을 줄지, 부정적 영향을 줄지, 기회로 작용할지, 아니면 스트레스에 불과할지, 그 여부는 우리가 그 일에 어떠한 의식(특히 이데올로기와 감정)으로 대응하고 반응하는지에 따라 좌우된다. 따라서 평소 자신의 의식 수준에 대한 이해는 당신의 행복경영의 평균적 수준을 가늠하게 해주는 중요한 지표가 된다. 만일 당신의 평균적인 의식이 사랑이나 환희 수준이라면 높은 행복 수준의 사람일 것이며, 분노나 슬픔과 같은 부정적 수준을 평균적으로 가진다면 불행할 삶일 가능성이 크다. 경영을 못 해 항상 적자인 기업이라고 볼 수 있다. 또 평균적 의식이 죄책감과 같은 하위 수준에 머물고 있다면 건강은 물론 사회적 관계마저 어려울 것이다. 거의 도산 지경인 기업이랄까. 하지만 그런 상태가 자기성찰이나 어떤 시도의 실패 등 자발성의 발현에 의한 일시적 현상이라면 회복이나 개선될 여지가 있으므로 정신적, 육체적으로 매우 건강한 상태일 수도 있다.

데이비드 호킨스는 개인의 의식 수준과 행복 간의 관계를 의식 지도로 살핀다. 또한 개인의 의식 수준과 사회적 관계 간에는 밀접한 상관이 존재함을 밝히고 있는데 의식 수준이 높을수록 빈곤율, 실업률, 범죄율은 낮아지며 행복할 가능성은 높다고 한다.

[표 2] 의식 수준과 사회적 문제 간의 관계

의식 수준	비고용률	빈곤율	행복률	범죄율
평화	0.0%	0.0%	100%	0.0%
사랑	0.0%	0.0%	98%	0.6%
이성	2%	0.5%	70%	2.0%
자발성	7%	1.0%	50%	5.0%
용기	8%	1.5%	40%	9.0%
공포	50.0%	22.0%	15.0%	50.0%
무의미	75.0%	40.0%	2.0%	91.0%
무의미 이하	97.0%	65.0%	0.0%	98.0%

*데이비드 호킨스, 『치유와 회복』, 박윤정 옮김, 판미동, 2016, 29~30쪽

P. D. 우스펜스키는 감정은 인간의 4대 기능 중 하나로서 지적 기능과 대등한 또 하나의 중요한 기능으로서 행동의 동기이자 결과에 작용하는 기능으로 설명한다.[53] 삶을 겁내는 것은 감정을 겁내는 것으로, 두려운 것은 사건이 아니라 사건에 대한 자신의 감정이다. 감정을 정복하면 삶에 대한 두려움은 줄어든다. 우리가 여기서 추구하고자 하는 것은 특정 사건에 대한 일시적 감정뿐만 아니라 어떤 상황에서도 유지할 수 있는 평균적 감정 수준을 높이고자 함이다.

우리가 특정 의식의 감정 상태에 고정된다는 것은 삶은 그 의식 수준에서 무게 중심을 잡게 되고 그 수준에서 사고하고 판단하며 느끼게 됨을 의미한다.

우리는 같은 현상에 대해서도 자신의 의식 수준에 따라 서로 다른 충동, 욕구, 가치를 가진다. 우리 각자는 의식 수준에 상응하는 정체성을 가질 것이며 도덕, 정의에 대한 관념도 이에 따라 평가하고 행동한다. 따라서 한 사람의 평균적 의식 수준은 자신의 감정, 동기, 윤리와 가치, 학습체계, 신념, 정신건강, 실제에 관한 개념, 취향을 그 수준으로 바라보고, 표현하는 것과 동일한 것임을 명심하자.[54]

이데올로기화된 개인의 의식 수준은 실존의 사건을 보고 평가하는 기준으로 자신의 행복량에 막대한 영향을 준다. 켄 윌버는 의식의 격차는 상호 간 소통을 불가능하게 한다고 한다. 특히 높은 의식 수준의 사람은 낮은 단계의 의식 수준의 사람을 이해할 수 있지만 낮은 단계의 사람들은 자기보다 높은 사람들의 의식을 이해할 수 없게 된다는 것이다.

의식 수준 분류의 하나는 인간의 삶과 같은 역사를 가진 깨달음의 기준과, 다른 하나는 세상을 대하는 가치관, 세계관을 평가하는 사고방식에 대한 것으로 구분할 수 있다.[55] 깨달음의 수준은 주로 각종 종교적 수련의 기준으로 전승되어 왔는데, 힌두교의 명상, 요가, 불교의 선정, 유대교의 카발라 등의 전통에 의한 분류로 의식의 생리적·정신적 구분 층위에 대한 접근 수준을 말한다.

다른 하나는 삶에 대한 가치관이나 이데올로기 수준에 따른 외형적이며 실존적 특징을 기준으로 구분하는 방식이다. 어느 방식이건 간에 실존적 활동의 해석 수준을 말하는 의식으로 각 개인의 지적 수준과 도덕적 본성, 수련의 정도, 지혜의 수준에 따라 성장하게 될 것이다. 어느 방식이든 상위 단계로 상승한다는 것은 개별성에서 전체성으로, 궁극적으로 세상을 일체화, 동일화를 지향하는데 그 모습은 사랑, 평화, 창조와 같은 행복의 모습과 동일하게 된다.

여기서는 데이비드 호킨스의 의식지도(Levels of Human Consciousness), 켄 윌버의 성장지도(Levels of Growing up) 그리고 매슬로우의 욕구 위계론(Hierarchy of needs)을 살펴보려 한다.

1. 데이비드 호킨스의 의식지도

[표 3]은 호킨스가 인간의 의식(감정) 수준을 에너지 수준별로 계층화한 것이다. 에너지 수준이 가장 낮은 '수치심'에서 가장 높은 단계인 '깨달음'의 수준까지 17단계로 분류하였다.

그는 의식의 수준에 따른 감정 상태를 별도로 표시하고 있으나, 이를 의식수준과 달리 구분해서 다른 의미를 부여할 필요는 없다고 생각된다. 여기서는 호킨스 박사의 의식을 감정 수준(지도)과 같은 것으로 이해하고자 한다.

로그(log)값은 근육 테스트 방법, 오링법 등을 사용하여 측정한 것으로 구체적 방법은 관련 서적을 참고하기 바란다. 로그 수준은 해당 감정의 에너지 수준으로서 200의 로그값 '용기'와 250인 '중립' 간 격차는 단순한 50이 아닌 10의 50배 차이가 난다는 의미로, 한 단계 상승이 얼마나 어려운 일인가를 실감할 수 있다.[56] 더군다나 지구인들은 전 생애를 통하여 의식 에너지 변동치가 평균 ±5점에 불과하다고 하는바, 이것은 평균적으로 150인 분노 수준 의식을 가진 자는 평균적으로 분노의 감정 수준으로 평생을 살아간다는 뜻이다.

[표 3] 데이비드 호킨스의 의식지도

의식 수준	로그(log)값	감정	관점
수치심	20	굴욕	비참하다
죄책감	30	원망	악의적임
무의미	50	절망	팽개치기
비관	75	후회	낙담하기
공포	100	불안	벌주기
욕망	125	갈망	사로잡힘
분노	150	증오	적대적
자부심	175	경멸	부풀리기
용기	200	긍정	할 수 있다
중립	250	신뢰	만족하다
자발성	310	낙관	희망적
수용	350	용서	조화롭다
이성	400	이해	지혜롭다
사랑	500	존경	사랑한다
환희	540	평온	완전하다
평화	600	지복	완벽하다
깨달음	700 이상	형언불가	순수의식

*출처: 데이비드 호킨스 『놓아 버림』, 박찬준 옮김, 판미동, 2011, 390쪽

이 연구는 지혜를 얻는 일은 느리고 고통스럽다는 것, 익숙한 관점을 기꺼이 포기하는 사람이 극히 드물다는 것을 말해준다. 그만

큼 감정 이데올로기의 향상이 어렵다는 것이며, 행복하기 위한 노력을 하지 않고 있다는 의미다. 의식 혁명이 필요할 때다.

지구인의 평균적 점수는 207(1997년 기준)로서 용기 이상의 수준이지만 전체 85%의 인구가 용기 미만의 수준에 머문다고 한다. 평균치가 높게 나타나는 것은 각 의식 간 격차가 로그에 해당하여 소수 상위 의식 수준의 사람들이 부정적 의식에 머무는 나머지 지구인 85%의 평균값을 상승시켰기 때문이라고 한다.[57] 따라서 지구상에 얼마나 많은 사람이 미래에 대한 불안과 두려움에 떨며 살고 있는지 절감할 수 있다.

이것은 인간에 관한 지속적인 탐구 노력과 문명의 발달에도 불구하고 삶에 누적되는 수많은 선택은 긍정적 방향보다는 불행한 삶으로 부정적 추세가 강하다는 증거라 할 수 있다.

사랑에 해당하는 500 이상의 상위에너지 수준은 전 세계인 중 4%에 불과하며 600 이상에 해당하는 사람은 인구 천만 명당 한 사람이라고 한다.[58]

표의 중간인 용기 수준은 매우 중대한 임계점이자 기준점인데 이 수준 이상은 긍정적 감정으로 주체적, 자발적 힘(Power)이 발휘되는 영역이며 창조적, 존재적 삶으로 가는 과정에 해당한다. 자부심 이하는 부정적 감정으로 완력(Force)에 해당하는데 이 수준 미만에서는 대외적·적대적 의식이 개인의 생존 추진력으로 작용하지만, 최하위 의식 수준은 그러한 동기조차 없는 암울한 상태다.

의식의 평균 수준은 일반적인 상황 인식능력과 대처 수준으로, 사회적, 감정적, 지적 태도, 직업적 능력, 목표, 흥미 등의 레벨을 유추할 수 있게 한다. 즉 사람이 어떤 거대한 데이터베이스에 연결된 컴퓨터라고 한다면 의식 수준은 286, 586 등 중앙처리장치의 성능과 같은 것으로 당신의 행복 경영의 산출량을 능률적으로 하는 성능 수준, 곧 지혜의 수준이라고 할 수 있겠다.

다만 이것은 삶의 모든 면에 적용되거나 개별 사안에 대한 성공 가능성을 의미하진 않을 것이다. 하지만 당신의 현재 행복 정도는 당신의 표면적 의식 수준과 거의 비례하여 가동된다고 봐야 한다.

만일 당신의 평균 의식 수준이 용기라면 어떤 상황에서도 용기라는 의식 수준으로 일을 처리하게 되는데 이 관점은 당신이 세상을 바라보는 지적, 감성적, 공적 인식 및 평가의 기준이 된다. 당신은 그 수준에서 당신 생의 사건에 대하여 중요성, 의미, 실행, 협조, 유추, 판단의 종합적 과정을 소화하게 된다는 의미다. 만일 당신의 평균 의식이 분노 수준이라면 비록 각 사건에 따라 진폭은 있을지라도 평균적으로는 분노 의식으로 상황에 임한다는 뜻이다. 같은 사안에 대해서도 의식 수준이 미치는 영향이 막대하다는 것을 알 수 있다.

호킨스는 의식과 감정을 다른 것으로 분류하고 있는데, 예컨대 긍정적 의식에서 '이성'은 '이해'라는 감정 수준으로 보고 있으며 '수용'을 '용서'에 대응하고, '자발성'은 '낙관'에 대응하고 있다. 부정적 의식에서 '자부심'은 그 상대적 감정으로 '경멸'과 동등하게 보고 있다. '이해'의 상태를 감정으로 분류하는 것, 자부심을 부정적 감정으로 분류한 것, 그에 상응하는 경멸의 감정은 자부심보다는 분노에 대응하는 감정으로 다뤄진 것은 흥미로운 점이다.

또한 이성이 자발성, 중용, 용기, 수용보다 수준이 높다거나, 자부심이 부정적 감정에 해당하는 등은 우리가 통상적으로 이해하는 단어의 의미와는 어색하게 느끼는 독자도 있을 것이다. 이러한 차이는 세분화가 쉬운 부정적 의식에서보다는 감정분류가 비교적 세세하지 않은 긍정적 의식에서 주로 나타난다. 이러한 문제는 언어적 한계, 또는 번역상의 문제로 큰 의미를 둘 필요가 없으며 단지 의식에 위계가 존재함을 이해하면 충분한 것이다.

이 표는 수준별 의식과 감정의 척도를 에너지 수준에 따라 위계적으로 분류했다는 데 의의가 있다. 그간 심리학이나 행복론자들은 감정을 긍정적 감정과 부정적 감정으로 구별하는 논의에는 성의를 보였으나, 이처럼 체계적 등급화나 위계화를 시도한 사례는 많지 않다. 도킨스의 감정지도는 우리의 의식 수준을 일목요연하게 평가할 수 있는 근거를 제시한다. 이는 개인의 행복경영에 커다란 이정표가 될 것이다.

이 지도는 각 감정의 의미에 깊이 매몰되기보다는 전체 맥락에서 자기의 평균 수준을 가늠해보고 상위 레벨로 갈 수 있는 지혜를 도모하는 이정표로 참고하면 된다. 따라서 표의 의식과 감정을 굳이 엄격히 구분하기보다는 맥락을 잘 살펴 사용하면 될 것이다. 필자는 도킨스의 의식지도를 네 그룹으로 분류해 보았다. 부정적 의식 중 비관 이하는 위축적 의식, 자부심 이하 공포까지를 적대적 의식으로 구분하였으며, 긍정적 감정은 용기에서 이성까지를 적극적 의식으로 사랑 이상은 초월적 의식으로 분류했다. 세부 사항에 대해서는 관련 서적[59]을 참고하자.

위축적 의식은 에너지가 가장 낮은 감정으로 삶의 무게에 눌려 심적으로 위축되고 쇠약해진 상태로 삶의 의지가 미약한 상태다. 현실을 극복하기보다는 현실 비관, 불능, 회피, 의욕 상실의 모습을 보인다.

일의 실패를 두려워하고 본인은 물론 주변인을 불안케 하는 등 자기 삶을 매우 부정적으로 생각하는 의식이다. 심한 경우 우울, 망상증, 자살, 범죄 등 극단적인 선택으로 이어질 수 있다. 부정적인 감정들은 건강에도 좋지 않을 뿐 아니라 질병을 유발할 수 있다.

일단 세상을 부정적 렌즈로 보기 시작하면 항상성을 가진 우리의 뇌는 이러한 시각을 지속하려 한다. 그러면 어두운 생각, 부정적 경험에 관한 기억이 의식을 지배한다. 다방면의 두려움에 굳어버린 몸은 그에 상응한 반응을 보일 것이다. 평균적 의식상태는 세상을 보는 렌즈에 해당하기에 세상은 고통과 죄, 절망, 전쟁, 빈곤, 상실감, 낙담 등으로 차 있다고 느끼게 된다. 삶터에서 패배했다는 위축적 의식이 일상을 지배한다면 하루라도 빨리 자존감 회복을 필요로 하며, 하루 빨리 타인의 도움을 받아 부정적인 감정에서 벗어나야 할 것이다.

적대적 영역은 현대인의 평균적 의식지대로서 사회적 경쟁 감정이 바탕에 깔려 있다. 세상을 약육강식의 정글로 보며 승리하거나 생존해도 그로 인한 원한과 보복이 있을까봐 불안해한다. 자부심, 분노, 욕망, 공포가 만연한 삶터는 승패를 알 수 없는 전쟁터로 강한 소유 이데올로기가 그 바탕이 된다. 소유욕과 권력욕은 타자에 대한 불신과 적대로 불안과 두려움이 상존하며 사회갈등의 온상이 된다. 끝없는 욕망을 동력으로 하는 자본주의 이데올로기는 자신을 해치는 것마저도 욕망하게 만들며 중독 수준으로 상승한다. 길거리와 미디어에는 탐나는 차, 예쁜 물건들, 지위나 위치, 살아보고 싶은 주택이 종일 머릿속을 채운다. 이것을 가지면 행복할 거라는 의식은 당신을 항상 충동한다. 하지만 일시적 만족은 또 다른 불만을 불러일으키게 된다. 만족할 줄 모르는 물질적 욕망은 충족 후에도 다시 더 많은 혹은 다른 욕망을 갈구할 뿐이다. 소유를 위한 삶은 여유시간조차도 권태로운 시간으로 변질시킨다. 자본의 축적과 권력의 쟁취가 곧 행복이라는 현대인의 잘못된 이데올로기의 의식 수준을 대표하는 영역으로 소유의 삶에 대한 재사유가 필요하다.

적극적 감정은 용기에서 출발하여 중립, 자발성, 수용 등으로, 긍정적 감정의 시작이자 행복에 플러스로 작용하는 감정(welfare emotions)들이다. 이 감정들은 당신의 코나투스를 증가시켜 삶의 의욕을 높여준다. 삶에서 욕망 이데올로기가 축소되고 사건과 사물의 긍정적 조화, 협력, 일체성을 경험하기 시작하며 세상을 호의적으로 바라보게 되는 출발점이 된다.

전도된 욕망은 협소한 이기주의에서 벗어나 유연하고 자유스러운 협동, 공조 등 전체성을 인식하게 되며 더 넓은 주체 의식으로 변화한다. 통상적으로 이 그룹의 감정은 이전에 입력된 무분별한 이데올로기가 상황에 따라 부적절하다는 것을 인정하며 또 다른 적절한 선택이 요망된다는 것을 깨닫는다. 이것은 우리가 진정한 '큰 나'의 경험에 돌입하는 과정으로 가는 시발점이다.[60]

긍정적 감정의 시작인 용기는 매우 중요한 전환점으로 부정적 감정에서 탈출하여 양보, 성취, 결단을 통해 힘을 얻는 모티브다. 용기는 새로운 것에 도전하고 상대를 용서할 줄 아는 열린 마음의 상태다. 자신감의 상승으로 안전을 염려하기보다는 뭔가를 할 수 있다는 자기효능감을 느끼며 자아를 신뢰한다. 이 수준은 정직하게 일의 생산성과 창의성을 발휘하게 한다.

이 그룹은 모든 부정적 감정을 직시하고 태세를 전환할 수 있으며 이때부터 자기를 존중하며 주체성이 확대되고 자율적 에너지가 급격히 증가한다. 이득에 관심은 있으나 남에게 양보하는 능력도 생긴다. 자신의 이득에만 연연하지 않으며, 세상은 도전 의식을 북돋우는 곳이자, 성장과 발전, 새로운 경험을 위한 기회를 제시하는 장소로 보는 변화하는 가치관을 경험하게 한다. 소유의 노예에서 존재적 인간으로 거듭날 준비가 된 것이다.

이러한 경향은 개인마다 천차만별이지만 통상 중년기부터 발현된다. 개인적 관심사보다는 사회적 쟁점을 중시하고 사회문제 극복에 도움을 주며 불우한 계층을 돕는데 주의를 기울인다. 이 수준에서는 자신의 경험과 직관을 토대로 타인의 입장을 헤아릴 줄 알며 대의를 옹호하고 타인의 노력을 지지하는 데서 즐거움을 얻는다. 사사롭게 낮은 수준의 감정에 지배되는 일은 적어진다.

초월적 감정은 사랑, 기쁨, 평화, 깨달음의 감정이다. 진정한 긍정의 세계로 소유를 떠난 존재적 삶을 추구한다. 사랑과 연민의 시각으로 세상을 바라보고 순수의식의 세계에서 산다. 이 단계는 개인적 문제를 초월하여 자연을 비롯한 전 인류적 문제에 관심을 두고 이분법적 사고를 부정하며 정신적 문제를 중시한다. 세상을 향한 관심은 사물의 본질이며, 그 시각의 토대는 사랑과 연민이다.

어린아이 같은 순수한 마음가짐으로 이전의 에고를 떠나 '참다운 나'에 가깝다. 현재 인간이 갈 수 있는 가장 높은 고차원의 상태로서 고도의 행복감을 느낀다.

호킨스의 의식지도를 요약하면 용기 이상의 의식은 자유, 사랑, 창조가 발현되는 플러스 감정 영역이며 그 아래는 부정적 감정에 해당한다. 강력한 행복을 느끼는 사랑 이상의 영역은 존재적 삶에 해당한다고 할 수 있다.

호킨스의 의식지도는 당신의 현재 수준이 어디에 있는지 그 단계적 레벨업의 지향점은 어디인지를 파악해서 행복경영을 위한 지침으로 활용할 수 있다. 자부심 이하의 부정적 의식에 있는 자라면 하루빨리 탈출해야 할 것이며 용기 수준에 있는 자라면 더 높은 의식을 향한 도약을 준비해야 한다. 대부분 우리 삶은 용기 이하의 수준에 있는데도 남들과 똑같은 것을 당연한 의식으로 생각하는 건 안타까운 일이다.

2. 켄 윌버의 성장지도

켄 윌버의 의식지도(성장지도)는 외재적으로 표출되는 상황 인식 수준을 기준으로 **[표 4]**과 같이 8단계로 나누고 있다. 각 수준은 당신이 세계를 바라보고 해석하며 느끼는 의식의 구조, 숨은 문법, 가치관, 세계관을 의미한다. 즉 각자는 자기의 지적, 영성적, 경험적 수준(개인의 세계관)에 따라 세상을 살아간다는 것이다. 모든 사람이 같은 세상을 사는 것 같지만 각 개인이 보는 세상에 대한 이해나 시각은 매우 다르다는 것을 말해준다.[61]

해당 의식 수준은 자신의 정체성으로 세상을 보고 이해하는 렌즈 역할을 한다. 단계가 상승하면 세상을 보는 기준도 넓고 높아지며 이전의 하위 단계를 굽어볼 수 있게 된다고 한다. 이 지도의 기본 개념은 인간이 태어나서 성장해 가는 의식 과정은 인류의 정신사와 같으며, 그 과정은 나(I), 우리(We), 모두(All)를 포괄하는 과정으로 상승해 간다는 것을 보여주고 있다.

[표 4] 켄 윌버의 성장지도

단계	이데올로기 형태(세상을 보는 인식 형태)	비고
1. 태고단계	자기와 타인 구별 불가, 생리적 욕구만 있음	생후 4개월 수준의 의식
2. 마법적 부족적	자신과 타인의 구분, 물활론적 사고, 사물의 의인화	알츠하이머, 뇌 손상자, 설화적 형태의 종교, 소원성취 행위
3. 마법적 신화적	자기 안전과 보존, 권력 욕구, 힘의 추구, 권력중독, 적자생존, 자아도취적, 자기중심적 사고	히틀러, 스탈린, 폴포트, 마피아 조직, 부패정부
4. 신화적 전통	타인의 역할 인정, 우리 중심(민족중심)적, 집단중심적 사고, 체제 순응적 사고, 엄격한 규칙준수(이데올로기에 충실), 지나친 애국주의, 폐쇄 사회	절대주의적 사고, 종교적 근본주의자, 제국주의 식민주의
5. 합리적 근대	세계 중심적 사고, 자아 인식(자기 정체성, 자기 존중, 성취), 개인성, 역사성 인식, 개선, 탁월성 추구, 이성, 3인칭	계몽시대 이후
6. 다원주의	개별화의 다양성, 해체주의, 무정부주의, 녹색운동, 성 정체성 인정, 합리성보다는 느낌 중시	PC 운동 68혁명 이후
7. 통합적	종합적, 전체적, 복합적, 포용적, 전 우주에 관심, 창조, 연계성 중시, 그물망, 직물 구조에 관심, 자기실현, 영적인 길에 관심, 동반을 원한다. 사고와 느낌	
8. 초통합적	미지의 세계	

*켄 윌버, 『켄 윌버의 통합명상』, 김명권 외 옮김, 김영사, 2020, 32~131쪽에서 발췌요약

켄 윌버는 이 지도는 내적 의식 층위를 가르는 깨달음의 층위와는 전혀 다른 성장 방식이라고 하면서 진정한 의식의 성장은 이 두 가지를 병행해야 한다고 주장한다. 즉 내면적 층위의 상승과 함께 외면적으로 표출되는 행동의식은 동반 성장해야 바람직하다는 것이다.

여기서는 켄 윌버의 8단계를 4개 그룹으로 묶어 1~3단계를 자기중심적 단계, 4~5단계의 타자 인식 단계, 6단계를 다원주의적 단계, 7~8단계를 통합적 단계로 구분하여 그 특성을 살펴보았다.[62]

⊡ 자기중심적 단계: 1, 2, 3단계

이 단계는 단순한 감각 운동이나 생리적 작용을 주요 인식대상으로 하는 가장 원시적 단계다. 식욕, 성욕 등 동물적 본능에 충실한 의식으로 갓난아이가 사회라는 공동체에 편입되는 청소년기까지 보이는 특성이다.

이 단계는 나를 중심으로 세상이 형성되어 있다고 생각하는 1인칭의 세계로 상대를 존중하지 못하는 이기적이고 미숙한 상태를 말한다. 자아도취적이거나 자기중심적 사고가 의식의 전반을 지배하며 자신의 관점 말고 다른 관점은 이해하질 못하는 상태다. 나와 세상을 분리하여 세상을 바라보지 못하고 자기중심적·자아도취적 사고의 원시적 단계에 해당한다.

2단계는 기본적으로 자신과 타자를 하나로 보나 미약하게 나마 자신과 타인을 구분하되 나 중심의 세계로 여긴다. 즉각적인 충동과 욕구에 반응하는 미미한 통제력을 보이는 상태다.

1, 2단계가 자신과 타자가 하나이며서도 나를 중심으로 생각하는 의식임에 비하여 3단계는 자신과 세상 그리고 타인이 분리되면서 자기방어를 중요하게 생각한다. 초자연적, 초월적 능력은 부정하나 신화적 존재인 신과 신령은 초월적 능력을 가지며 권력이나 영성이 있는 힘 있는 사람도 그러한 힘이 있다고 생각한다. 현대인의 상당 부분은 아직도 여기에 속한다고 한다. 안정, 안전, 힘의 욕구가 생긴다.

자기중심적 단계는 세상을 적자생존의 관점에서 바라본다. 남들이 뭐라고 하든 자신만의 기준과 법을 창조하여 그것이 옳다고 믿는다. 동물의 세계가 크고 강력한 자가 승리하듯이 남에게 당하기 전에 먼저 공격해야 한다는 치열한 경쟁을 당연한 것으로 여긴다. 현대인은 초등학교 진학하면 어느 정도 해소되지만, 성인이 되어서도 이 습성이 남아있어 사회적 갈등을 일으키게 된다. 역사적으로는 원시시대나 군국주의 시대 귀족들의 사고와 같으며 히틀러, 스탈린, 폴 포트 정권 등 독재자들에게서 보이는 의식 수준에 해당한다고 한다.[63]

② 타자 인식 단계: 4, 5단계

4단계는 원시적 단계인 자기중심적 정체성이 집단중심적 사고로 진보하여 소속감을 느끼게 되며 '우리'를 강하게 의식한다. 이 단계는 전 단계의 이기주의에서 벗어나 다른 사람의 존재를 인정하게 된다. 자아는 자기만을 위한 욕망에서 벗어나 가족과 씨족, 민족, 국가, 종교집단, 정당 등의 다양한 집단을 인정하며 소속감에서 안정감을 확인하며 맡은 소임에 충실한다.

타자에 대한 절대적이고 완전한 믿음을 신뢰하는 사람은 이 단계가 활성화된 것으로 볼 수 있다. 엄격한 법과 질서를 존중하며 애국심, 신의 가치 등 이데올로기를 강하게 신봉함으로써 소속된 집단이 추구하는 가치나 규칙 등 자신의 이데올로기를 절대적으로 받아들여 경직된 사고와 행동이 특징이다. 자신의 목숨도 바칠 수 있다는 의식이나 완전한 종교적 믿음을 가진 사람들이 이 단계에 해당한다. 이 단계보다 더 높은 의식 수준에서도 심오하고 놀라운 종교적 체험 후 이 단계로 퇴행하는 사례가 있는데 조직에 충성을 위하며 죽거나 자해하는 것을 신앙심의 발현이나 대단한 의리로 생각하는 조폭들의 의식, 종교적 원리주의자, 원리주의식 반일 감정, 마피아, 야쿠자 등의 세계가 이런 류의 의식 상태라 할 수 있다.

대개 이런 의식의 자들은 특정 이데올로기의 광신자가 되어 자신의 믿음이나 행동에 근본주의적인 태도를 보인다. 테러로 자기주장을 펼치는 이슬람 원리주의자, 기독교, 마르크스 근본주의자, 페미니즘 등의 사고가 이런 부류에 속한다. 국가적으로는 나치독일과 냉전 시대 공산주의 국가 등도 마찬가지다. 주로 청소년기에 나타나지만 어른들의 경우에도 흔히 찾아볼 수 있는 의식이다.[64]

5단계는 합리적 근대 단계로서, 이전 단계의 나와 우리를 뛰어넘어 그나 그녀, 그것 등 3인칭을 받아들이는 의식이다. 즉 우리 중심적(you, we) 사고에서 세계 중심적(world) 사고로 확장된다. 인간과 관계된 그 어떤 것도 나로부터 멀리 있지 않으며, 인간의 보편적 권리로서 인권을 중시한다. 어느 하나의 특정한 씨족이나 부족, 조직, 인종, 종교, 국가의 이익이 아닌 모든 집단과 인간, 세계의 권리를 고려하게 되는 의식이다. 사건을 판단할 때 보편성, 객관성을 기준으로, 사물을 과학적이며 세계적인 관점에서 바라본다. 켄 윌버는 이 단계의 인간은 이성과 합리성, 상대성, 양심, 성취, 우수성, 자존감 등의 욕구를 가지게 된다고 한다.

이전 단계와 다른 자아성찰로 진정한 개인성(indivi-duality)이 출현하고 자기 인식, 정체성 확립, 자율성, 자아실현과 동시에 사회적 성취를 추구하게 된다. 따라서 개인적 탁월함과 업적, 장점, 성취, 진보를 향한 욕구의 발현은 현재의 순간에서 벗어나 역사적 시간(historial time)을 인식하며 현재를 과거나 미래와 비교하고 현재를 최대한 개선하고자 하는 탁월함과 업적, 진보를

향한 욕망을 발휘하게 된다.[65]

4, 5단계는 대체로 상반되는 양상을 보인다. 4단계의 의식이 순응과 모방적 속성이 도드라지고, 5단계는 개성, 주체성, 고독, 범세계적 사고가 드러난다.[66] 따라서 상호 충돌 가능성이 아주 높다.

켄 윌버는 현재 세계는 전 단계인 4단계와 이 5단계가 혼용된 상태로서 이 두 가치 집단이 끊임없이 다투고 있는데, 군주제와 파시즘, 공산주의와 같은 강압적 체제와 하의상달식 민주주의 체제 간의 갈등이 그것이다. 켄 윌버는 현재의 세계정치 질서는 새로운 가치관의 세계 중심적 질서의 모색보다는 거꾸로 4단계인 과도한 민족 중심적 체제나 3단계인 절대주의적 체제로 퇴행할 우려가 크다고 경고하고 있다.[67]

③ 다원주의적 단계: 6단계

이 단계는 개개인의 가치관을 존중하는 의식으로서, 모두에 적용되는 일반적, 보편적 진리를 부정하고 각 개인의 상황과 여건에 따른 최선을 진리로 보는 의식이다. 이 단계는 자기의 의견이 옳다는 것으로 누구도 타인에게 무엇이 진실이고 무엇이 아니라고 말할 권리가 없다는 태도를 말한다. 따라서 자본주의는 물론, 마르크스주의, 인종차별주의, 유교적 사상, 이데올로기나 이론 등 보편적 사유에 반하여 오직 개인적 이데올로기만 존중된다.

이 의식은 프랑스 68혁명으로 세상에 출현했는데, 사건의 맥락을 중시하는 관점주의, 선과 악의 상대성 등 다양한 관점을 인정하는 다원주의, 해체주의 가치관을 말한다. 이 의식은 세계의 중요한 인권 운동과 환경운동, 페미니즘, 다문화주의, 정치적 올바름(political correctness) 등의 운동으로 표출되고 있다.

문제는 이들은 모든 사람을 공평하고 동등하게 대한다고 하면서 자본주의나 이윤, 경쟁, 욕망 같은 합리주의 및 개인주의적 가치를 혐오하는 이율배반적 모습을 보인다는 것이다. 이 의식은 사회적 약자 보호, 소수자 권익 신장, 문화 다양성 확장 등에 많은 영향을 끼쳤지만, 극단으로 치달아 자기모순에 빠져 있다.

다원주의는 문화전쟁(culture wars)의 원인으로 작용한다. 켄 윌버는 미 국민의 경우 4단계가 40%, 5단계가 50%, 그리고 이 다원주의 6단계가 25%의 비중(한 사람이 두 단계 의식을 소유하는 경우도 있다)으로 내부 충돌의 원인이 되고 있다고 진단한다. 현재 세계는 3단계인 '나 중심'의 전 근대적 국가에 4, 5, 6단계의 시민이 공존하며 많은 갈등을 촉발하고 있는 것이다.[68] 우리나라에서도 자연보호라는 명분으로 원자력 발전을 중단시키고 태양광으로 자연을 훼손시키는 모순을 보인다. 현재 이러한 모습의 의식은 진정한 6단계 의식 수준으로 볼 수 없다.

④ 통합적 단계: 7, 8단계

켄 윌버는 이 의식이 '세상을 포용적, 종합적, 통합적 사고로 바라본다'면서, 세상의 전체성(wholeness)에 끌리며, 큰 그림과 빅 데이터를 찾는 태도라 한다. 이 의식은 전 우주적이며, 이전 단계의 소유적 삶에서 존재적 삶으로 가치관이 변한다. 세계인의 약 5%가 이 단계에 속한다고 한다.

자신이 어떻게 다른 모든 것과 연계되어 있는지 그리고 이런 연결의 의미와 가치를 탐구한다. 자신이 자연의 한 부분임을, 그 속에서 우주 전체와 연관되어 어떤 의미를 갖는지 알고 싶어 한다. 어떤 논쟁에서든 흑백논리를 보는 대신, 양편 모두 진실의 중요한 일면을 가지고 있다고 보는 시각으로, 양편을 포용한다.

모든 곳에서 연관성을 보고 모종의 심오한 방식으로 얽혀 있다고 믿는 것이다. 앎도 파편화되어 고립된 분야로 나뉘어 있지 않고 모든 분야가 서로 맞물려 하나의 전체적이고 역동적인 태피스트리나 그물망으로 구성되었다고 사유한다.[69]

모든 민족이 분리되었다고 보지 않고, 모두를 포용하는 하나의 아름다운 보편 인류상을 바람직한 것으로 여기며 다양성 속의 통일성과 전체성을 추구한다. 창조와 사랑, 배려, 포용이 큰 기쁨을 주는 상태인 것이다. 도킨스의 의식지도에서 사랑 이상의 감정, 매슬로우의 자아실현의 의식에 해당한다.

켄 윌버는 초 통합단계인 8단계는 제3의 의식세계로서 미래에 나타날 의식으로 분류했다. 이 단계는 당신이 찾아낼 수도 있는 의식세계일지도 모른다.

3. 매슬로우의 욕구 위계

흔히 상식으로 많이 알려진 매슬로우의 욕구 단계설([표 5])은 우리의 의식 수준을 평가하는데 유용한 지표로 사용할 수 있다. 심리학자 에이브러햄 매슬로가 1943년 주창한 이론으로 욕구 위계 이론이라고도 한다. 그는 삶의 욕구가 필드의 어디에 중심을 두느냐를 기준으로 단계화하였는데, 인간은 처음에는 신체적 물질적 욕구에 관심을 두는 단계에서 출발하여 사회·관계적 욕구로 그리고 조금 더 발전하면 세계적, 정신적 욕구로 상승한다는 것인데 실질 내용에 있어 앞의 두 의식지도와 크게 다르지 않다. 초기에는 5단계로 구분하였으나 그 후 자아 초월 욕구와 인지적 욕구, 심미적 욕구의 3단계가 더해져 총 8단계로 완성되었다.

매슬로우의 욕구 단계설은 4단계 이하와 5단계 이상으로 구분하여 물질적 욕구와 정신적 욕구로 분류하기도 하고, 결핍 욕구와 성장 욕구, 또는 선천적 욕구와 사회적 욕구로 구분하기도 한다.

[표 5] 매슬로우의 욕구 단계

1단계	생리적 욕구 (Physiologic Needs)	신체 보존을 위한 위험으로부터 자유로워지려는 욕구로 음식, 의복, 주거 등 삶 그 자체를 유지하기 위한 욕구
2단계	안전 욕구 (Safety Needs)	안전 욕구, 추위 등 신체의 위험과 섹스 등 생리적 욕구의 박탈로부터 자유로워지려는 욕구
3단계	소속 및 애정 욕구 (Belongness and Love Needs)	타인들과 업무나 여가를 같이 하거나 즐거움을 공유하고자 하며 서로 사랑하고 사랑받고 싶은 욕구
4단계	존중 욕구 (Esteem Needs)	타인들로부터 내적 외적으로 인정을 받으면서 어떤 지위를 확보하기를 원하는 욕구
5단계	인지적 욕구 (Needs to know & Understand)	지식과 기술, 주변 환경에 대한 호기심과 이해의 욕구
6단계	심미적 욕구 (Aesthetic Needs)	질서와 안정을 바라며 아름다움을 추구하는 욕구
7단계	자아실현 욕구 (Self- Actualization Needs)	자기 발전을 위하여 잠재력을 극대화, 자기의 완성을 바라는 욕구
8단계	자아초월 욕구 (Transcendence)	자기 자신을 초월하여 다른 무언가를 완성시키고자 하는 이타적인 욕구

*출처: 『동기와 성격』, 오혜경 옮김, 연암서가, 2021, 89~121쪽

그는 인간은 무엇인가를 필요로 하는 결핍의 존재로 미충족 욕구가 행동을 촉발하는데, 그 욕구는 충족되어야 할 순서대로 계층화되어 있어서 하위 욕구가 충족되면 다음 단계의 욕구가 동기화된다고 한다. 일단 욕구가 한 번 충족되어 만족하게 되면 다음 단계의 높은 수준의 욕구를 추구해야만 권태를 해소하게 된다. 이미 유발된 동기의 만족을 충족하면 우리는 그 욕구에 흥미를 상실하고 다른 욕구를 추구하게 된다는 것이다.

매슬로우의 의식 위계는 이 점을 상기하는 의식으로 특정 단계의 만족은 권태나 무료로 작용하여 더 높은 차원의 만족을 요구한다는 것에 착안한 것이다. 만일 당신이 4단계의 존중받고 싶은 욕구를 충분히 받고 있다면, 행복감을 누리고 있어 더 이상 변화를 원하지 않을 수도 있다. 하지만 대부분의 인간은 현재 단계에 익숙해지면 더 이상 만족하지 못하고 더 높은 단계의 의식 수준의 구현을 바라게 된다는 것이다.

물론 사람에 따라서는 이 단계가 순차적으로 나타나지 않을 수도 있다. 인지적 욕구가 강한 사람이 중간단계인 자아실현 욕구에 만족하지 못하고 드물게 8단계의 초월을 추구할 수도 있는 것이다. 매슬로의 욕구 위계 논리는 인간이 어떤 동기로 목표를 실현시키려는 힘을 품게 되는지에 대한 유용한 설명을 제공한다.

중요한 것은 자아실현 욕구이다. 통상 5단계 이상을 존재적 삶의 추구단계이자, 성장의 욕구가 작동하는 단계로 본다. 이 단계에서는 특정 사회, 종교계, 과학계, 예·체능계 등 조직과 타인을 위해 살아가고자 하며 나아가 전 세계 인류나 심지어는 다른 생명체들을 포함한 자연 그리고 우주 그 자체를 위한 삶에서 즐거움을 느낀다. 철저한 이타성으로 아가페를 실천하는 삶인 것이다. 지금 당신은 이 단계의 어디에 있다고 여겨지는지 생각해 보자.

4. 의식지도의 통합

데이비도 호킨스는 개개인이 가진 평균적 감정을 수평적 차원에서 구현했다면, 켄 윌버는 성장성, 역사적 진보 등 수직적 관점에서 의식을 계층화했다. 또한 매슬로우는 행복요소 중 필드에서 보이는 관심사나 외형적 생활방식을 기준으로 개개인의 의식 수준을 관찰한 결과라 할 수 있다.

이러한 의식지도는 행복지수 측정을 위하여 매우 유용한 지표로 활용 가능하다. 제시된 기준은 인간의 의식을 각기 다른 관점에서 바라보고 평가한 것이지만 사물을 보는 관점 자체가 개체성에서 전체성으로 가는 방향으로 성장한다는 면에서 거의 유사성을 보인다. 즉 의식의 궁극적 성장은 현실의 이원성을 초월하는 전체성, 합일로 이행해 가는 것이다.

이 지도들은 하나의 표로 종합하면 더욱 의미 있는 수단으로
활용할 수 있다. [표 6]은 이 3개 지표를 유사한 의식들로 대비해
본 것이다. 이 표는 필자가 관련 저작물의 내용을 검토하여 비
교한 것으로 각 저술자의 의도와 같지 않을 수도 있다. 켄 윌버
의 성장지도와 매슬로우의 욕구 위계론의 매칭은 켄 윌버의 저
작을 참고했다.[70] 호킨스의 감정지도와의 비교는 필자가 이해한
수준에서 매칭한 것이다.

[표 6] 의식 지도 비교

	데이비드 호킨스	켄 윌버	매슬로우
초월적 의식	깨달음 평화 기쁨 사랑 이성	초통합적 ·통합적 단계	자아초월 자아실현
적극적 의식	수용 자발성 중용 용기	다원주의적 ·합리적 단계	자아실현 자기존중
적대적 의식	자부심 분노 욕망 공포	타자인식 ·자기중심적 단계	소속감 안전성 생리적
위축적 의식	슬픔 무감정 죄책감 수치심	자기중심적 단계	생리적

*켄 윌버, 『켄 윌버의 통합명상』, 285쪽 참고

각 지도의 단계별 수준은 내면적 의식이나 감정, 가치관 등 가치판단적 성격이 강하므로 비교는 무리다. 하지만 활용하기에 따라서 당신의 행복경영을 위한 지침을 얻는 데는 유익한 자료가 될 것이다.

II

행복 3요소

○
○
○

● ● ●

당신의 행복은 활동의 장인 필드에서의 활동에
대해 삶의 제약 요소인 이데올로기 간의
충돌에서 야기되는 부정적 감정을 최소화하고
긍정적 감정을 최대화하는 감정관리의 문제다.

1장
행복 3요소에 대한 이해

Ⅰ부는 행복이 무엇인지 인생 전체의 행복량은 어떻게 산출하는지 알아봤다. Ⅱ부에서는 활동의 장인 행복 3요소를 살펴본다.

행복은 "상황 내(內) 존재(Being in situation)인 인간이 그의 인식이나 활동에서 느끼는 일생 동안의 감정의 총합"으로 정의한 바 있다. 따라서 당신은 인식과 활동 영역의 장에 대한 지식을 바탕으로 감정의 발현과 작동 원리를 이해한다면 행복의 효율적 관리·통제가 가능하게 될 것이다.

모든 인간은 생로병사(生老病死)를 거친다. 생명으로서 기본 욕구를 충족하고, 교육을 통해 사회화를 시작하며, 사춘기를 지나 시험을 보고 장래 희망을 적고, 주민등록증을 발급받고, 경제 활동과 사회 활동을 시작하고 사랑하는 사람과 가정을 이루고, 공동체와 국가에 권리도 행사하며 그에 따른 책임과 의무도 다할 것이다. 자신의 권력과 명예를 위해 경쟁하고 남은 시간은 독서, 여행, 취미

생활로 보낸다. 또 국가직을 수행하여 국민복지 향상에 기여하거나 획기적인 연구를 통해 세상을 이롭게 하기도 한다.

이러한 활동은 인식, 평가, 해석, 의지, 행동의 과정을 통해서 진행되며 각각의 인식 배면에서 감정이 발생한다. 불교는 인간의 인식 수단을 색경(色境), 성경(聲境), 향경(香境), 미경(味境), 촉경(觸境), 법경(法境)으로 설명한다. 색경은 눈으로 볼 수 있는 대상인 모양이나 색깔을 말하며, 성경은 귀로 들을 수 있는 소리, 향경은 코로 맡을 수 있는 냄새, 미경은 혀로 느낄 수 있는 맛, 촉경은 몸으로 느낄 수 있는 감촉이다. 우리가 바라보는 세상은 감각기관이 외부 자극을 받아들여 뇌를 통해 인식한 결과로 사실 정신적 산물에 해당할 뿐이다. 마지막 법경은 의식내용, 관념, 사유로서 바로 앞에 설명한 바와 같은 이데올로기, 감정과 유사하다. 행복관리 측면에서 이 의식의 내용물들을 기능적으로 범주화하였는데 여기서는 이것들을 필드(Field), 감정, 이데올로기라 칭하고자 하며 행복 3요소로 보는 것이다.

당신이 세계 자체를 경험한다고 믿지만, 실제로 당신이 경험하는 것을 당신의 머리 안에서 자신이 구성한 세계다. ―리사 펠드먼 배럿, 『감정은 어떻게 만들어지는가?』, 최호영 옮김, 생각연구소, 2017, 174쪽

먼저 의식의 흐름인 당신의 생각들을 흄의 "관념의 다발"(피이

테의 절대자아 속의 세계)로 보고 행복 3요소의 좌표를 생각해 보도록 하자. 나라는 자아에 대한 많은 철학적 논쟁이 있지만 의식을 "관념의 다발"로 본 기준으로 세분화한 것이다.

[표 7]은 의식의 내용을 여러 형태로 분류해 본 것이다. 학문적 필요성에 의거 다각도의 분류가 가능할 것이지만 필자는 행복관리라는 측면에서 이 세 가지로 유형화하였다. 즉 당신의 머릿속은 단 일각도 멈추지 않고 필드, 이데올로기, 감정이 상호 맞물려 돌아간다.

[표 7] 행복주체(나)의 의식

의식층위		관련 용어
순수의식		진짜 나, 참다운 나, 불성(불교), 영혼(아리스토텔레스, 기독교), 진아(라즈니쉬), 아트만(우파니샤드), 대아(신채호), 선험적 의식(칸트, 후설), 빈 서판(로크)
의식의 흐름 (에고)	관념의 다발	· 행복 3요소 : 필드, 이데올로기, 감정
		· 플라톤 : 이성, 열정, 욕망 · 데카르트 : 생각 · 스피노자 : 신(자연), 정신, 감정, 지성 · 칸트 : 현상, 이성 · 프로이트 : 외부세계,이드(id),자아(ego*),초자아 (super ego) · 마이클 싱어 : 생각, 감정, 신체 감각
	인식의 과정	· 불교 : 무명, 행, 식, 명색, 육입, 촉, 수, 애, 취, 유 · 칸트 : 감성, 오성, 지성, 통각, 이성 · 헤겔 : 감성, 오성, 자기의식, 이성 · 흄 : 지각, 인상, 관념 · 후설 : 노에시스, 노에마

* 이 표는 행복 3요소의 개념이해를 돕고자 참고로 분류해본 것으로 의미의 상호 간 중복, 혼용, 의미의 불일치가 있을 수 있다. 의식 층위의 에고는 프로이트의 에고와는 의미상 범위의 차이가 있는 동명 이의이다.

필드는 삶의 활동이 전개되는 물리적·정신적 활동의 장소이자 그 내용물로서 당신의 의식이 행복객체를 인식한 결과물을 말한다. 만일 당신이 존재하는 현실의 오만 원권 지폐를 돌이라고 인식했다면 당신의 필드에서는 그것은 돈이 아니고 돌이 되는 것이다. 따라서 당신의 필드에는 돈이 아니라 돌이 있는 것과 같다.

이데올로기는 필드를 바라보는 관점이자 기준이다. 필드의 인식, 인식의 당위 여부, 판단, 선택, 및 행동 여부를 결정한다. 이러한 인식의 판단 기준에는 전통과 문화에서 도덕과 법률, 경험, 습관, 양심, 개인적 선호, 취향, 유행 등이 있으며, 또한 사회적 규범을 인식하고 해석하며 판단 결정하는 지식, 개념, 가치판단이 작동한다. 이러한 모든 선택의 기준을 이데올로기로 본 것이다. 즉 필드 인식에 영향을 미치는 관념의 총체로서 나를 통제하는 모든 정신적 관념을 말한다.

세상은 개인의 고유성과 공동체의 전체성이 대립하는 장이다. 세상의 규범은 공동체의 전체 행복과 공공성을 권장하되 개인의 행복과 고유성의 피해도 최소화하려고는 한다. 이 중간의 중재자로 사회적 규범 등 기준이 존재하게 되는데, 모든 사람은 이 기준에 맞춰 행동하도록 교육, 도덕, 공동체 규칙, 법 등으로 강제 받는다. 이것은 당신의 지금까지 생에서 축적한 모든 지식과 경험이 종합평가된 당신의 가치관으로 사회에 노출되는 당신의 정체성이자 평균적 삶의 기준으로 이데올로기인 것이다.

행복의 마지막 요소는 감정이다. 감정은 행복관리에 가장 중요한 요소로서 별도로 분리한 것일 뿐, 삶의 기준인 가치관이자 이데올로기의 한 분류라 할수 있다. 나의 활동은 항상 나의 이데올로기가 작용함으로써 특정 감정을 발생시킨다. 우리가 얻고자 하는 것은 여기서 도출되는 긍정적 감정이다. 이때, 만일 당신이 세상을 인식하는 평균적 의식 수준이 높다면 다른 사람과 같은 상황에 대해서도 의식수준에 걸맞는 감정을 유지할 수 있을 것이다. 즉 수율이 높은 것을 의미한다.

행복 3요소는 [표 8]과 같은 구조 관계에 있어 상호 간 서로 종속적인 상대로 그려진다. 즉 필드는 이데올로기에 종속되며 이데올로기는 감정에 종속됨을 나타낸다. 따라서 감정은 이 세 요소를 관리 대상으로 한다. 일반적으로 당신이 당신의 감정 자체를 직접 통제할 수 있다면 행복 관리 측면에서 이데올로기와 필드는 자동으로 통제될 것이며, 당신이 당신의 이데올로기로 감정을 통제하려 한다면 필드는 자동으로 통제가능하겠지만 감정 통제는 부분적으로 가능할 것이다. 따라서 당신은 이 3요소 중 어떤 한 요소의 관리로도 감정통제가 가능하겠지만 최종 포괄 요소인 감정을 직접적으로 통제하는 것이 가장 효과적이다. 하위 요소인 이데올로기나 필드를 통한 감정관리는 3요소의 다른 요소까지 관리를 필요로 할 수 있음을 이해해야 한다. 때때로 이데올로기는 감정을 무시하며, 필드조차도 이데올로기나 감정을 무시할 수 있기 때문이다. 행복을 위한 당신의 최종 목표는 감정을 통제하는 것임을 명심해야 한다.

만일 당신이 즐거운 감정을 위해서 '돈을 많이 벌어야 한다'는 이데올로기를 가졌다면, 관계 필드의 활동에서 실제 돈을 많이 벌어야 가능할 것이다. 실제 돈을 벌더라도 경쟁을 통한 감정손실과 만족을 주는 돈의 정도 등에 따라 자신의 이데올로기와 감정 또한 병행한 관리가 추가로 요망된다. 하지만 '나는 돈은 먹고 자는 정도에 만족'한다는 자신의 이데올로기를 바꾼다면 필드에서의 불필요한 감정은 줄일 수 있지만 추가적 감정관리가 필요할 수도 있다. 이와 같은 과정을 모두 생략하고 감정을 직접 통제한다면 앞의 두 요소인 이데올로기나 필드 활동의 관리는 불필요하게 된다.

[표 8] 행복 3요소 간의 관계

나(생각, 의식의 흐름)

감정
이데올로기
필드 필드 1: 신체-보존/안전 필드 2: 관계-일/공동체/유희 필드 3: 자아 실현

지금까지 대다수의 행복론은 이 3요소가 상호 연계되어 나타나는 감정을 목표로 두지 않았거나, 그 중요한 함수가 자신의 이데올로기에 있음을 망각하고 필드 활동에 대한 이성이나 도덕만을 강조하는 관계필드 행동지침에 논의의 중심이 있었다. 시중 대부분의 행복론도 이 필드 중심의 문제해결책에 골몰하고 있어 행복을 위한 감정관리는 점차 어려운 문제로 남게 된다.[71] 행복관리는 감정, 이데올로기, 필드의 순서로 통제가 이루어질 때 가장 효과적이다.

2장
활동의 장, 필드

　필드는 다시 관심 대상이나 활동의 성격적 특성에 따라 3필드로 분류한다. 이 필드는 우리가 향락을 느끼는 일반적 방향을 기준으로 신체 보존 및 안전 필드(필드 1), 관계 필드(필드 2), 자아실현 필드(필드 3)로 분류한다.

　신체의 보존 및 안전 필드는 음식, 소화, 휴식, 수면 등 재생력과 관련된 신체의 유지 활동 영역이다. 이 영역은 인간의 생존을 위한 가장 기초적 필드에 해당하며 인간이라면 누구나 누리는 쾌락 요소들이다. 관계 필드는 놀이, 여가와 일, 휴식, 타자와의 유대 관계, 공공적 권리와 의무 등 사회적으로 타인과 함께하는 장으로 가족, 타인, 공동체, 국가, 자연 등과 관계하는 활동의 장이다. 우리가 가장 많은 시간을 보내는 곳으로 감정 진폭의 중심 영역이자 행복관리의 주 관리 대상이 된다.

　자아실현 필드는 개인적 성격이 강한 탐구, 사유, 예술, 독서, 명상, 정신적 감수성과 관련된 곳으로 자기 고유의 의미와 가치를 추구하는 분야에 해당한다. 우리는 이 3가지 영역에서 삶을 살아가며 쾌와 불쾌를 경험하게 된다.

현대인의 주 활동무대는 공동체와 관련한 필드 2인 관계필드가 중심으로, 타자와의 충돌을 피할 수 없으며 행복 경영에 가장 취약한 부분으로서 관리의 중점적 대상이 된다.

그러나 지금까지의 행복론은 필드의 관리 문제에 한정되었다면 앞으로는 이데올로기나 감정을 직접 논의하는 방향으로 나아가야 할 것이다. 지금도 필드 분야가 중점적으로 다루어지는 것은 심리학적 접근을 소홀히 한 전통의 연장선에 있다고 볼 수 있다.

필드 활동의 경우 필드 1, 2, 3의 순서로 지적 소모는 증가하지만 감정 소모는 필드 2, 1, 3의 순서라 볼 수 있다. 물론 이것은 개개인의 상황에 따라 상당한 편차를 보일 수 있음은 당연하다. 그러나 현재 당신의 삶이 보편적으로 무료하다면 상위 필드로의 이동이 당신의 행복을 위한 바른길이 될 것이다. 필드 3, 자아실현영역은 타자와의 관계가 거의 불필요한 영역으로서 감정 소모가 거의 없으나, 호기심의 깊이는 무제한적이며 금전적 문제에 있어서도 비교적 자유로워 진정한 행복을 위해 가장 권장되는 영역에 해당한다.

1. 필드 1(신체의 보존 및 안전)

육체가 없다면 정신도 없다. 또한 더 이상 인간으로서 존재할 수 없다. 일부 종교나 영성가들은 인간의 영(靈)은 죽어서도 영원히 살아간다지만, 죽어서가 아니라 살아서 느끼는 행복을 추구하는 논의에 집중해보자. 신체의 지속적인 유지와 재생을 위하여 음식, 소화, 휴식, 수면, 주거, 의복, 성욕 등 신체의 보존 및 안전 필드는 인간의 가장 원초적 욕구다. 자연재해, 전쟁, 기아, 질병 등 위험을 피하는 본능도 마찬가지다.

이 필드는 자기 DNA를 후세에 남겨야 하는 과업과도 관련된다. 건강한 신체를 유지하고 2세의 안전한 성장을 위하며 의식주를 충분히 확보하는 것은 행복의 기초영역이자 전제조건이다. 매슬로우는 이 단계의 활동을 생리적 욕구와 안전 욕구로 분류하여 가장 기본적 욕망으로 규정하고 있는 것도 이 필드가 인간에게 필수 불가결한 출발점임을 말해준다. 리처드 도킨스는 인간의 신체를 '생존기계'로 본다. 그는 "우리 몸속의 자기 복제자(DNA)는 외부로부터 차단된 로봇 속(우리의 몸속)에 안전하게 거대한 집단으로 떼 지어 살면서, 복잡한 간접 경로를 통하여 외계와 연락하고 원격 조정기로 외계를 조작하고 있다"고 한다. 그는 "그것들은 당신 안에도 내 안에도 있다. 그것은 우리의 몸과 마음을 창조했다. 그리고 그것들의 유지야말로 우리가 존재하는 궁극적인 이론적 근거이기도 하다. 자기 복제자는 기나긴 길을 지나 여기까지 걸어왔다. 이제 그것들은 유전자라는 이름으로 계속 살아갈 것이며 우리는 그것들의 생존 기계"라고 말한다.[72]

당신이 볼 수도 느낄 수도 없는 DNA의 지시를 받는 기계라는 말은 당황스러울 것이다. 지구를 점령한 가장 유능한 영장류인 인간이 한낱 유전자의 운반체인 숙주에 불과하다니. 월 듀런트는 자기가 기르던 개 "울프"가 먹고, 자며, 때가 되어 새끼를 낳고 새끼와 헤어지면 우울해 하다가 다시 평상으로 돌아와서 그것을 반복하는 모습을 인간 삶에 견주어서 말한다. "인간의 일생이 울프의 삶과 다른 게 뭐가 있느냐"고.[73] 하지만 인간의 구성물이 양자나 전자라는 사실이 삶에 지장이 되지 않듯이 비록 DNA의 숙주라 하더라도 내가 인식하고 느끼는 행복을 부정할 필요는 없다.

서은국은 "행복에 대한 이해는 곧 인간이라는 동물이 왜 쾌감을 느끼는지를 이해하는 것과 직결된다"면서 육체의 즐거움을 강조한다. 그는 인간종은 다양한 곳에서 쾌감을 느끼는 동물이기는 하지만 가장 본질적인 쾌감은 "먹을 때와 섹스할 때"라고 한다. "진화의 여정에서 쾌감이라는 경험이 탄생한 이유 자체가 두 자원(생존과 번식)을 확보하기 위함이었다"고 하면서 이 필드의 욕구야말로 가장 중요한 행복의 원천이라고 강조한다.[74] 흄, 홉스 등 감정을 중시하는 경험론자나 다윈, 프로이트 등 "육체의 보존과 욕망의 기능 충족"을 인간의 본성으로 중시한 사상가들과 같은 맥락이다. 이는 인간의 기계적-동물적 특성을 중시한 관점으로 신체의 보존과 안전이 인간 행복에 중요한 본성이라 보고 있는 것이다. 신체 보존과 안전 그리고 번식은 생명의 근원적이며 필수적인 욕망임은 당연하며 이 필드의 만족이 없다면 필드의 상승은 불가능하고 논의할 의미 자체가 없다.

하지만 이러한 논의는 인간의 생물학적 측면만을 강조한 것으로 인간의 지성과 사회적 능력을 간과한 점이 있다. 특히 생활 여건이 확보된 현대인은 이 이상의 즐거움을 추구하지 않을 수 없다.

현대인의 삶은 단순한 생존 및 보존만으로는 행복이 충족되지 않는다. 우리가 관계 필드나 자아실현 필드로 영역을 확대하지 않는다면 권태와 무료, 허무의 늪에 빠져 낮은 감정에 머무를 것이다. 문제는 당신의 활동 영역을 관계 필드나 자아실현 필드로 확대하더라도 이 필드의 활동을 중지할 수 없다는 사실이다. 생명의 중단은 곧 행복의 끝이기 때문이다.

어쨌든 현대인은 행복을 위하여 필드의 상승은 불가피하지만, 필드의 이동도 필드들의 구성비와 프로세스의 문제로서, 비록 상위 필드의 활동량이 많아지더라도 필드 1의 활동이 축소될 뿐 완전히 없어질 수는 없다. 예컨대, 삶이 필드 1, 20%, 필드 2, 40%, 필드 3, 40% 등과 같이 구성비 선택의 문제로 남는다. 자아실현 필드에서 생의 80% 행복감을 누리는 자들도 필드 1, 2 활동이 적을 수는 있으나 0%일 수는 없다.

우리가 신체를 배제하는 관념은 우리의 정신 안에 있을 수 없고, 오히려 우리의 정신에 반대된다. ─B. 스피노자, 『에티카』, 황태연 옮김, 비홍출판사, 2014, 170쪽

이 단계를 충족한 현대인들은 신체의 보존 및 안전 필드 활동으로는 더 나은 행복이나 일상적 활력을 유지하지 못할 것이다. 만일 당신이 이 필드를 중심으로 살아가며 권태나 무료함을 느낀다면 활동 영역의 변화가 필요하다는 신호라고 봐야 한다.

쇼펜하우어는 인간에게 가장 고통스러운 것의 하나가 일상에 만족하지 못하는 권태라고 하였으며,[75] 또한 에리히 프롬도 현대인의 가장 큰 고통은 고립감, 무력감, 권태감이라 하였다. 신체의 보존과 안전을 해결한 현대인의 평균적 기분은 분노, 불안, 무료, 권태 등으로 부정적 상황에 놓여 있다. 미국인이나 한국인은 물론 OECD국가들의 인구 중 20~30%가 우울증을 경험한다는 것은 이를 뒷받침한다.

현대인들은 때로 현실적인 불안이나 무료함을 달래기 위하여 오감 만족과 육체적 쾌락을 추구한다. 하지만 이 필드의 만족은

일시적이고 중독성이 있어 자기를 파괴하는 자극마저 원하게 되어 고통으로 돌아온다. 또 계속 육체적 쾌락만을 추구하려 한다면 상위필드인 관계 필드나 자아실현 필드의 즐거움을 알지 못하거나 누릴 수 있을 정도로 용기를 내지 못하게 내성화가 진행될 것이다.

일반적으로 지적 능력이 높은 사람일수록 그리고 나이가 들수록 이 필드에서의 즐거움은 줄어들고 다른 필드로의 이동 욕구는 증가하게 된다. 신체적 능력이 떨어지는 인생 후반기로 갈수록 감각적 욕구에서는 더 높은 의미나 가치를 찾지 못하므로 행복의 질이 급격하게 떨어지는 것을 느끼게 된다. 플라톤은 "백발이 되면 그때까지 우리를 끊임없이 괴롭혀오던 성욕으로부터 드디어 벗어나게 되기에 백발의 시기는 행복하다"고 한 말은 바로 우리들의 현실이다.[76] 인간은 성욕이 거의 소멸한 후에야 비로소 완전히 이성적이고, 근원적 물음에 관심을 가진다는 것이다. 이런 관점은 행복경영 기준을 인생 전반기와 후반기로 나누어 적용해야 한다는 당위성을 제공한다.-이에 대해서는 조너선 라우시의 『인생은 왜 50부터 반등하는가』를 참고하기 바란다.-

필드 1은 필수 영역이지만 인간으로서의 기본 권리와 복지가 보장되는 현대인의 행복경영에는 크게 영향을 주지 못한다. 다만 육체적 강건함은 다음 단계 필드와 유기적 연관을 가지므로 양쪽의 조화가 행복의 필수 관리 요소라는 사실은 우리 모두가 인정할 수 있는 상식이다.

2. 필드 2(관계: 일/공동체/유희)

관계 필드는 타자와 관계되는 모든 사회적·관계적 활동을 말한다. 넓은 의미의 인간관계는 물론 인간 이외에 동물, 자연, 사물에 이르기까지 관련하여 이루어지는 삶의 대부분은 이 필드의 삶으로 볼 수 있다.

우리는 친구나 가족과 연결된 채로 살아가고자 하는 뿌리 깊은 동기(욕구)를 가지고 있다.[77] 우리들은 다른 사람들의 마음속에 무슨 일이 일어나고 있는지 자연스러운 호기심을 가진다. 우리는 신체적 쾌락만큼이나 사회적 관계를 통한 정신적 즐거움을 추구하도록 진화했다. 특히 이 필드는 행복의 3요소 중 이데올로기가 강하게 작용하여 감정의 진폭이 큰 영역으로 행복에 중대한 영향을 미친다. 이 필드의 성격을 말해주는 금언이 있다. 데카르트의 "나는 생각한다. 고로 존재한다"는 말을 "나는 존재하지 않는 곳에서 생각한다. 고로 생각하지 않는 곳에서 존재한다"로 재해석한 라캉의 말은 나의 사회적 위치는 그에 걸맞은 사회적 공동 이데올로기에 따라 정해짐을 의미한다. 곧 내 삶의 중심이 실상 타자에게 있다는 것이다. 따라서 이곳은 당신의 활동에서 감정과 이데올로기의 지혜가 가장 필요한 영역에 해당한다. 만일 당신이 이 필드의 활동에 문제가 없다면 당신은 상당한 지혜를 가지고 있으며, 높은 의식 수준에 있다고 봐야하겠다.

이 필드는 일, 공·사적 공동체 관계, 여가 활동으로 구분할 수 있다. 대부분의 관계 필드 활동은 대인관계로 협상, 사교, 경쟁, 응대, 교화로 진행되며 사로잡힘, 예의, 좋지 않은 기분, 흑백논리, 불안 등의 태도로 표상된다. 하이데거는 인간은 타자와 "염려(배려와 심려)"라는 성격으로 관계하게 되는데, 배려와 심려는 상대방을 마음 깊이 존중하는 의미라기보다는 매우 포멀(formal)한, 사회적 격식과 의례를 갖춘 관계라고 한다. 그는 배려를 "어떤 관계를 맺고, 어떤 것을 만들고 어떤 것을 처리하고 돌보며, 어떤 것을 사용하고, 어떤 것을 포기하고 상실하며, 시도하고 성취하며, 탐지하고 물어보며, 서로 토론하며 규정하는 등의 형태를 띤다."고 하였다. 이러한 활동은 "서로 협력하고 반목하고 무시하며, 그냥 지나치기도 하고 서로 모른 체도 하는 방식"으로 전개된다는 것이다.[78] 이러한 배려의 세계는 공동 노력의 장일 뿐 남을 섬기거나 위하는 사전적 배려의 성격을 가지기는 어려운 관계임을 말해준다. 형식적이고 외면적인 관계, 신중한 거리를 두고, 불신하며, 비교하고 경쟁하며 고립된 상태로 존재한다는 것을 말한다.[79]

이에 따르면 인간관계는 타인에 대한 인격적 배려의 조화로운 장으로서가 아니라, 경쟁을 위한 일시적 협의와 동맹 관계 그 이상도 이하도 아니라는 것이다. 즉 이것은 정도만 다를 뿐 타인에게 개입하거나 지배하기 위한 전략에 불과하다.

따라서 관계의 장은 비교의식이 지배하는 장이다. 사람들은 기준에서 벗어난 모든 예외를 감시하며 모든 탁월함을 소리 없이 억제하려 든다.[80] 관계 필드의 이러한 사정은 즐거움보다는 불쾌감, 고통 등 부정적 감정이 만들어지는 곳으로 감정 조절 능력이 절실한 분야이다.

국제여행의 일반화, 상호무역, 국제기구의 영향력 확대, 통신 기술의 발달과 스마트폰으로 대표되는 디지털 유비쿼터스 기계의 보급으로 인간관계는 급격하게 넓어지고 다채로워졌다. 현대인은 로빈슨 크루소가 되기 전에는 타자와 관계를 맺으며 삶을 영위할 수밖에 없다.

관계로 이루어진 사회는 협동을 통해 공적 이익과 사적 이익을 추구한다. 유발 하라리는 인간이 동물과 달리 혁혁한 문명을 이룩한 동인으로, "제한적인 협력을 발휘하는 동물에 비해 수천수만이 협력을 발휘할 수 있었던 능력"을 꼽고 있다. 그는 이러한 협동을 위하여 언어, 문자, 인쇄 등 커뮤니케이션 이데올로기가 발명되었다고 한다.

현재 우리는 삶의 가장 많은 시간을 이 관계 필드에 소비하는데 그중에서도 일터의 지분이 가장 크다. 현대인의 불안의 주된 원인 중에는 '일을 통한 지위 상승이 행복을 가져온다'는 이데올로기에 있다. 현대인은 사회가 설정한 성공 수준에 부응하지 못하면 존엄을 잃고 존중받지 못할지도 모른다는 걱정, 하위 계층에 머물거나 더 낮은 단으로 떨어질 수 있다는 걱정 등으로 늘 불안해 한다.[81]

우리가 사회적 사다리에서 차지하는 위치에 그렇게 관심을 가지는 것은 타인의 시선이 곧 자화상이 되었기 때문이다. 비교, 모방, 평준화 등을 삶의 기준으로 봄으로써 자신의 지향과 욕망을 타인에 의존함으로써 주체성을 상실하고 진정한 행복과 멀어지는 것이다.

여가 생활에서도 등산, 스포츠, 영화 관람, 컴퓨터 게임 등은 혼자서도 즐길 수 있지만 친구, 동료와 함께하면 더 즐겁고 장르, 종목, 때에 따라서는 상대가 필요한 경우가 많다. 하지만 대부분의 여가활동은 활동 직후 느끼는 허무함, 이전보다 더 강한 강도의 놀이 추구 등 '쾌락의 역설' 현상이 발생하기도 하고, 공동생활의 특성상 의견 충돌, 과시욕, 비교심리로 인해 부정적 감정으로 이어지기도 한다.

쇼펜하우어는 관계 필드의 유희(여가)를 인간이 누리는 향락 중 자극 감성에 해당하는 것으로 보았다. 달리기, 뜀박질, 격투, 사냥, 전쟁, 사교 등은 사회적 관계에서 얻을 수 있는 즐거움이다. 그는 "평범한 인간들은 특히 인생의 향락을 자기 외부에 있는 사물에 의존"하게 된다고 말했다. 이들은 재산이나 지위, 가족, 친구, 사교계 춤, 연극, 사교, 카드놀이, 도박, 승마, 여자, 술, 여행 등에 기대는데, 이러한 것들은 곧 따분해지며 감각적 쾌락을 잃거나, 환멸감을 느끼게 됨으로써 행복은 무너진다고 경고한다.[82] 이러한 쾌락 추구는 "건강한 체력의 참된 원천이 자기 자신의 활력에 있는데도 쇠약한 인간이 야채즙 같은 약제로 건강과 체력을 회복하려고 하는 것"과 마찬가지라고 비판하면서, 특히 인간이 카드놀이, 연애 등은 사기이자 기만으로 비하하면서 이들을 멀리하고 바닥이 드러나지 않는 정신적 길을 갈 것을 충고하였다.[83]

이러한 유희는 그 강도에 한계가 없기 때문이다. 육체적 쾌락과 마찬가지로 관계적 쾌락도 오늘보다 내일이 더 자극적인 것이 되어야 하며 그보다 못하다면 이내 시들해지고, 무력, 권태를 느끼게 된다. 쾌락은 생리학적으로 뇌의 도파민의 분출 작용으로 개에게 같은 먹이를 계속 주면 도파민 수치는 점점 떨어지며 나중에는 흥미를 잃게 된다는 결과(뇌 연구자 볼프람 슐츠의 실험)는 이 주장을 뒷받침한다.[84]

우리는 한 국가의 국민으로서 각종 의무를 진다. 국가는 개인을 지켜주면서 안전한 경제 활동을 보장하는 대가로 교육, 세금, 법률 적용 등 일정한 의무를 강제 받는다. 학교에서 "국가는 우리에게 유익한 혜택을 주는 조직"으로 공부하였으나, 실제 그런가에 대해여는 곰곰히 생각해 봐야 한다. 국가가 개인의 행복에 어떤 영향을 미치는가에 대해서는 이데올로기 편에서 다시 생각해 볼 것이다.

자본주의가 장악한 현대인에게 관계 필드 중심에는 많은 시간을 소요하는 과도한 일이 있고 경쟁의 이데올로기가 작용하는 일터에서는 감정관리가 매우 중요하다. 19세기 산업사회의 본격적 출현은 세상을 상품으로 뒤덮었으며, 행복을 상품 소비로 느껴야 한다는 소비 이데올로기에 빠져버렸다. 외적인 소비는 만족이 없는 끝없는 확장뿐이라는 이데올로기는 그 수단인 부의 생산에 온갖 시간과 노력을 다해야 한다는 환상에 중독된 것이다.

하지만 우리의 현재 상황은 생 전반의 시간을 일에 투입해야 함은 시대 상황상 불가피하다. 그렇기에 일터에서 즐겁지 못하다면 행복관리의 실패임을 명심해야 한다. 일을 떠밀려 한다거나 동료를 따돌리기 위한 경쟁의 장으로 생각한다면 불쾌한 기분, 부정적 감정에 사로잡힌 채 인생의 많은 시간은 헛되이 보내게 될 것이다. 당신의 행복관리는 이 관계필드를 특히 일터에서의 시간을 어떻게 관리해야 할 것인가에 달려있음이 분명해진다.

3. 필드 3(자아실현)

사르트르는 "인간은 자기 자신을 실현해야 하는 존재, 다시 말해서 자유롭게 존재하는 자신으로부터 자신의 존재를 실현해야 하는 존재"라 한다. 자아실현(self-realization) 필드는 당신이 뭔가를 실현하겠다는 의지와 그 과정 및 결과다.

자아실현은 자신의 타고난 능력과 후천적 경험 등 잠재력을 최대한 발휘하여 자신은 물론 세상에 의미와 가치가 있는 창조적 활동을 하는 것을 말한다. 플라톤의 말처럼 이 길은 가장 인간적 길로 자기 지성을 최고조로 발휘하여 세상을 밝히는 이성적 길에 해당한다.

근대 이전까지 삶에 대한 의미는 신에 의해 그 해답이 주어져 있었으므로 개인이 의미를 찾는 일을 조금도 염려할 필요가 없었다. 교회는 인간에게 신의 생각과 의도가 무엇인지를 물었으며, 무엇이 선인지를 가르쳤다. 하지만 니체가 신을 죽인 이후에는 우리는 신을 대신하여 스스로 삶의 의미를 찾아야 하는 시대에 살고 있다.

자아실현이라는 말은 흔히 듣는 말이지만 의미나 목적, 가는 방법을 드러내는 설명은 드물다. 그리고 자아실현이 인간의 보편적 본성인지에 대해서도 분명하지 않다. 이 용어는 인간의 높은 잠재력을 깨우기 위한 동기로서 독일 심리학자 쿠르트 골드슈타인이 처음으로 언급한 용어라고 한다. 에이브러햄 매슬로우는 인간이 이를 수 있는 가장 높은 단계의 의식으로 구체화하였으며 브라멜드는 문화의 전승과 창조에 참여하는 것을 의미하여 창조성을 강조하고 있다. 영국의 철학자 그린은 신학적 관점에서 인간이 신의 성품과 같은 최고의 선(善)의 상태를 실현하는 것을 자아실현으로 보기도 했다.

자아실현자에 대한 가장 구체적인 성격을 제시한 사람 중 한 사람인 에이브러햄 매슬로우는 자유, 사랑, 창의적 특성은 물론 '사물에 대한 직관과 평화를 사랑하는 자'라고 하였다.

매슬로우는 자아실현의 수준을 욕구의 최종 5단계(수정 후 7단계)로 분류하고, 전인적 인간성을 가진 이들의 주요 특징으로 현실에 대한 판단력, 자발성, 독립성, 교우관계, 국제성 등 다양한 분야에서 탁월함을 보이는 자들이라고 설명하고 있다.

매슬로우의 자아실현자의 특징: 정확하고 효율적인 현실지각 능력, 자연스럽게 꾸밈이 없는 수용 자세, 재산, 생존, 섹스 등 개인적 욕구에 초연, 자율적, 사회문화나 환경 등 이데올로기에서 벗어나 있음, 신비한 절정 체험, 소속집단, 국가보다는 인류애, 소수의 사람들과 깊은 우정, 민주적 성격 구조,

선악에 대한 뚜렷한 인식구조, 풍부한 유머 감각, 다양한 성격 특성의 조화 —에이브러햄 매슬로우, 『동기와 성격』, 오혜경 옮김, 연암서가, 1970, 290~337쪽

인본주의적 심리학을 창안한 칼 로저스는 "완전한 자기가 되는 것"을 자아실현의 상태라고 했다. 그는 상담사례를 통하여 얻은 인간 삶의 목적은 행복인데 그 행복은 "완전한 자기"가 되는 것으로서 사람들은 그렇게 생각하지만 이런저런 사회적 이데올로기에 세뇌되어 있어 불행을 겪고 있음을 발견했다.

그는 이를 극복하는 방법으로 자신의 본 모습을 진실하게 드러내기를 두려워하는 부정직과 사회의 이런저런 이데올로기로부터의 회피를 통한 자유 등을 제시한다. 즉 사회적 이데올로기를 과감하게 벗어나 주체적이며 자유롭고 창의적 활동을 할 수 있도록 완전한 자기가 되는 것을 자아실현의 모습으로 그린다.[85] 매슬로우가 자신의 잠재성의 완전한 실현을 통하여 뭔가를 완성하려는 욕구, 즉 최고의 정점에 서고자 하는 욕망으로 표현한 자아실현적 의미와 크게 다르지 않다.[86] 물론 이러한 욕구는 대외적 명성이나 부에 있는 것이 아닌 순전한 자기실현에 가치를 두는 것이다.

자아실현에 대한 여러 가지 의견을 종합해보면 '가장 고유의 내가 되는 것'으로 함축할 수 있다. 물론 여기에다 자기 고유의 모습을 구현하는 용기까지를 포함해야겠지만, 가장 고유의 내

능력을 알고 최대한 발휘하는 것, 즉 자기의 가장 큰 잠재력을 찾아 그 잠재력을 최대한 발휘하는 것을 말한다. 따라서 삶, 도덕, 기술, 사회봉사, 과학, 예술, 철학, 정신세계, 학습, 독서, 명상, 문학, 감상 등 어떤 분야든지 자신의 능력을 최대한 발휘하여 생산적이고 창조적 활동을 하는 것이다.

자아실현적 활동을 통하여 즐거움을 느끼려면 지적인 탁월성을 어느 정도 겸비해야 하겠지만 노력 여하에 따라, 또는 본인의 재능에 맞는 분야를 잘 고른다면 얼마든지 지속적이며 자족(自足)적인 쾌락을 느낄 수 있을 것이다.

대부분 은퇴자들은 취미활동을 즐기지만 즐거움을 느끼는 창조적 수준에 이르지 못하므로서 흥미를 잃고 중도에 중단하게 된다. 이런 경우는 시간을 때우는 것일 뿐 자아실현 수준의 즐거움까지는 이르지 못했다고 할 수 있다. 이런 경우라면 조금 더 노력하거나 다른 분야를 찾아보는 것도 좋을 것이다. 단순한 취미라면 아직 창조적인 활동에는 미치지 못하여 그러한 것들 속에 완전히 잠기지 못하므로 그것에 완전히 몰두하거나 즐거움까지 누릴 수 없을 것이다. 그것 이외의 일에는 전혀 흥미를 갖지 못할 정도로 몰입할 수 있다면 매우 좋은 취미가 될 것이다.

쇼펜하우어는 당신이 경제적인 여유가 있고 탁월한 재능을 자진 사람이라면 이 세상에서 가장 행복한 사람이라고 한다. 이유는 그가 자아실현의 길에서 쾌락을 찾을 수 있는 확률이 높다는 것을 말하고자 함이다. 나이 90이 넘은 폴란드의 세계적 바이올

리니스트는 연습에 열중하면서 친구에게 "내가 요즘 실력이 느는 것 같아!"라며 해맑은 웃음을 보이는 모습이야말로 진정한 자아실현의 모습이 아닐까?

그렇다고 자아실현을 거대한 과학의 발명이나 예술적 행위 등에서만 이루어지는 것은 아니다. 창업하거나 노숙자쉼터에서 봉사하거나, 아이들을 키우거나, 의료계에 종사하거나, 기구를 만들거나, 그 밖의 어떤 일에서든 소명(召命)을 가진다면 자아실현의 길이라 할 수 있다. 어느 필드 현장이든지 간에 타자를 모방하거나 끌려가지 않고 자신의 가치와 정열에 따라 주체성을 가진 자발적 길이라면 자아의 길인 것이다. 스스로 선택한 일에서 의미와 가치를 느끼는 청소부는 어쩌다가 실수로 수도승이 된 사람보다 더 영적이고 충만한 삶이 될 수 있다는 말이 있다.

사실 대다수 행복론도 그 내용을 심층적으로 분석해보면 가장 행복한 상태가 결과적으로 자아를 실현하는 모습에서 찾고 있음을 알 수 있다. 그들은 자아실현을 직접적으로 주장하기 보다는 우회적으로 접근하며 그 접근과정상 차이가 있을 뿐이다. 예를 들면 플라톤의 이데아를 추구하는 삶이나 아리스토텔레스의 관조적 삶, 니체의 초인이 되는 길, 하이데거의 현존재의 삶은 자아실현의 길을 말하는 것으로 접근로상의 차이만 있을 뿐이다. 따라서 인간의 행복 추구는 자기 능력에 맞는 자아실현의 모습에 좀 더 가까이 가려는 노력의 추구인 것이다.

자아실현이란 도덕적, 이성적, 정신적 성격이 가장 강하게 발휘되는 필드다. 자아실현의 길은 자유롭고 창의적이며 생산적이고 건설적 길로서 가장 바람직한 행복의 장인 것이다. 행복을 위한 길로 현자들이 이 필드를 가장 많이 추천하는 이유는 이 길이야말로 이성을 가진 인간의 가장 무한한 깊이의 인간적인 길에 있을 것이다. 무엇보다도 혼자 가는 길로서 공동체의 이데올로기 간섭이나 비용이 크게 필요 없으며 관계 필드에서처럼 감정을 상할 일이 적다.[87]

자아실현은 삶의 중심이 내재적 정신세계에 있다. 외견상 단체생활보다는 혼자 있기가 편하고 고독을 즐길 줄 알며, 자기 재능을 발휘하고 삶에 가치와 의미를 부여한다. 자기 자신의 자발적 의지와 해맑은 감정으로 실행하는 것에 쾌감을 느낀다. 관계의 장에서 일을 하더라도 그 동력의 주체성이 강하면 강할수록 자아실현적 특성이 강하게 발휘되며 세상의 이데올로기와 멀어지고 남들과 다툴 일은 작아진다.

자아실현자는 정신적으로 타자에 대한 의식뿐만 아니라 전통, 문화, 법 규범, 도덕, 양심 등 이데올로기를 초월한 자유인이 될 때 가능하며 공자의 지천명(知天命), 이순(耳順), 종심(從心)을 지향한다. 세상의 이데올로기를 초월한다는 의미는 공자의 종심 상태를 말한다. 사회규범을 지키는 것은 당연하며 마음에 두지 않아도 말과 행동이 그렇게 되는 경지에서 행동한다는 뜻이다. 어느 고승이 "고기를 먹었는데 그 고기가 바로 똥으로 나왔다"

는 말과 같다.

소크라테스는 "지혜를 사랑하는 것이 가장 즐거운 일"이라 했다. 그는 "생리적 욕구나 관계적 삶을 사는 자들은 더 높은 참된 자아실현적 생활의 장의 즐거움을 알지도 경험하지도 못하며 알 수도 없으며 경험할 수도 없다"고 한다. 따라서 외재적 삶을 사는 자는 자아실현의 진정한 쾌락에서 가장 멀리 있게 된다. 이곳에는 지적 열망이 필요하기 때문이다.[88] 아리스토텔레스가 니코마코스 윤리학의 마지막에 언급한 완성된 3가지 삶 중 가장 행복한 삶으로 지적 연구와 관조에 바친 삶을 선택한 것은, 바로 자아실현적 삶을 강조한 것이다.

이제 행복을 캐낼 광맥은 확인되었다. 이 광산들은 상호 밀접한 관계를 맺고 있다. 필드 1이 외재적, 모방적 삶을 추구한다면 필드 2, 3으로 갈수록 정신적 주체적 삶으로 옮겨간다. [표 9]는 필드들의 성격을 비교한 것으로 삶의 중심이 상승할수록 더 큰 자유, 사랑, 창조의 길로 들어가는 행복을 느끼게 될 것이다. 현재 당신의 삶이 재미없다면 새로운 열정, 호기심이 필요하다는 신호다. 현재의 관심 필드가 어디인지 점검해보고 필드 내의 다른 분야에 관심을 돌리거나 필드 자체의 이동을 모색해 볼 때다.

[표 9] 각 필드의 성격

	필드 1	필드 2	필드 3
삶의 중심	외재적, 모방적	중립	정신적, 주체적
관심 대상	본능적, 감각적	도덕적 이성적	직관적, 영성적
관련 지식*	일상적 지식 (1종지)	중립 (2종지)	근원적 앎 (3종지)
의식 수준	이기주의	중립	이타주의
역사 흐름	원시고대사회	중립	현대문명사회

*스피노자의 사물 인식 단계: 1종지는 감각적 맹목적 인식의 단계, 2종지는 이성적, 추론적 인식이며 3종지는 지성적, 직관적 인식을 하는 상태로 영원한 삶(영성적 삶)이라 했다. −이현복 외, 『인간 본성에 관한 철학 이야기』, 아카넷, 2007, 37~42쪽

3장
이데올로기

1. 이데올로기의 이해

① 당신의 삶을 지배하는 이데올로기

우리의 삶은 항상 무엇을 향해 '지향'하고 있으며 그 근저에는 사유 기준이 작동한다. 당신은 어떤 행동을 시작할 때, '… 때문에, …을 위하여, …방식으로' 등 그 이면에는 항상 사실이나 가치판단의 원인이 씨앗으로 작동한다. 즉 '가능한 한 돈을 벌어야 한다, 건강해야 한다, 마스크를 써야 한다, 하루에 한 번은 대변을 봐야 한다, 아이들이 잘 자라기 위하여 밤 열 시 전에 재워야 한다, 상사에게 잘 보여야 한다, 외국인에게 친절해야 한다, 국가를 위한 일은 무엇이든 해야 한다, 교통 법규를 준수해야 한다, 국가를 위해서 싸워야 한다, 잠을 푹 자야 건강해진다' 등의 의식에는 자기가 그렇게 판단하는 원인과 이유가 존재한다.

우리의 삶은 자신의 정신세계가 구축하고 있는 크고 작은 관념 덩어리의 지시로 이루어진다. 지금 당신이 하는 어떠한 생각에 대해서도 나름의 자체 기준이 대입된 결과인 것이다. 마치 뇌에 입력된 감각을 기존의 프로그램으로 평가한 후 최종 판단을 도출하는 과정과 같은 것이다.

인식은 물론 판단과 해석은 당신이 그동안 습득한 지식과 경험, 교육의 산물로, 삶에서 보고 배우고 느낀 개념들에 의거 형성된 이데올로기의 적용 결과이다. 어떤 면에서 당신의 인식이나 판단, 행동은 개인적, 사회적 이데올로기인 프로그램만을 재현하는 수동적 삶이라고 할 수 있다.

라캉과 레비스트로스는 인간의 삶이 자연에서 문화로 넘어가는 고개이자 문화성립의 결정적인 계기로 '근친상간 금지'를 들고 있는데, 이것은 인간의 가장 원시적 공동체 이데올로기의 하나로서 지금도 생생하게 살아있는 것이라 할 수 있다.(필자 주)

그동안 많은 사상가는 이성에 입각한 도덕적 삶을 가장 훌륭한 행복의 조건으로 강조해 왔지만, 타당하지 않은 도덕관념과 같은 이데올로기가 인간의 행복에 부정적인 영향을 끼치는지 여부에 대해서는 문제시하지 않는다. 이제 우리는 우리의 행복을 위하여 우리의 이데올로기를 다시 생각해 봐야 할 때이다. 당신의 삶이 어떻게 이데올로기와 연관되어 있는지에 대해 마이클 싱어는 집을 빗대어 다음과 같이 설명한다. 아래 인용문의 '개념' 단어를 '이데올로기'로 바꿔보면 논의의 맥락이 선명하게 이해될 것이다.

> 사람은 각자 자연의 빛으로부터 차단된 집의 벽 안에 살고 있다. 당신의 집은 생각과 감정으로 되어 있고 벽은 당신의 마음이다. 이것이 당신의 개념으로 지어진 정신세계인 집의 모습이다. 그것은 당신의 모든 과거 경험이고 모든 생각과 감정이며 당신이 끌어다 모아 놓은 모든 관념과 관점과 견해와 믿음과 희망과 꿈이다. 당신은 그것을 위아래, 사방에 쌓아 놓는다. 당신은 마음속에 특별한 종류의 생각과 감정을 끌어 모으고 그것을 한데 엮어서 개념이자 관념의 세계를 구축하고 그 속에서 살아가고 있다. 이 마음의 구조물은 벽 저편 자연의 빛으로부터 당신을 완벽하게 차단한다. 생각의 벽은 너무나 두껍고 완벽하게 에워싸서 그 안에는 오로지 암흑밖에 없다. 당신은 자신의 생각과 감정에 온통 사로잡혀서 그것이 만들어 내는 경계 너머로는 가보지를 못한다. —마이클 싱어,
> 『상처받지 않는 영혼』, 이균형 옮김, 라이팅하우스, 2014, 192쪽

삶의 특정 사안을 평가하고 대처하는 방식이 다르다는 것은 그 사안을 평가하는 기준인 이데올로기에 차이가 있다는 것으로 모든 이데올로기가 종합되어 나타나는 성격이 각기 상이하

듯이 그것은 한 개인의 고유한 정체성이자 에고인 것이다.

이데올로기를 의미하는 단어는 참으로 많다. 가장 포괄적 의미로는 삶에 대한 가치관이며 그 가치관을 형성하는 사상, 지식, 진리, 제도, 법규, 과학, 문화 등 자신의 정신세계를 구성하는 논리들의 총체이다. 이데올로기가 구체적으로 표상되는 것들에는 삶의 방식 및 가치관, 국가, 종교, 회사, 현대적 사고, 전통, 교육, 언어, 문화, 관습, 태도, 정치 이데올로기는 우파, 좌파, 중도, 자본주의, 사회주의 등이 있다.

이러한 이데올로기 군단은 개인에게 확고부동한 이념 내지는 거대한 사조와 같은 실천적 당위를 갖는다. 이를 기반으로 한 개인은 국가관, 정치관, 종교관, 현대적 사고, 전통적 의식, 교육관, 언어관 등의 가치관을 형성하고 생각이나 말과 행동의 지침이 된다. 명칭이야 어떻든 사회의 수많은 현상들은 사실상 크고 작은 이데올로기의 표출에 해당한다.[89]

이데올로기의 사전적 의미는 "한 개인이나 사회 집단의 사상, 행동 따위를 이끄는 관념이나 신념의 체계"다.[90] 이런 정의에 따르면, 이데올로기는 특정한 주의, 주장 정도로 그 의미망이 제한되는 것처럼 보인다. 우리는 삶에 아주 큰 영향을 미치는 사회주의 민주주의, 파시즘과 같이 거시적 관점에서만 이데올로기라는 용어를 사용하는 경향이 있지만 실상은 그렇지 않다. 필자는 이 책에서 이데올로기를 행복요소이자 한 개인의 정신 활동의 기준으로 작용하는 모든 관념으로 확대해서 사용한다. 그러므로 이데올로기란 단순한 전통에서부터 도덕, 양심, 법률, 주의, 주장, 이념, 종교, 국가, 세계관, 언어, 문화, 관습 등 인간의 활동에 기준으로 작용하는 사고, 규율의 총체로 개인에게 체화된 것을 말한다. 맥루한은 미디어를 인간이 만든 모든 창조물로 정의하였는데 이중 물리적 도구를 제외한 정신적 산물을 이데올로기로 보는 것이다. 이는 사회적 규율로서 개인에게 체화된 것뿐만 아니라 개인이 스스로 주조한 자기 고유의 개인적 판단 기준을 포함한다는 점에서 맥루한의 정의보다도 훨씬 광범위한 의미로 사용하고자 한다.

이것들은 조금씩 그리고 천천히 개인에게 침투되어 자아라는 가치관을 형성하며 현재 당신의 정체성으로 나타나며 삶의 기준으로 정립된다.

[표 10] 이데올로기와 유사한 개념들

유발하라리	푸코	부르디외	소피스트	쿤
의미의 그물망	에피스테메 (episteme)	아비투스 (habitus)	노모스 (nomos)[91]	패러다임
주관적 실제, 객관적 실제, 상호주관적 실제	특정 시대를 지배하는 인식의 무의식적 체계, 특정한 방식의 사물들에 질서를 부여하는 무의식적 기초	자신의 환경에 의한 제2의 자신	관리, 규율, 법칙 등 일체의 규범	세상이 작동하는 체제

*이 개념들은 공동체가 인정하는 규범적 문화적 특성만을 의미하는 경우도 있으나 필자는 이외에 개인이 스스로 만든 생활의 기준도 이데올로기에 포함되므로 위 개념들을 모두 포함한다.

아리스토텔레스의 진리에 도달할 수 있는 논리도, 소피스트들이 노모스를 따르지 말고 자유를 누릴 것을 주장한 삶의 방식도, 코로나 확산과 국민 보호를 위해 마스크를 쓰라는 정책도, 마스크를 쓰는 것은 필요하지 않다는 개인의 소신도 삶의 기준이 된다면 이데올로기다. 이미 필자에게 이데올로기화된 이 책의 행복론도 누군가에게는 이데올로기가 될 것이다. 이데올로기란 개인적, 공동체적 삶의 기준으로 지금도 생성과 소멸을 반복하고 있다.

우리 삶의 모든 인식과 행위는 이러한 이데올로기에 의해 진행되는 합창이다. 이제 이데올로기가 우리의 현실 생활에서 구체적으로 어떠한 영향을 주는지 김광현의 저작을 통해 살펴보자.

제노사이드, 자살테러, 기독교, 이슬람, 마녀사냥, 동침식, 국가, 혁명, 코르셋, 로큰롤, 좌파/우파, 스포츠, 취향, 혼인, 인사법, 대화법, 강남, 명품, 된장녀, 스타벅스… 이것들은 흔한 단어들이자 실제로 가까운 과거 내지는 현대의 이런저런 현상들을 가리키는 단어들이다. 이 단어 중 몇몇은 이념과 가치관을 가리키는 반면에 다른 단어들은 그냥 관습이나 소비를 가리키는 것처럼 보인다. 하지만 '이 모든 것을 존재하게 만드는 기저의 것은 무엇일까'라는 질문을 해본다면 그것은 각기 크고 작은 이데올로기라고 말할 수 있다. 코르셋은 여성성이 극에 달했을 때이다. 여성들은 수단과 방법을 가리지 않고 날씬해 보이고 싶었고 그런 것이 유행할 때에는 돈 없는 여성들도 그 불편한 것을 착용하지 못해서 서러웠다. 이처럼 이데올로기는 많은 걸 너무나도 당연한 것이나 적어도 있을 수 있는 것으로 느끼게 만든다.

그러나 과거 혹은 먼 나라의 이데올로기들은 항상 낯설거나 가끔은 우스꽝스럽게 보인다. 된장녀가 명품 가방을 들고 강남 스타벅스에서 커피를 마시는 것과 중세에 결혼식을 마치자마자 신혼부부를 침대에 눕히고 하객들이 주변에 둘러서서 낄낄거리며 축배를 들었던 동침식의 공통점과 차이는 무엇일까? 오늘날 한국인은 된장녀 현상을 그저 요즘 트렌드로 치부하겠지만, 중세의 동침식에 대해서는 폭소를 터뜨릴 수도 있다. 하지만 둘 다 우스꽝스러운 건 마찬가지다. 김밥 두 줄로 하루 끼니를 때우는 여성이 커피값으로 1~2만 원을 지출하는 건 누가 봐도 독특한 자기관리다. 세월이 지나면 이런 이야기를 듣고 한심하다는 표정을 지을 사람도 있을 것이다. 세월은 많은 걸 바꿔놓는다. 사치품으로 분류되던 골프는 어느새 중산층의 스포츠가 되었다. 1969년에는 축구 경기가 계기가 되어 엘살바도르와 온두라스가 전쟁을 치르기도 했지만 요즘 이 두 나라는 별 탈 없이 잘 지낸다. 하지만 지금도 스포츠는 영웅을 만들어내고 있으며 국민을 열광케 하고 있다. 세월이 흐르면서 끔찍한 사건으로 비치는 것도 있다. 중세에는 마을에서 전염병이 돌면 평소 정신이 좀 이상하거나 품행이 다소 이상한 여인을 잡아다가 화형에 처했다(마녀사냥). 이유는 악마와 소통했다는 것이다. 1532년 스페인 군대가 저지른 제노사이드 1939~1945년 사이의 유대인 학살 사건, 1975~1979년 캄보디아의 킬링필드 이것들 역시 인간에게 득이 되지 않는 이데올로기의 산물이었다. 이렇게 세월이 흐르면서 당연하거나 어쩔 수 없는 것들이 말도 안 되는 것으로 바뀐다. 노예제도, 연금술, 보쌈 등은 모두 사라졌지만 앞서 나열한 단어들도 세월이 지나면 어떤 의미를 가지게 될지 모른다. 왜 그럴까? 인간의 가치관이 변했기 때문이다. 인간의 지식도 바뀌었다. 자연을 바라보는 눈도 변했다. 이제는 지구가 태양 주변을 돌고 있으며, 어딘가에는 블랙홀이 있다. 그러나 또 모든 건 바뀔 것이다. 하지만 세상 자체는 변한 게 전혀 없다. 그것을 바라보는 우리의 관점이 바뀌었을 뿐이다. 이데올로기가 바뀐 것이다. 항상 그랬듯이 이데올로기는 늘 변해왔다. 이데올로기는 우리의 삶과 눈을 결정한다. 내가 기독교를 믿으면 세상은 창조된 것이 된다. 내가 국가를 절대 불가침의 영역으로 여기면 국경은 극히 자연스러운 울타리가 되고 외국에서 태극기를 보면 가슴이 찡해진다. 26~28세에 결혼해야 한다고 믿는 여성이 29세가 되면 스트레스를 받

기 시작하는데 그 강도는 매년 높아진다. ―김광현, 『이데올로기』, 열린책들, 2014, 15~17쪽

이데올로기와 유사한 용어로는 앞의 제시한 용어 외에도 개념, 관념, 사유 방식, 프로그램, 체계, 이론, 프레임 등 다양하다. 하지만 인간의 사유 및 정신세계를 이데올로기라는 용어만큼 간결하게 포괄하는 단어가 없는 것 같다. 따라서 이 책에는 개인의 모든 정신적 작용의 기준을 이데올로기로 정했다. 우리의 삶은 필드에 대한 인식에 이데올로기가 작용한 충돌에서 야기되는 감정 노출의 연속이라 할 수 있다.

② 이데올로기는 생각의 기준이다

이 단원의 이데올로기와 다음 장의 감정을 제대로 이해하기 위해서는 심리학적 자기관찰(Self-observation)이 필요하다. 소크라테스의 "너 자신을 알라"는 금언은 자기관찰의 중요성을 잘 표현한 말이지만, 그가 현대적 심리학적 고찰까지를 염두에 둔 말인지는 확실하지 않다.

행복론이 먼 길을 우회해왔듯이 심리학도 철학, 종교와 예술의 형태 속에 명맥을 유지하다가 근대에 와서야 학문화가 된 것은 뒤늦은 감이 있다. 인간이 감정과 이성을 가지고 있다는 사실

은 인류가 시원부터 심리적 존재로 삶을 지속해왔다는 것을 뜻한다.[92]

우리 몸의 기능은 외적 존재의 인식과 신체적 고통과 자극, 호흡과 심장 박동, 소화 등 내부 인식 기능 그리고 지금 설명하고자 하는 머릿속의 생각과 감정이 있으며 이 세 가지를 연결하는 의지와 같은 연결 의식으로 나눌 수 있다. 즉, 육체적 감각기능과 정신적 활동인 생각과 감정 및 행위 의지의 의식으로 구분된다.

흄이나 로크의 자기 정체성에 대한 견해[93]에 기초하면 "나"라고 생각하는 "나의 정체성"은 의식 자체인 "순수의식"과 순수의식 위에 그려지는 "의식의 흐름"인 생각으로 구분할 수 있다. 의식은 영화관의 스크린과 같이 지식과 경험이 그려지기 전의 원초적 스크린 자체로서 백지, 거울, 감광되기 전의 필름과 같은 의미에 해당한다. 사실 이 부분은 명확한 학문적 분류는 아니지만 인간이 원초적으로 가지고 태어난다는 칸트의 '선험적 의식'과 유사하다.

당신은 그 의식에다 세상을 살면서 배우고 익히고 경험한 모든 것을 쌓아 올린다. 그 쌓아 놓은 관념들은 생각의 기준이 되어 세상을 바라보는 렌즈가 되는 것이다. 이 쌓아 놓은 관념의 다발은 당신의 정체성이자 이데올로기의 집합이며 에고(ego)다. 칸트의 경험적 소산물들에 해당한다. 보편적으로 현대를 살아가는 당신의 에고는 욕망 이데올로기 렌즈로 삶을 바라보도록 경험화 되어있을 것이다. 물론 에고 상태에서도 순수의식에 가까운 렌즈를 가진 사람과 그렇지 않은 사람 등 사람마다 각양각색의 편차가 나타날 것이다.

이데올로기는 주로 생각을 만드는 기준이 되지만 인식의 틀역할도 하며 감정의 기준으로도 작용한다. 이데올로기는 머리에 축적된 삶의 도구인 프로그램으로 컴퓨터 책상에 올려진 필드를 인식하고 판단하며, 그 결과에 어떤 결과를 표상할 것인지를 선별하는 사유의 기준이다. 다르게 표현하면 생각 이전의 생각이며, 관념 다발이고 의식의 흐름이자 삶의 기준이며 성격이다. 따라서 이데올로기는 세상을 인식할 것인가, 인식한다면 어떤 상태로 해석할 것인가, 기존의 어떤 관념과 연관을 지어 저장할 것인가, 버릴 것인가, 행동할 것인가, 표현할 것인가를 결정하는 역할을 한다. 이데올로기와 필드를 각각 동전의 양면으로생각하면 이해가 빠르다. 그러나 이들은 우리의 두뇌 속에서는혼합되어 양분할 수는 없는 속성을 가질 것이다.

오늘도 우리는 특히 각종 미디어가 제공하는 정보에 취해 살아간다. 예를 들어 우리 몸에 무엇이 부족하고 필요한지, 어떤음식이 몸에 좋고 나쁜지, 어떤 몸매가 아름답고 건강한지, 어째서 매일 운동하는 사람이 왜 장수하는지 등의 정보를 흘리고 우리는 이를 삶의 기준으로 이데올로기화하여 수용한다. 다양한몸 관련 신념 체계가 우리를 세뇌한다. 최근에는 유튜브가 대세로 자리잡고 있는 것 같다.

건강식품을 먹고 잠재적 유독 성분을 찾아내려고 끝없이 라벨을 읽고, 간접흡연을 할까 두려워하고, 먼지와 꽃가루 그리고 환경오염 물질로 추정되는 모든 것에 불안을 느끼며 살아간다. 다양한 예방책과 대응책으로 모든 위험을 막아보려 강박 상태에 빠진 것이다. 이런 대부분의 염려는 나름의 근거가 있고 장수할 가능성이 있지만, 도가 지나치면 자신을 잃고 불안과 강박에 사로잡혀 삶의 질이 떨어질 수 있다.

이데올로기에 빠진 정도가 강할수록 두려움, 불안, 죄의식이 강화되어 고통에 시달린다. 예를 들면 종교 이데올로기에 빠진 사람이 교당에 가지 못할 때, 교리에서 금하는 행위를 하게 될 때는 죄의식에 빠진다. 사회주의나 이슬람 등 원리주의자가 그의 신념에 의거 살인을 저지르는데 죄의식을 갖지 못하는 경우도 결과만 다를 뿐 같은 논리다. 카타르 월드컵에서 모든 나라 선수단의 돼지고기 반입과 취식을 금지한다는 규칙도 이데올로기가 삶을 얼마나 강하게 규제하는가를 알 수 있는 사례다. 이를 고유의 문화라고 인정하기에는 합리성이 결여된 경우가 허다하다.

의식 흐름의 바탕인 순수의식은 자기 에고를 관찰할 수 있는 참다운 나다. 정체성을 구성하고 사회에 종속되는 이데올로기를 하루아침에 바꿀 수는 없다. 당신이 이데올로기가 없는 순수의식으로 자기 생각을 바라볼 수 있는 관찰자가 될 수 있다면 이데올로기나 감정에 초연할 수 있다. 자신의 이데올로기 수행

과정을 아무런 판단 없이 바라본다면 정신적 평온을 얻을 수 있다. 우리는 이제부터 관찰자인 순수의식과 에고에 해당하는 의식의 흐름, 이 두 가지를 구분하는 개념에 친숙해져야 한다.

③ 이데올로기와 프로이트의 의식 간의 관계[94]

프로이트는 의식의 흐름을 이드(id), 자아(ego), 초자아(super ego) 구분하고 정신분석의 목적이 에고를 강화하여 에고의 동요를 가져오는 이드, 자아, 초자아를 통제하는 힘을 강화하는 것을 목적으로 하였다.

이드는 자신의 욕망과 관련되며, 초자아는 이를 억제하는 자신의 가치관과 사회적 도덕 양심과 같은 규범적 이데올로기에 해당한다. 자아는 현실 필드의 '나'로서 이드와 슈퍼에고의 조율에 따라 실행을 결정하는 이데올로기로 이성, 상식에 해당하는 행위로 표출되는 나다.

이드는 내 욕망의 대변자에 해당하며 슈퍼에고는 양심의 대변자 역할인 것이다. 이 둘의 중재 역할을 하는 외부에 표출되는 자아는 늘 갈등과 긴장 상태로 이 3자간의 타협의 소산에 해당한다. 그 과정에서 행복의 궁극적 요소인 감정이 유발된다. 원초적이며 이기적인 이드는 쾌락을 동력으로 하며 행복 3요소의 필드에 해당한다. 나를 지켜보는 초자아는 이 필드상 이드의 충동을 통제하는 역할인 것이다.

프로이트의 의식 분류를 활용하면 부정적 감정의 원인을 쉽게 파악할 수 있다. 현실의 자아는 자신의 욕망-프로이트는 육체적 욕망에 중점을 두고 있지만 여기서는 모든 현대인의 욕망으로 본다.-을 도덕적 제어 기준인 슈퍼에고와 타협하게 되는데, 그 과정에서 자동차의 매연과 소음처럼 좋고 나쁜 감정이 부산물로 산출된다.

사실 이드나 슈퍼에고, 자아도 한 개인의 성장을 통한 교육, 학습, 환경, 체험으로 집적된 정신적 퇴적물에 해당한다. 넓은 의미로는 이 모두가 인식과 경험의 집합물인 이데올로기인 것이다. 이것들은 출생 후 부모와 사회로부터 배운 모든 사회적 관념으로 태어나서 현재까지 학습한 모든 프로그램이다. 자아는 이 두 가지 요소를 혼합하여 종합 판단을 거친 후 외부에 표상을 내놓게 된다. 감정은 이 모든 과정에서 나타나는 느낌이다.

초자아는 '양심'이라고 불리는 도덕적 데이터베이스 시스템으로 무엇이 옳고 그른지, 좋고 나쁜지를 판별할 기준과 자료를 가지고 있다. 그 데이터베이스에는 내가 지켜야 할 윤리, 도덕, 양심과 그것을 따르지 않으면 어떤 불이익을 당하는 지를 감시하는 것임과 동시에 나의 비전과 포부, 꿈을 형성하는 가치관 프로그램이기도 하다. 따라서 초자아는 나를 격려하고 분발시키지만, 한편으로 비도덕적 행동이나 가치관에 어긋나면 수치감을 느끼게 된다.

초자아가 힘이 너무 세면 일상은 융통성이 없어 경직됨으로써 세상일에 타협이 어렵고 늘 노심초사하며 앞뒤 꽉 막힌 범생이가 되어 인생은 팍팍해진다. 반대로 초자아가 너무 약하면 본능적 충동에 따라 비윤리적 행위를 행하는 사고뭉치 건달이 된다. 내가 무슨 짓을 해도 힘이 없는 초자아가 말리지 못하기 때문이다. 따라서 당신의 이드와 초자아가 힘의 균형을 이루었느냐에 따라 당신의 의식 수준이 결정될 것이며 가치관이나 성격으로 표상될 것이다.

자아는 이성과 상식, 행위에 해당하는 의식으로 외부세계의 영향을 받는 곳으로, 이드와 초자아 양쪽을 모두 만족시키는 방향으로 최종 협상을 주도한다. 자아는 자신의 의식수준과 같은 역할에 해당하므로 이 수준은 당신의 대외적 모습에 해당한다. 타협을 주도하는 자아는 행복을 위하여 매우 중요한 역할을 하는데 항상 갈등은 불가피하다. 주체성과 자유를 확보하면 자아의 힘은 강해진다. 자아의 힘이 강할 때 초자아와 이드는 위축되어 표출되지 않고 자기 통제력이 강화되어 최선의 의사결정도 가능하다.

당신의 이러한 이드, 자아, 초자아의 모든 의식들도, 돈에 관한 의식, 종교, 과학, 국가, 철학적 사유, 이념, 사상, 전통, 문화, 언어, 자본주의, 회사, 신, 도덕, 법규, 관습, 유행 등 문화와 규범 등의 체화 결과일 것이다. 아들러는 외향적 특징을 기준으로 공격적 성격, 비공격적 성격으로 구분했고 탈 벤 샤하르는 성과주의,

쾌락주의, 허무주의, 행복주의자로 분류하기도 한다. 이런 유형들은 타고난 성정도 있지만 성장하면서 체습된 이데올로기의 표출현상이라고 볼 수 있다.[95]

2. 이데올로기는 왜 행복에 부정적인가

이데올로기와 감정은 원래 적대관계를 형성하지는 않는다. 이둘은 서로 대립한다기보다는 보완적이며 파트너 관계다. 서로를 신뢰하다가도 갑자기 갈등을 빚기도 하지만, 절대 서로를 방치하지 않는다. 서로 의심스러운 경우에는 감정이 이데올로기를 완전히 배제하여 나서기도 한다. 그렇지만 감정이 배제되면 이데올로기는 문제를 일으킨다. 먼저 감정이 사고의 방향을 잡아주어야 하는데 만약 정서적인 출발점이 없다면 사고의 움직임도 없기 때문이다.[96]

시력이 나쁘면 도수에 맞는 안경으로 교체하면 세상을 선명하게 볼 수 있다. 의식도 마찬가지다. 의식이 욕망 이데올로기 수준이면 세상을 부정적으로 살아갈 가능성이 크다. 평균 의식을 높이기 위해서 자신의 렌즈를 상위이데올로기인 자부심, 용기 렌즈로 교체해야 한다. 좀 더 주체성을 가지고 타자를 사랑하며 의미와 가치를 추구하는 활동으로 이동하면 의식은 의당 상승하게 될 것이다. 쇼펜하우어는 "인간이 직접적으로 영향을 받는 것은 자신이 품고 있는 관념이나 감정, 행하는 활동으로, 각자가 살아가는 세계는 무엇보다도 먼저 세계에 대한 저마다의 견해에 의해 좌우되며 생각의 차이에 따라 달라진다"고 말했다.[97] 이는 행복이 이데올로기의 문제라는 것을 의미한다. 우리는 일상적으로 자신의 능력, 사고체계와 같은 이데올로기에 따라 활동하는데, 그 과정과 결과는 자신의 평균적 의식 수준으로 표현된다. 따라서 자신의 프로그램을 재검토하고, 필요시 변경, 교체, 불용을 고려해야 한다. 행복을 방해하는 프로그램은 버그로 작용하기 때문이다. 예를 들어 좋지 않은 재정에도 불구하고 아이만큼은 미국으로 유학을 보내야 한다는 이데올로기는 현실적으로 당위를 가졌다고 보기 어렵다. 만일 그것이 희생의 비애를 초월하여 깊은 즐거움을 준다면 다르겠지만, 그것이 자신의 행복을 위해 제대로 결정된 이데올로기에 의한 것인지에 대해서는 숙고해 볼 일이다. 또 무리해서라도 명품을 가져야 체면이 서고 지위가 상승한다는 이데올로기 역시 마찬가지이다.

어떤 이데올로기이든 간에 빠지면 빠질수록 위험하다. 빠져 있다는 것은 중용이 아닌 한 극단의 한편에 있다는 것으로 이를 벗어나 보편적 의식으로 올라서기 어렵다. 종교적 원리주의자들은 교리적 이데올로기에 깊이 빠져 있어 자기 스스로의 대오각성이 없이는 어떤 외부적 노력도 헛수고다. 자연보호를 위한다는 명목으로 소포폭탄으로 수십 명을 과학자를 살상한 유나바머 사건이나 공산혁명을 위하여 남미의 깊은 정글에 들어가 반정부 활동을 하다가 죽은 체 게바라는 특정한 이데올로기에 깊이 빠진 자다.

68혁명 전후 세계 청년들은 모택동 어록을 손에 들고 있지 않거나, 자기 방에 체 게바라 사진을 걸어놓지 않으면 시대를 고민하는 젊은이가 아니라는 말도 안 되는 이데올로기가 있었다. 중세 기독교인들은 십자군 전쟁에 참여하여 죽음으로 예루살렘을 수복해야 했으나 지금은 에피소드에 불과하다. 그만큼 이데올로기란 우리 삶에 커다란 영향을 미친다. 어떤 이데올로기를 받아들일 때는 항상 점검하고 문제점을 생각해 보는 식견이 요망된다.

의식 수준이 상승한다는 것은 에고에서 의식 자체인 관찰자 마인드로 접근하는 과정이다. 이것은 곧 욕망을 비롯한 모든 세속적 이데올로기에서 벗어나는 과정이다. 특히 욕망 프로그램이 나라는 착각에서 벗어나 세상의 이데올로기에 초연해지는 것이다. 이것은 에고가 나 자신이라는 정체성과 결별해 가는 방향이다. 필드에서도 이런 현상이 있다. 필드 1에서 2로 그리고 필드 3으로 이동할수록 현재의 욕망 이데올로기에서 멀어지게 된다. 자아실현 필드의 활동이 많으면 많을수록 세속적 이데올로기에서 멀어지게 될 것이다.

세속적 이데올로기에서 멀어진다는 것은 더 많은 자유를 얻고, 더 사랑하고, 더 창조적 마인드로 변함을 의미한다. 이런 방향은 곧 의식지도의 높은 감정으로 상승해 감을 말한다. 세상의 이데올로기에서 완전히 초월한다면 노자의 무위자연의 세계, 플라톤의 관조, 공자의 종심의 자세, 영성가들이 다다르고자 하는 참다운 나의 경지와 같을 것이다.

① 이데올로기의 성격상 문제

인간의 역사는 이데올로기가 생기고 사라지는 과정이다. 그만큼 관념이 세상을 만들고 움직이고 있다는 것을 의미한다. 이데올로기는 인간의 협동 의식을 강화하여 문명의 동력 역할을 하지만 한편으로는 개인의 행동을 제약하는 관념이므로 개인의 자유와 행복을 저해하게 되는데 그 과정은 다음과 같다.

첫째, 이데올로기의 대부분은 우리 의지와 상관없이 무의식에 장착된다. 이데올로기는 그것이 우리에게 필요하고 유효한지 그리고 행복에 도움이 되는지 판단할 기회를 주지 않는다. 갓 태어난 인간은 세상의 프로그램을 선별하거나 비판적으로 수용할 능력이 형성되어 있지 않다. 따라서 사람들은 세상에 이미 존재하는 이데올로기를 토대로 '나'의 정체성을 만들 수밖에 없는 것이다.[98] 성인이 되어서도 이데올로기의 타당성을 숙고하거나 알려고 하지 않는다. 아니, 더 정확히 말하면, 이데올로기를 하나

하나 검증하며 취사선택하기에는 그 양과 범주가 너무 광범위하고 우리 스스로 어떤 이데올로기를 이미 결단 근거로 취하고 있어 중도나 객관적인 시각으로 바라보기 어려운 것이다.

이 프로그램은 상황에 따라 우리가 선택할 여지를 주지 않고 작동한다. 지향, 행동, 취향, 가치관, 생각의 틀을 강제하며 그것을 '나'라고 인식하게 만든다. 이 틀은 공동체의 문화, 규칙, 활동 기준 등으로 그 구성원들을 제약하는데도 우리들 스스로는 주체적 자유의지로 행동한다고 착각하며 살아가게 된다. 나아가 자율적이든 타율적이든 자기를 강제하는 이데올로기를 실천하고 자기의 자부심은 오히려 이것을 전파하려고 애쓰게 만든다. 이 모든 게 당연하고 필연적인 것으로 받아들이게 하거나 나아가 자기가 이데올로기 그 자체라고 여기게 만든다.[99] 최근 코로나 팬데믹으로 전 세계 정부가 사람들에게 마스크 착용을 의무화한 것이 예다. 확산 억제 정책과 개인의 감염 공포를 동력으로 삼아 '마스크 착용'이라는 이데올로기를 장착한 것이다. 마스크 착용의 실효성이 문제가 아니다. '마스크를 써야 감염되지 않는다'라는 슬로건을 앞세워 대다수 개인들을 주체적이거나 합리적 판단 없이 따르도록 만들었다는 사실이 중요하다.

이데올로기는 결코 '나는 이데올로기적이다'라고 주장할 필요가 없다. 이데올로기 바깥에서 벌어진다고 여겨지는 일은 사실 이데올로기 안에서 일어나기 때문이다. 이데올로기 안에서 일어나는 일들은 마치 이데올로기 바깥에서 일어나는 것으로 보이며 우리는 자신이 정의상 이데올로기 바깥에 있다고 생각하게 된다. 자기가 속한 이데올로기에 배치되는 이데올로기를 부정하는 것이 이데올로기의 속성이기 때문이다. 즉 '이데올로기적이다'라는 비난은 다른 사람에게는 적용되지만 자기 자신에게는 적용되지 않게 되는 것이다.[100]

이데올로기는 사실 어떤 집단의 정당화를 위해 사용될 뿐 진리가 되지는 못한다. 이데올로기는 생성과 교육의 과정을 거쳐 전승된다. 체화된 이것은 진리, 정의, 상식을 가장하면서 숙주인 인간사회에서 기생한다. 하지만 상반된 이데올로기의 성장, 지도자의 힘, 새로운 지식의 출현은 기존 이데올로기의 권위를 제거하고 새로운 이데올로기를 주입하며 점차 당위성과 힘을 얻게 되고 그 시대의 정당성을 주장하게 된다.

하지만 선량한 시민들은 그것의 정당성을 가릴 여지도 없이 대세에 순응하게 되며 최소한 상식으로 인정하고 통용하게 되는 것이다. 그러나 새로운 이데올로기가 공동체의 번영을 약속한다거나 효율성에 있어 최선이라는 보장은 그리 크다고 할 수 없다. 더 우세한 힘의 논리인 경우가 일반적이다.[101]

둘째, 이데올로기는 현실 문제를 특정 프레임으로만 해결하려는 권력으로 작용한다. 사실 이데올로기는 명분상 지금보다 더 나은 바람직한 이상 사회로 나아가기 위한 도구이자 지향으로서 도입된다. 이것은 거시 공동체의 존속을 위해 만들어졌지만, 그 영향은 개인의 정체성과 관점에까지 영향을 미친다. 이데올로기는 특정인이나 기득권의 권력 유지 수단으로 쓰이는 필요악이자 사회적 동물인 인간이 활동에 없어서는 안 되는 질서이기도 하다.[102] 가령 히틀러의 아리아인 선호는 비인륜적이지만 독일인에게는 진리처럼 작용했다.

이데올로기는 사회현상을 분석하며 문제점을 제시하거나 답을 제시한다. 그러나 실행과정에서 지도자에게 리더십을 부여하고 권력을 제공하며 사물은 물론 인간의 도구화로 변질된다. 실행과정에서는 이분법적, 극단적 사고로 투쟁을 동반하기도 하며 폭력을 양산할 수도 있다. 역사상 수많은 크고 작은 갈등과 전쟁은 이데올로기의 역사라 해도 과언은 아니다. 지금도 수많은 아집, 모순, 투쟁이 만연한다. 오로지 집단이익을 위한, 겉으로는 인본주의를 주장하지만 인간을 위하지 않는 이데올로기는 도처에 널려 있다. 미시적으로 가족, 직장, 마을 문화 그리고 교우관계에 침투하여 장애를 일으키며 한 개인을 소외하기도 하고, 거시적으로는 국수주의, 극단적 좌우 대립, 원리주의, 형이상학적 복지를 내세우는 포퓰리즘이 그렇다. 오늘날에는 달보다 손가락을 바라보는 일이, 손가락 하나보다 손가락들의 움직임을 바라보는 게 자연스럽다. 그때그때 수많은 이데올로기가 독자적으로, 혹은 중첩하여 우리의 사유를 점령하고 있으며, 우리는 이들을 마치 진리인 양 숭배하며 무의식적으로 따르고 있다.

이데올로기는 인간사회의 독특한 특징으로 인간사회의 효율

화를 위하여 도입했지만, 개인의 삶의 방식으로 프로그램화되는 순간 그것을 객관적으로 선택하기가 어렵게 된다. 집단 구성원들에게 그것을 승인하고 받아들이라는 강력한 사회적 압박이 가해지기 때문이다. 집단은 그 이데올로기를 이론적으로, 현실적으로 매우 중요하다고 믿고 있어 이에 이의를 제기하는 것은 심리적 불편과 불안으로 다가오고 심지어 집단에 대한 위협으로 간주하기 때문이다. 대중들은 포퓰리즘이 아무리 부조리해도 통상 이의를 제기하기 어렵다. 다수를 위한 정책이라는 취지를 거스른다면 다수의 이익에 반하는 꼴이 되어 그 압박을 두려워하게 됨으로써 아예 합리성 자체를 심도 있게 생각해 보지 않는 것이다.

중세 유럽의 마녀사냥이나 8·15해방 이후 우리나라의 좌우대립과 같은 극단적 정쟁처럼 의미의 그물망을 짜고 그것을 진심으로 믿었지만, 시대가 변화하며 그 그물은 풀린다. 훗날 되돌아보면 그런 헛소리를 진지하게 받아들일 수 있었는지 이해하지 못하는 경우가 허다하게 발견된다. 이처럼 특정 이데올로기에 저당 잡힌 개인은 시야가 흐려진다. 자신과 의견이 다르거나 다른 결정을 지지하는, 즉 이데올로기가 다른 상대방을 무조건적으로 적대시함으로써 긍정적 감정과는 멀어지게 된다.

셋째, 이데올로기는 개인으로부터 주체성과 자유의 공간을 추종, 모방으로 대체시킨다. 대부분의 이데올로기는 공동체의 번영을 위한 협동을 목적으로 함으로써 개인의 희생을 전제하며,

나(I)가 아닌 우리(WE)로 살 것을 강요한다.-우리로 사는 폐쇄주의는 켄 윌버 의식의 전 근대적 단계에 해당한다.-이데올로기는 자기로 살아가려는 초자아의 의식 공간을 점령하여 행동을 강제하며, 같은 이데올로기에 전염된 군중들을 모방토록 종용하여 종속적 삶을 유도한다. 현대를 주체성 상실의 시대라 하는 것은 이를 두고 하는 말이다. 이데올로기에 빠져 산다는 것은 주체적 자아의 공간을 자기도 모르게 공동체 이데올로기가 부단히 이를 메우고 있는 상태를 말한다.[103]

국가, 민족, 종교 등 거대 이데올로기는 차치하고라도 오늘날의 미디어와 여론 그리고 소셜미디어가 조장한 이데올로기는 타인의 행동과 생각, 말, 사랑, 식생활, 행동/동작, 놀이, 의상 등을 모방하도록 자연스럽게 유도하여 개인의 주체성을 축소한다. 규제와 모방의 증가는 자신의 부피와 무게와 깊이를 좌표와 가벼움과 매끄러운 표면으로 대체하여 마치 자동 생산된 인형으로 바꿀 것이다. 이런 이데올로기는 자유의 제약을 가져오고 자기가 아니라 타자의 욕망을 모방하게 만들어, 주체적 삶의 공간과 자유는 협소해지고 불편, 불안, 두려움, 위협으로 다가오게 만드는 것이다.

우리는 이데올로기가 제약하는 적대적이고 부자유한 세상에서 행복을 저지당하고 있다. 우리를 제약하는 이데올로기를 똑바로 보고 효과적으로 대응한다면 감정을 긍정적으로 변환할 수 있다. 주의할 점은, 자신의 이데올로기를 안다는 것은 그것의 본질을 이해한다는 뜻이지 맹종한다는 말이 아니다.

사실 어떤 담론에 대해 논의와 토론을 하게 되면 각자의 주장이나 편견을 재확인하는 데 그칠 뿐 답이 나오지 않는다. 오늘날에는 이처럼 상반되는 전통과 이데올로기들이 그 어느 때보다도 큰 영향을 발휘하는데, 심하면 근본주의자가 되고, 중도적 입장에 서면 회의주의나 냉소주의자가 된다. 진리란 계기판의 균형점과 같이 예민하여 쉽게 변하는 것으로 고정불변의 이데올로기 또한 없다. 다만, 특정 상황에서 살아나가는 위기에 대처하는 방법만 있을 뿐이다.

② 행복의 아킬레스건, 부와 지위 이데올로기

현대인의 부와 지위에 대한 갈망은 거의 신격화됐다. 많은 돈을 벌고 권력을 얻어 타인 위에 군림하는 일을 행복이라 여기는 이데올로기는 거의 신화가 되었다. 우리는 지금 내적 가치와 의미를 추구하는 활동은 멀어져가고, 외적 탐욕과 물질적 추구가 완전한 목표가 된 잘못된 관념에 사로잡혀 살아가고 있다.

세상의 모든 욕망을 다 성취한 단테가 어느 날 문득 느꼈던 두려움은 무엇일까. 신곡의 다음 문장을 정독해보자.

저 사나운 짐승[사자(권력), 표범(성욕) 늑대(탐욕, 사치)]들

로부터 저를 좀 구해 주십시오. 험하고 낯선 곳에서 저놈들의 위협을 받고 보니 피와 살이 떨립니다. 그러자 그는 단테를 바라보며 말했다. "이 숲을 벗어나려면 다른 길을 택해야 할 걸세. 저 짐승들의 본성은 모두 하나같이 흉악하고 잔인한 것들이어서 이곳을 사람들이 지나가지 못하도록 방해할 뿐만 아니라 끝내는 잡아먹기까지 한다네. 피에 굶주린 놈들이라서 아무리 많이 먹어대도 배부른 줄 모르며, 먹기 전보다 먹고 난 후에 더욱 허기를 느끼는 별난 놈들이라네." —단테 알리기에리, 『명화로 보는 단테의 신곡』, 이선종 편역, 미래타임즈, 2022, 17~18쪽

부에 대한 욕망은 신자본주의를 살아가는 현대인의 모든 욕망을 대표한다. 부를 모든 다른 욕망을 채워줄 수 있는 만능 수단으로 여기기 때문이다. 우리는 전대미문의 풍요를 누리고 있음에도, 정작 중요한 행복한 삶인 존재의 삶을 잊어버렸다. 모든 것을 돈으로 환원하는 세상에서 존재의 삶을 이야기하는 자는 드물다. 개인의 고유한 자아는 사라지고 본능의 충족과 물질적 욕망을 탐하는 동물이 된 것이다.[104] 나의 머릿속은 하루 내내 일과 돈으로 채워지고 일을 쉬는 짧은 시간은 고립, 무력감, 허무, 불안으로 보낸다. 문명은 저만치 앞서가지만, 자아는 낮은 의식 수준에서 방황하고 있는 것이다.[105]

첫째, 인간의 과학기술 문명은 인간의 정신세계를 물질과 자

본으로 이데올로기화했다. 자본주의가 극대화된 지금 우리는 물질, 돈, 부에 대한 갈망을 종교화함으로써 다른 신을 대체했다.[106] 인간은 문명의 주체가 아니라 부속품이 된 것이다. 세상에는 많은 종교가 있지만 사실상 그들이 맹신하는 것은 자본교다. 우리는 정신적 고통을 돈으로 때우고 치료하여야 한다고 여긴다.

근대과학은 세계를 양화 가능한 에너지들의 연관체계에 지나지 않는 것으로 본다. 박찬국은 이러한 과정에서는 결국 인간마저도 다른 사물과 마찬가지로 한낱 "계산 가능하고 기술적으로 처리되어야 할 에너지"로 간주하는 지경에 이르게 되었다고 비판한다. 그는 현대인들의 착각은 인간은 어떠한 기술 문명의 어떠한 주체도 아니면서 자신이 주체라는 착각에 빠져 있다는 것이다.[107] 현대기술 문명을 지배하는 것은 주체적 인간이 아니라, 세계를 기술적으로 소유하고 지배하려는 권력에의 의지와 물질에의 탐욕으로 우리는 단지 움직이는 부속품일 뿐이다.

문제는 현대인들이 이러한 이데올로기를 자기 자신으로 착각하며 이를 위해 자신을 채찍질한다는 것이다. 과연 우리가 이러한 탐욕의 주인이라 할 수 있을까? 오히려 탐욕의 노예는 아닐까? 이것이 진정 행복을 위한 길일까?

현대인들이 기꺼이 탐욕의 노예로 살아가는 이유는 무엇인가? 박찬국은 이렇게 답했다. "자신의 심신을 혹사하는 대가로 얻는 물자들에 도취되어 있기 때문입니다. 사람들은 자신의 에너지를 뽑아낸 대가로 안락한 주택이나 자동차 그리고 스마트 폰이나 고급 전자제품을 구입합니다. 이러한 물자들을 통해 현대인들은 자신의 삶이 안전해졌을 뿐 아니라 풍요롭고 행복해 졌다고 생각합니다."[108] 신이 행복을 가져다준다고 믿었던 서양 중세 이데올로기에서 신의 역할을 기술적인 물자들이 대신해준 다고 생각하는 것이다.

우리는 일에 치여 살다가 짧은 여가 시간이 돌아오면 상품 소비에만 만족한다. 시간 여유가 조금이라도 많으면 많을수록 괴 테의 말처럼 그 탐욕은 더욱 커지고 강해진다. 우리가 이처럼 상품에 도취된 것은 바로 남들과 같아지려는 욕구, 남들보다 더 소비하려는 욕구와 같은 소비 이데올로기의 환상에 사로잡혀 있기 때문일 뿐이다.

지금은 단독가구에서 생활하는 사람들도 대부분 아늑한 공간에서 좋은 난방시설과 따뜻한 온수를 공급받으며 개인 화장실에서 하루를 시작할 수 있으며 전자장치의 스위치는 조금의 요령만 터득하면 밥이든 요리든 금방 만들어 낸다. 한 마을에 한두 대에 불과했던 TV는 방마다 놓이게 되었고 세탁기, 냉장고, 김 치냉장고, 에어컨, 오디오, 컴퓨터도 필수품이 된 것은 물론 개인용 자동차로 출·퇴근을 한다. 최근에는 인터넷이 원활한 휴대 전화가 스마트폰으로 급격한 진화를 거듭하며 소비자의 지출을 늘리고 일상과 일터를 장악했다. 수십 년 전까지도 사치품이었 던 상품이 필수 상품이 된 것이다.

이러한 소비는 이데올로기 변신과 확산을 초래한다. 지금까지 우리는 생활에 필요성을 의식한 의식주 중심의 기능적 소비에 그쳤으나, 또 다른 소비 이데올로기는 디자인, 개성, 가격을 중시하는 상징성 소비로 탐욕을 채우고 있다. 십만 원 상당의 핸드백과 몇백만 원 상당의 명품 핸드백은 기능상 큰 차이가 없지만 상징적 차이가 중요한 사람에게는 이 가격의 차이는 문제가 되지 않는다. 대신 그런 차이를 모르거나 무시할 줄 아는 사람은 그만한 돈을 지불하지 않을 것이다.[109)]

물론 신분과시나 재력을 상징하는 상징적 소비는 인류와 함께 나타났을 것이다. 이러한 소비의 공통점은 노출성이다. 즉 이런 소비는 타인에게 자신의 부를 드러내 보일 수 있는 재화에 집중된다. 자동차, 선글라스, 가방, 구두, 시계 등은 외출용 재화들로 상징적 소비의 대상이다. 즉 기능적으로 같은 상품의 소비자는 의도적으로 높은 가격을 기꺼이 지불한다. 이러한 사치품을 낮은 가격으로 판매하면 오히려 그 상품은 매력을 상실하기도 한다.

이러한 이데올로기는 예고나 판단 없이 자동으로 우리 머릿속에 각인된다. 이 프로그램은 그 이유나 근거를 생각할 겨를도 없이 삶의 목적이 되었으며, 행복이 아닌 그 수단인 돈과 물질을 좇도록 우리 의식에 고삐를 당긴다. 우리의 탐욕은 광고나 주변 사람에 대한 비교, 모방으로 세뇌된 것으로, 자신의 자아는 점점 상품화되어 납작해진다.

둘째, 현대인의 또 다른 불안은 사회적 지위에 대한 끝없는 욕망에서 나온다. 관계 필드에서의 삶은 무한경쟁의 전쟁터가 되었다.

지위(status)는 집단 내에서 한 사람의 가치, 중요성, 역할을 가리키는 지표다. 자본주의 사회에서 높은 지위는 돈, 명성, 영향력과 같은 것으로, 남들에게 먼저 배려받고 귀중하게 여겨진다는 이데올로기다. 자신의 품성으로 존경받기보다는 물질과 권력을 행사하며 남들보다 우위에 서는 것이 중요해졌다. 다수의 개인은 사회에서 제시한 성공의 이상에 부응하지 못할 위험에 처했으며, 그 결과 존엄을 잃고 존중받지 못하며 더 낮은 계급으로 몰락할지도 모른다는 불안에 시달린다.

불안은 긴장을 유발하는 모든 방면에서 일어난다. 그중에서도 생업과 관련된 불황, 실업, 승진, 퇴직, 업계 동료와 나눈 대화, 성공을 거둔 걸출한 친구에 관한 소식, 현재 지위에서 도태되는 것 등은 대부분의 사람들을 욕망, 불안, 두려움으로 몰아붙인다.

우리가 사회에서 차지하는 위치에 그렇게 관심을 가지는 이유는 자기 행복에 관한 주관을 갖지 못했거나, 져버렸기 때문이다. 자기가 소속된 집단이나 소속된 계급의 가치에 휩쓸려 그 이데올로기를 모방하고 안팎으로 경쟁하기 때문이다.[110] 자기로 돌아가 삶을 관조하는 본연적 행복과는 점점 멀어진다. 이런 이데올로기는 그저 당연히 지위를 얻어야 한다는 결연함으로 그 성취 확률이 아무리 낮아도 의미를 두지 않는다.

실제적 궁핍은 급격하게 줄어들었지만, 역설적으로 궁핍감과 궁핍에 대한 공포는 사라지지 않았고 오히려 늘어났다. 과거 우리 조상들은 상상도 하지 못할 부와 가능성의 축복을 받은 사람들이 놀랍게도 자신은 모자란 존재이고 항상 자신의 소유는 충분치 못하다는 비교 이데올로기에 시달린다. 우리는 절대적 풍요를 망각하고 타인과 비교하며 상대적 지위만을 생각한다. 노력하다 끝나는 인생이라 하더라도 고통스러운 진력을 계속한다.[111]

셋째, 소득이 증가하면 행복해질 거라는 이데올로기는 우리 시대의 상식이 되었지만, 이것은 환상이다. 사람들이 궁극적인 가치라 여기는 돈, 지위는 행복보다 하위에 있으며 내재하는 가치 자체가 없다. 돈과 지위가 바람직할 수 있는 유일한 이유라면 그것을 갖고 있거나 갖겠다는 생각이 일시적 긍정적 감정이나 의미를 줄 수는 있다. (물론 이것도 행복과는 거리가 먼 잘못된 이데올로기일 뿐이다.) 즉 마약이 선사하는 일시적인 쾌락이자 마비인 것이다.

가난과 정치적 불안에 시달리는 개발도상국이 페루, 아이티, 필리핀, 가나에서의 자살률은 매년 10만 명당 다섯 명에 불과하지만, 스위스, 일본, 뉴질랜드 우리나라와 같은 부유하고 평화로운 나라들에서 매년 10만 명당 열 명 이상이 목숨을 끊는 일을 곰곰이 생각해 볼 문제다.[112]

돈이나 지위는 그 자체만으로는 가치가 없다. 기본적인 의식주를 충족하면 돈은 더 이상 목적이 될 수 없으며 행복과 비례성이 없는 목적을 위한 수단에 지나지 않는다. 그렇지만 우리는 수단을 목적과 혼동하고 돈을 위해 행복을 희생하는 경우가 허다하다. 부자들과 서민들의 생활은 크게 다르지 않다. 식사 메뉴, 주택, 차, 여가 활동이 다르겠지만. 그러나 그게 얼마나 다르겠는가? 연간 수천억을 벌더라도 나머지는 은행에 입금될 뿐 그들의 행복량을 높이는 데 도움이 되지는 않는다. 대중들의 착각은 부자들이 자기들보다 수백 배 행복하리라고 생각한다는 것이다. 사실 대형 기업의 사주들은 돈을 벌기 위해 일을 하는 것보다 종업원의 생계나 국가 경제에 이바지함을 더 큰 보람으로 여긴다. 즉 의미와 가치를 추구하는 자아실현적 삶의 행복인 것이다.

부의 축적과 생산 자체는 나쁘지 않다. 물질적 풍요는 개인뿐 아니라 사회에 도움이 되고 행복 수준도 어느 정도까지 높여준다. 경제적 안정은 기본적인 욕구 충족과 무료함, 다음 달 생계비 걱정에서 자유롭게 한다. 그렇다고 해도 중요한 건 돈이 아니다. 돈은 다만 긍정적인 경험을 할 수 있는 여유를 줄 뿐이다. 물질적인 부가 삶의 의미나 정서적 풍요를 가져다주지 않는다는 것은 모든 행복론의 공통적 주장이다.

데이비드 마이어스가 장기간 실시한 광범위한 연구에서는 극도의 빈곤으로 기본적인 의식주가 충족되지 않은 경우를 제외하고는 물질적 부에 따른 행복 수준은 증가하지 않으며 오히려 줄어든다고 한다. 대니얼 커너먼과 그의 동료들의 연구에서도 부와 행복의 상관관계를 보여주는 근거를 찾을 수 없었다고 하였다. 부와 행복이 비례한다는 것은 거의 환상에 지나지 않는다는 것을 명심하자.[113] 미국의 1인당 국민소득 대비 부의 비례성은 60년대 이후 파괴되었다. 부와 같은 환경이 행복에 미치는 영향을 10% 정도로 본다는 류보머스키의 연구는 이들 현상을 대변해 준다.

그러나 부에 대한 욕망은 인간 생존의 측면에서 어느 정도는 생각해 볼 면은 없지 않다. 인간의 가장 근본적인 욕구는 자기보존에 있음은 상식으로, 어떤 이데올로기도 이 원칙이 존중된 후에야만 가능하다.

그렇다면 우리는 생존을 위한 도구인 자산·부의 획득은 어느 수준까지는 용인될 필요는 있는 것이다. 행복은 이성적 지적 자아실현임을 강조하는 아리스토텔레스는 물론, 데카르트, 스피노자, 쇼펜하우어도 어느 정도의 부는 행복을 위해 필요하다는 의견을 남기고 있다. 아리스토텔레스는 "우리의 행복에는 분명 외적인 좋음도 필요하다. 재원이 없으면 고매한 행위를 하기가 불가능하거나 쉽지 않다. 행복에는 이런 종류의 좋은 조건이 필요하다"고 말했으며, 스피노자도 "지성적 삶의 전제조건으로 생명과 건강을 유지하기 위하여 또한 우리의 목적에 반대되지 않는 공동체의 풍습을 따르는 데 필요한 만큼의 돈과 그 밖의 것을 구할 것"을 피력한 바 있다.

③ 국가 이데올로기

부 이데올로기와 함께 인간의 부정적 감정을 유발하는 중요한 다른 한 요소는 국가의 권력으로 야기되는 신체적, 정신적 자유 상실이다. 플라톤은 행복은 최고선을 추구하는 것인데, 인간의 행복이 완성되기 위해서는 올바른 정치로 다스려지는 국가가 필요하다고 하면서 행복의 다른 한 조건으로 내세웠다.[114] 슈테판 클라인은 국가의 "거주하는 국가의 기본적 신뢰 형성 여부, 공동체의 활성화, 정당한 경쟁과 평등한 사회, 시민의 정치 참여 조건" 정책은 개인의 행복에 많은 영향을 주는 조건임을 강조하고 있다.[115]

특히 현대인들에게 행복을 위한 국가의 역할은 플라톤 시대의 시민들보다 더 절실한 문제일 지도 모른다. 산업의 고도화는 계급과 종교로 나눠진 요인별 불평등을 어느 정도 해소해줬다. 자본주의는 인간을 전통적 속박에서 해방하고 개인의 자유를 확대했으며 능동적이고 비판적이며 책임질 줄 아는 자아로 성장하는 데 막대한 공헌을 한 것은 사실이다. 그러나 이러한 과정이 자본주의의 장점이라면 국가 권력은 개인에 대한 통제를 강화하여 또 다른 속박으로 나타난다.

국가 이데올로기가 모두 인간의 행복에 부정적이라는 의미는 아니다. 어떤 이에게는 유익하고 어떤 이에게는 유해할 것

이다. 홉스는 인간사회는 "만인을 위한 만인의 투쟁 상태"로 "자기보존과 안전"을 위한 본성을 위하여 국가라는 큰 틀 속에 있어야 행복하다고 주장했고, 루소는 문명사회가 인간의 자유, 도덕의 타락을 초래하므로 인간은 국가가 없는 원시 자연으로 돌아가야 행복하다고 했다. 홉스는 약육강식의 원시사회를, 루소는 문명이 가져온 폐해에 초점을 두고 있다. 지금은 개인이 알 수 없는 수많은 국가규제가 시민의 자유를 부단히 억압한다. 학교 앞 시속 30km 제한 속도야말로 대표적인 구속의 하나이다.(필자 주)

정부의 행태를 풍자하는 러셀의 말이 있다. 정권욕의 노예가 된 어리석은 정치가들이 원자핵 폭탄을 만들어 사람들 모두가 머무는 대강당 한가운데 설치했다. 그러고는 그 위험성을 알리기 위해 경고문을 써 붙였다. "돌이나 담뱃불을 던지면 폭발할 위험성이 있으니 주의하라. 우리 모두가 살아남기 위해서다"라고. 그리고는 "이제는 안심해도 된다"며 정치 지도자들의 자랑거리로 삼는다. "돌과 담뱃불을 자신들이 쥐고 있다"면서.[116]

현대의 다양한 이데올로기 중 개인을 제약하는 가장 큰 요소는 각종 법률을 비롯한 크고 작은 국가의 규제들이다. 국가는 국가 이데올로기가 필요하며 그것이 만들어지는 과정은 근현대사의 근간을 이룬다. 국가 이데올로기는 국민에게 행정구역을 필연적인 공간으로 인식시키고 그 안에서 잘 살도록 하기 위한 목적을 통해 형성되어왔지만, 실상 개인의 행복에 도움이 되는지에 대해서 심사숙고하는 것과는 거리가 있다. 예컨대 통치자의 인기나 통치행위의 용이, 권위가 우선인 국가 이기주의일 가능성이 크다.[117]

우리는 국가장치에 의거 개인 활동, 주거, 병역, 세금, 해외여행, 군 복무, 길거리 보행원칙, 운전, 통신 등 모든 삶에 상당한 제약을 감수하면서 살아간다. 지금의 국가는 좀 더 과장해서 말하면 국민을 규제하는 법률을 아무런 생각 없이 제정한다. 더 과장해서 말한다면 한번 제정된 법률은 거의 영원히 폐기되지 않는 것 같다. 우리나라의 경우 아직도 마당에 연못이 있거나 전용면적이 331㎡ 이상, 시가 9억 원 이상이면 호화주택으로 사치세를 부과받는다.

최근 우리나라는 주택임대차보호법, 통신 관련법, 교통 관련법 등도 법규의 효과나 부작용을 심도 있게 검토한 법률이라 할 수 없다. 심지어는 부정적 여론을 의식하여 알지도 못하는 사이에 통과되는 법률도 수두룩하다. 사실 개인에 대한 정부의 간섭이 적절한 것인지, 아니면 부적절한 것인지를 판단할 원칙과 기준을 도출하는 게 어렵기도 하지만, 최소한의 실질적 검증이나 절차도 없이 만들어지는 법은 국민에게 큰 제약이자 위협이다.[118]

국민은 정부의 개입으로 좋은 결과가 생겨나거나 사회문제가 개선된다고 예상되면 정부의 간섭을 원하게 되지만, 한편으로는 정부의 통제를 받는 영역이 하나 더 늘어난 것보다는 차라리 사회악을 어느 정도 감수하는 쪽을 선호한다. 푸코는 근대 이전의 국가는 신체에 대한 형벌로 시민들을 다스렸으나, 지금은 각종 규제를 통한 정신적 압박을 통하여 시민을 감시, 규제한다고 보았을 뿐 아니라 심지어 지적 학문 자체가 이들 국가 권력을 유지하기 위하여 생겨나고 있다고 하였다. 그는 병원, 군대, 학교 등 모든 국가기관이 이러한 통제방식으로 무장하고 자유를 억압하고 있음을 지적하며 이에 저항해야 한다고 주장하였다.

국가나 사회는 개인행동 중 오직 다른 사람들의 이해관계에 영향을 미치는 부분에 대해서만 책임을 물어야 하는데도 이를 침해하는 법규가 계속 만들어지고 있다. 즉 후진적인 사회나 야만인의 개화를 위한 제도가 현대의 성숙한 자유국가에서 횡횡하는 것이다.[119] 사회적 규제와 개인 자유의 균형점에 대한 사고가 턱없이 부족하다. 법을 제정하는 국회는 귀스타브 르봉의 지적처럼 단지 흐름에 자신을 맡기는 무책임한 자세로 거수기 역할을 하는 의회 군중의 행태를 보일 뿐이다.[120] 정부가 자유를 제한하는 고리타분한 법규를 과감히 푸는 행위가 눈에 띄는 경우는 새 정부가 들어서는 초기에나 가끔 볼 수 있게 된다.

대부분 국가는 국가장치를 통해 권력을 통제하려는 의지를 나타내고 국민은 알지 못하는 사이에 그 이데올로기에 종속된다. 일부는 이러한 국가의 장치에 대해 안정감, 종속의 즐거움을 느끼고 내부적 단결을 위하여 대외적 적을 만들거나 강조하기도

하며 때로는 내부적으로 대중을 계급화, 차별화하여 상대편을 적으로 돌림으로서 자기들의 권력 유지를 강화하기도 한다. 이처럼 현대의 표면적 자유의 증가는 실질적 자유의 감소를 초래하는데, 정부가 국민의 활동에 간섭할수록 개인의 사고와 행동은 제약당하고 자유는 축소된다. 개인은 자율성과 창의력을 상실하게 되고 책임감은 사라지며, 국민의 정신건강도 해치게 되는 것이다. 그와 동시에 납세자의 세 부담이 증가함으로써 가처분 소득은 감소하는 반면 국가기관들이 국민에게 거두어들여 마음대로 처분할 수 있는 금액은 증가하면서 국가 경제에는 악영향을 미치게 된다.

귀스타브 르 봉은 하버트 스펜서의 말을 인용하면서, 국가라는 이데올로기는 그들(공무원)의 면책성, 비 개인성, 영속성으로 모든 독재 중에서도 가장 더 사람을 짓누르는 형태라고 지적한다. 규제 법안과 규칙을 계속해서 입안, 아무 쓸모 없는 절차로 사소한 행동까지 규제하며 시민들이 자유롭게 살아갈 수 있는 영역을 점점 더 좁히는 치명적 결과를 초래한다고 말했다.[121]

**법률이 많으면 많을수록 평등과 자유도 보장될 수 있다는
환상의 희생자인 국민은 더 과중한 구속을 매일 받아들인다.
그리고 결국에는 그것을 갈망하면서 자발성과 활력을 잃어
버리고 만다. 그리하여 그들은 의지도 없고 힘도 없고 저항**

도 안 하는 허깨비나 피동적인 자동인형으로 전락할 것이다. 대중은 국가에 충성하는 것에 대한 종속의 즐거움과 안정감만을 아스라이 느끼면서 불편함을 감수한다. 사실 의회가 맞이할 수 있는 심각한 위험은 단 두 가지뿐인데, 하나는 불가피한 재정 낭비이고 다른 하나는 개인 자유의 점진적 제한이다. ―귀스타브 르 봉, 『군중심리』, 이재형 옮김, 문예출판사, 2018, 232~236쪽

이러한 시민을 부르디외는 "프티 부르주아"라고 했다. 프티 부르주아는 그 자신이 사소한 배려와 필요를 좇아 작고 소심하게 사는 소시민을 말한다. 옷차림이나 과도한 경계심과 신중함으로 과잉 교정된 말, 몸짓, 전체적 거동에서 엄격하고 절도 있으며 신중하고 검소한 시민들은 언제나 자유 활달한 여유나 폭넓고 통이 큰 너그러움이 결여되어 있다는 것이다. 이 말은 국가의 규제에 위축된 현대인을 희화한 말인데도 마치 당연한 상식인 양 인용되는 것은 '소확행'과 같이 우리의 잘못된 자화상을 드러내는 것일 뿐이다.

조지오웰은 "국가는 항상 전체주의적 경향을 띠게 된다"면서 빅브라더(당)는 대중의 기억(선전 선동)을 통제하여 지배의 정당성을 획득하고 전체주의를 완성하려는 경향이 강한 것은 잘못된 인간 속성의 하나다.라고 강조한 것이나, 칼 포퍼가 "나라가 열린 사회를 지향할 때 성장하는 민주주의 국가가 되지만, 결

국 개인적 욕망을 앞세운 지도자가 국민을 억압하고 자유를 제한하므로써 전체주의로 가게 되며 결국 닫힌 사회가 된다"고 한 것도 국가지도자의 이데올로기가 국민의 생활에 미치는 영향의 지대함을 실감하게 한다.

우리는 지금 그러한 위기 시대에 접어든 것 같다. 전 세계의 자유국가도 그 정점을 지나 지도자 한 개인의 욕망이 넘실대는 국가가 점차 늘어나고 있다. 이것은 역사상 창업기 성장기, 성숙기를 지나면서 긴장이 풀리고 배가 부를 때 발현되는 악질적 인간 본성인 것 같다. 창조와 번영은 쪼그라들고 야만의 시대로 퇴보하고 있다. 이는 자유를 위한 은둔 또는 투쟁, 혹은 순응적이거나 아부적 노예의 삶 중에 선택이 강요되는 불행한 삶이 될 우려가 크다. 결국 국가가 개인의 행복을 책임질 것이라는 기대야말로 어리석은 이데올로기가 될 수 있음을 명심해야 한다. 국가가 요구하는 이데올로기를 어떻게 수용해 나갈 것인가를 심각하게 생각해 봐야 할 때이다.

4 인간의 인식능력의 한계

불완전한 지식, 필드 통제의 한계

당신이 사회생활을 어느 정도 경험한 성인이라면 누구보다도 많이 안다는 자부심으로 가득하고, 가족, 친구, 회사의 부하직원을 통제할 수 있다는 사고가 형성된다. 이것은 관계 필드 생활의 주 갈등으로 작용할 우려가 높은 사고다.

사실 이런 다툼은 정치와 대중문화에 대한 논쟁과 토론에서도 흔히 나타난다. 모두가 자신감과 확신에 찬 모습으로 떠들고 있는데 그들의 모습은 그럴듯하나 정말 그들이 알고나 있는 것일까? 특히 가치판단이 요구되는 사안인 경우에는 답이 없을 정도다. 우선 우리의 지식이 얼마나 단편적인가에 대해 모 가댓이 제시한 문장을 살펴보자.

> **1687년 아이작 뉴턴의 만유인력이 세상에 출현했을 때 세상은 그를 신처럼 떠받들었다. 상당 기간 세상 만물의 상호 간 모든 운동은 뉴턴의 법칙이 설명했다. 이에 대한 반론은 무식한 사람으로 비난받을 각오가 없지 않고는 불가능했다. 이에 대한 건전한 토론은 사라졌고 뉴턴의 만유인력은 오만한 절대 진리로 남았다. 그러나 1861년 제임스 클라크, 맥스웰, 1905년 알베르트 아인슈타인, 1920년대 양자물리학, 1960년 끈 이론은 뉴턴의 만유인력을 거의 무용지물로 만들었다.** —모 가댓, 『행복을 풀다』, 151쪽

모 가댓의 주장처럼 우리는 우주는 물론 지구의 속성에 대해서도 알고 있는 것이 거의 없다. 인간의 DNA 중 알려진 것은 고작 3%에 불과하다고 한다. 지금 우리가 누리는 지식은 과연 얼마나 정확할까? 세월이 지나면 상당수 지식은 결국 불완전한 것

으로 판명된다.

인간의 오감 역시 매우 제한적이다. 개가 들을 수 있는 초고음은 당연히 듣지 못하며 뱀과 같은 파충류가 인식하는 적외선을 우리는 볼 수 없다. 수많은 박테리아가 주변에 널려 있으나 눈치조차 채지 못한다. 특히 언어를 사용하는 인간은 실체를 한 단계 건너서 이해해야 하는 것으로 언어가 의미하는 고유의 본질을 느끼고 이해하는 데에도 한계가 있을 수밖에 없는 것인데 하물며 언어 이전의 사물 실체를 어떻게 알 수 있겠는가.[122] 언어를 사용하는 인간의 상징계는 결코 실존의 실제계와 같을 수 없다는 라캉의 말처럼 말이다.

당신은 가끔 주변 사람과 진실에 대하여 언쟁하는 경우가 있을 것이다. 필자가 직장에 다닐 때 "2차 세계대전 중 사용한 프로펠러가 달린 전투기는 기관총 사격 시 총알이 프로펠러 사이를 관통해서 나간다"는 동기생의 의견에 어이없다는 표정으로 일소에 붙인 일이 있었다. 그 주장은 많은 시간이 지나서야 진실이었음을 알게 되었다. 중국 하이난섬의 넓이에 대한 집사람과 논쟁에서 필자가 한 답은 그야말로 자신감 넘치는 추측에 불과했다. 한 번 다녀온 경험도 있고 전체적 프레임을 중시하는 나로서는 대략 제주도의 두 배 정도라고 보았으나 집사람의 답은 그보다 훨씬 크다는 것이다. 확인 결과 경상북도의 넓이와 비슷했다.

대한민국의 근대화를 이룬 박정희 대통령에 대해 필자는 그

당시 사람들의 이구동성인 독재자로만 각인된 사고로 살아왔으나, 나이 육십이 넘어선 지금에서야 그의 진가를 재평가한다. 일본에 대한 적대적 사고도 마찬가지다. 나는 조선 산하를 피로 물들인 임진왜란, 그것도 모자라 36년간 이 나라를 점령하고 독립운동가들을 잡아다 모진 고문으로 죽거나 다치게 한 악행들은 일본을 적대적으로 보기 충분하다. 일본은 평화나 대인배적 도덕, 양심이라는 걸 도대체 모르는 부도덕한 침략 국가로 각인되어 있었다. 그러나 인간의 본성을 공부하고 인류사와 세계역사에 대한 더 깊은 통찰을 얻은 후에야 비로소 필자의 사고가 참으로 어린 사고에 불과하다는 것을 알게 되었다. 필자는 지금 일본의 한국침탈은 인류 역사의 조류의 하나일 뿐 선악을 구분할 수 있는 그 어떤 것도 아니였음을 인정한다. 더구나 그리스 아테네-스파르타 전쟁에 임하는 정치인들의 연설내용을 보고서야 나는 나의 애국 이데올로기를 미련 없이 해체해 버렸다.[123] 우리는 아는 것이 별로 없다. 우리는 항상 자신의 지식에 겸손할 필요가 있다.

나의 안전과 상대방에 대한 통제 욕구는 인간의 본성이다. 우리는 내가 하는 일은 물론 가사, 자금계획, 친구, 이성 간의 문제, 직장의 일 등을 자신의 의지대로 관리 통제할 수 있기를 바란다. 일이 자신의 기대만큼 이루어지지 않으면 화를 내거나 비관하게 된다. 이는 세상을 자신이 통제할 수 있다는 이데올로기가 강할수록(빠질수록) 커지는 문제다.

세상은 우리 마음대로 되지 않는다. 철저하게 계획해도 통제할 수 있는 게 그리 많지 않다.

자산은 예금은행의 파산으로 사라질 수도 있으며 인플레이션으로 사라지기도 한다. 최근 비트코인에 투자한 젊은이들은 거의 절반의 손해를 입었다고 한다. 오늘 뉴스에는 분양호텔에 투자한 5만여 명의 사람들이 운영업자와 분쟁 중이거나 재판 중이라는 뉴스가 떴다. 자연재해나 경제위기, 사기와 파산, 암과 같은 질병 등은 항상 일어나고 있으며 언제나 위험으로 다가온다. 사소한 일도 삶을 통째로 바꿔놓고 계획을 뒤틀어버리는 사건으로 커진다. 안타까운 일이지만 최근 이태원의 핼러윈 행사 중 거의 백오십여 명이 길거리에서 죽었다. 이러한 일들은 당신의 가족, 친구, 연인 직장 상사, 동료, 부하직원을 가리지 않고 모든 이에게 발생 가능하다. 세상을 통제하며 즐거움을 얻겠다는 사고가 허상임을 알아야 평화를 찾을 것이다.

사태가 발생한 후에는 그것에 연연해서는 안 된다. 이런 사태에 대해서 당신이 할 수 있는 일은 앞으로의 일밖에 없다. 과거에 대하여 속 쓰린 것은 당신의 건강만 해칠 것이다. 사후 처리가 가능하면 처리에 임하고 내가 통제할 수 있는 범위를 넘어서면 흔쾌히 받아들이는 자세가 필요하다. 이에 대해 왜 나에게 이런 시련을 주느냐고 자책하거나 신에게 물어봐야 답이 나오지 않는다. 자책과 원망은 당신의 행복에 아무런 도움이 되지 않는다는 것을 명심해라. 당신이 할 일은 당신의 마음가짐과 앞으로의 용기 있는 행동만이 최선이다.

일어날 시간이 됐지만 팀은 스누즈 버튼을 두 번이나 눌렀다. 뒤늦게야 팀은 9시 정각에 약속이 있다는 걸 깨달았다. 깜짝 놀라 침대를 박차고 나왔지만 폭우가 무섭게 쏟아지는 걸 보고는 약속 시간에 늦을 게 확실하다는 불길한 생각을 떨칠 수 없었다. 팀은 커피도 건너뛰고 후줄근한 모습으로 자동차에 올라탔다. 기분도 그다지 유쾌하지 않았고, '오늘 끔찍한 하루가 되겠군!'이란 생각마저 들었다. 이미 신경이 날카로워진 팀은 스트레스에 짓눌려 핸들을 쾅쾅 내려치며 '비켜!'라고 소리친다. 그때 쾅! 그의 차를 뒤따르던 자동차가 그의 자동차를 추돌했다. 가벼운 접촉 사고에 불과했지만 팀은 자동차에서 뛰어내려서는 뒤의 자동차를 향해 돌진해 보닛을 세게 내리쳤다. 그러고는 분을 참지 못하고 온갖 욕설을 쏟아냈다. 자신의 행동이 통제력을 너무 벗어난 까닭에 팀은 결국 유치장에서 그날 밤을 보내야 했다. 자신의 마음가짐에서 비롯된 결과를 무시한 채 팀은 모든 게 비 때문이야 라고 생각했다.

똑같은 사건을 재구성해보자. 이번에는 톰이 9시 약속에 이미 늦었다는 걸 깨닫고서 느긋하게 행동한다고 가정해보자.

톰은 향긋한 커피를 끓이고, 샤워하고 면도한 후에 깨끗한 셔츠를 입고 차에 오른다. 비 오는 날 듣기에 어울리는 티나 터너의 노래를 들으며 '난 비가 좋아 오늘은 정말 즐거운 하루가 되겠군'이라고 생각한다. 또 9시에 만나기로 한 상대에게 전화를 걸어 늦겠다고 사과하지만, 그도 교통체증으로 꼼짝도 못 하고 있다는 걸 알게 된다. 톰은 커피를 홀짝이며 조금씩 움직이면서 음악에 맞춰 손가락을 토닥거리며 흥겨운 기분을 만끽한다. 그때 꽝! 그의 차를 뒤따르던 자동차가 그의 자동차 뒤 범퍼를 살짝 건드렸다. 톰은 상황을 확인하려고 자동차에서 내리지만 큰 문제가 아니라는 걸 알게 된다. 톰은 상대 운전자에게 미소를 지어 보이며 "괜찮습니까? 다친 데 없어요?"라고 묻는다. 상대 운전자가 안도한 표정으로 자동차에서 내린다. 눈부시게 아름다운 여인이다. 톰은 자신도 모르게 횡설수설한다. "안녕하세요? 만나서 반갑습니다." 그녀가 웃으며 말했다. "괜찮으세요? 하지만 내가 선생님의 차를 추돌했는데." 톰이 대답했다. "아닙니다. 괜찮습니다. 기분 좋은 추돌이었습니다." 그런 식으로 이야기가 흘렀고, 마치 로맨틱 코미디의 한 장면과 비슷했다. ―모 가댓, 『행복을 풀다』, 213쪽

세상은 자신의 의도대로 통제되는 것이 많지 않다. 우리는 세상이 자신의 의도대로 되어야 자존심을 살리고 즐거움을 얻겠다고 생각하는 이데올로기를 넘어서야 긍정적 감정을 유지하는 데 도움이 된다. 행복은 우리 삶이 불완전하다는 걸 인정하는 현실적이고 객관적인 태도에서 시작된다. 행복은 환상이 아닌 사실에 입각한 현실을 인정하는 능력이다. 현실을 인정하면 마음

도 편안할 것이다.

과도한 두려움과 무분별한 정보취득

현대인은 일을 위한 공부 외 삶에 대해서는 별다른 공부를 하지 않는다. 진작 중요한 인생 공부는 고전으로부터 얻어야 함에도 가족, 친구, 동료, 사회, 언론으로부터 지식의 대부분을 습득한다. 통상 이것들은 여과되지 않은 지엽적 지식으로 생산자의 의도가 깔린 불안정한 정보지만 당신의 뇌가 접수하고 프로그램화하여 당신의 이데올로기를 형성한다.

우리는 친구의 말이나 매스컴의 보도에 합리적 의문이나 확인 없이 지나치게 많은 의미를 부여하고 추종한다. 주변에 돌아다니는 지식이나 언론 기사들은 집단이나 특정인의 이익을 위한 목적의 경우가 허다하다. 따라서 그러한 정보는 청자들을 교묘하게 이데올로기화할 목적으로 생산되는 경우가 많다. 그들은 건강염려증, 특정 주식의 호재, 고수익 보장의 금융상품, 전쟁과 경제위기 등을 조장하여 독자들의 판단을 강요함으로써 불안과 두려움으로 몰아간다.

두뇌 역시 우리의 관심을 얻고자 진실을 과장하고 그 대가로 쓸데없이 마음을 혼란하게 한다. 우리는 사물이나 사건 그리고 인물을 실재보다 과도하게 축소하거나 확대하고 또 극단적으로 인식하고 분류하는 경향을 가지고 있다. 즉 모든 남자는 바람둥이로 섣불리 결론짓는다거나, 당신이 복무한 군대가 있는 지역은 어쩐지 불길하여 가는 것을 꺼리는 것이다. 당신이 멋진 여행지를 방문했지만 결국 말다툼으로 친구와 헤어진 장소는 항상 슬픈 곳으로 생각한다.

인간의 뇌는 자연과의 투쟁에서 승리하기 위한 방향으로 발전해왔다. 그 방향은 현상을 인정하는 긍정적 방향보다는 위험의 예방을 위한 보수적 방향으로 진화했다. 우리 뇌의 소극적 기능은 위험이 사방에 널려 있는 야생동물이 들끓는 원시적 삶이나 전쟁에서는 유효하지만, 지금처럼 열정과 호기심 그리고 사회성을 발휘해야 하는 이 시대에는 알맞지 않다. 인간은 일의 성공 확률이 90% 이상이고 실패 확률이 10% 미만인 경우에도 잘될 것이라는 긍정적 마음보다는 10%의 부정적 확률에 두려움을 느낀다고 한다.[124]

이것은 우리 뇌가 우리의 행복보다 생존을 우선하는 심리에서 그 원인을 찾을 수 있다. 즉 우리 뇌는 대체로 비판하고 심판하며 불평하는 성향이 있다는 것이다. 이러한 이데올로기는 힘의 의지를 부단히 축소하여 행복에는 나쁜 영향을 준다.

사실 인류 문명사는 문명 발전의 가장 중요한 원천으로 위험을 인지하고 분류하며 범주화하는 비교능력에서 시작되었다. 그러나 지금 이런 뇌의 작용은 많은 진실을 왜곡한다. 부정적인 사건이 과장되면 그 사건이 통계적으로 우리에게 해를 끼칠 가능성이 거의 없음에도 걱정에 사로잡히게 하는 것이다.

최근 코로나는 이런 중요한 예시의 하나다. 우리나라의 연간 자살자는 15,000여 명이다. 최근 우리나라의 모든 활동의 제약과 산업의 변화, 엄청난 세금을 쏟아부은 코로나는 합병증을 포함한 사망자도 연간 10,000여 명에도 못 미친다. 자살과 같이 과장되지 않은 사건은 진짜 중요해도 무시된다. 실제로 더 많은 생명을 앗아가는 일상적인 위험은 간과한 채 지나간다. 이런 유형의 이데올로기는 특정 단체의 선의나 악의에 의하며, 무지, 착오, 과실, 고의 등 다양하게 이루어진다. 과거 광우병 사태가 대표적이다. 위험 요소에 관심을 가지고 예방하는 것 자체가 잘못이 아니다. 과도한 활동 억제와 불안, 두려움은 개인의 행복량에 지대한 영향을 미친다는 사실을 지적하는 것이다.

> **9·11테러는 하루 3,000명의 목숨을 잃었다. 하지만 1994년 르완다에서는 약 100일 동안 80만 명이 목숨을 잃었다. 하루 8,000명씩 100일 동안 살해된 셈이다. 하지만 세상은 이 사건에 아무런 반응도 보이지 않았다.** ─모 가댓,『행복을 풀다』, 293쪽
>
> **미국의 의료사고 사망자는 연간 50만 명에 육박한다. 하지만 코로나 사망자는 이에 턱없이 적지만 심리적 공포는 전혀 그 반대다.(필자 주)**

'남이 위험하다니까 나도 조심해야겠다'라기보다 내가 지식을 확인하고 대처하는 주체성을 필요로 하는 것이다.

3. 이데올로기에 대한 자세

① 경계에서 바라보고 평가한다

이데올로기에 충실한 삶은 기계적이며 고통스럽기까지 하다. 우리는 이 기계적 삶을 벗어나야 자유, 사랑, 창조의 모습으로 갈 수 있다. 우리는 타당하지 못한 관념을 더 많이 가지고 있을수록 그만큼 자신은 타성적이며 상대방에 대해서도 부정적이다. 반대로 타당한 관념을 보다 많이 가지고 있을수록 그만큼 적극적, 긍정적으로 변한다. 당신이 경계에 선다는 것은 이데올로기란 늪에 빠지지 않고 두렁에서 양쪽을 두루 바라볼 수 있는 자세를 가지는 것이다.

우리는 나라고 말함으로써 이미 나가 아닌 것, 즉 너라고 여기는 모든 것과 거리를 둔다. 이런 태도는 나를 양극성의 포로로 만드는 길이다. 세상은 관념적으로 자아와 비자아뿐 아니라 안과 밖, 남성과 여성, 선과 악, 좋은 것과 나쁜 것 등으로 양분된다. 생활은 어떤 형태로든 상대와 내가 하나라는 통일성이나 전체성을 인식하지 못하게 방해하도록 이데올로기화가 진행된다. 모든 사건과 사물을 쪼개고 나누어서 대립 쌍으로 만든다. 우리는 이 구분된 어느 하나를 선택하게 되고 이 과정에서 반대편과의 갈등과 충돌이 촉발되는 세상을 살아가고 있다.

경계에 선다는 것은 이 양면적 이데올로기의 어느 한쪽에 빠지지 않고 균형 잡힌 시각으로 바라보고 평가한다는 것이다. 어느 쪽이든 빠진 정도가 크면 클수록 상대는 더 적대적으로 보이며 적대적 상대를 앞에 둔 당신의 감정은 결코 긍정적일 수가 없게 된다.

만일 당신이 이데올로기라는 권위를 완전히 초월할 수 있다면 어떻게 될 것인가? 어느 쪽도 타당성이 일부라도 존재함을 인정하게 되고 더 이상 상대편을 미워하지 않게 되며 두려움은 사라진다. 당신이 오랫동안 지녀오던 그릇된 이데올로기를 거부하며 지위, 권위, 부, 자존심 등 모든 짐을 벗어 던질 때 무슨 일이 일어날까? 당신은 더 많은 힘을 갖게 된다. 더 많은 능력, 더 많은 추진력, 더 큰 강도와 생명력을 갖는다. 만일 이것을 느끼지 못한다면 그것은 아직 짐을 내려놓지 않은 것이며 생명력이 없는 이데올로기를 벗어던지지 못한 것이다.

고도의 경계에 선다는 것은 경계를 세우지 않는 무경계와 같은 경지, 곧 통일성과 맞닿는 곳이다. 통일성은 만유가 하나임을 느끼는 마음으로 세상의 이데올로기를 초월한 상태다. 그것은 오로지 존재할 뿐, 형체도 활동도 없다. 흔히 말하는 무의 세계로 불교의 공(空), 중국인의 도(道), 인도인의 네티네티(Neti

Neti), 카발라 교의 무한 아인소프(ain Soph), 의식 지도상 깨달음의 수준으로 노자의 무위무불위(無爲無不爲)의 경지이다.[125] 순수의식에 머무르는 상태와도 같다. 우리 같은 소시민도 그곳으로 가고자 열심히 노력한다면 경지에 이르지 못한다고 하더라도 그 과정 자체에서 지금보다는 더 높은 행복을 느낄 수 있게 될 것이다.

선과 악에 대한 이해

선을 행하고 악을 멀리해야 한다는 너무나 익숙한 이 기본적 이데올로기의 절대성에 문제를 제기하는 것이 얼마나 지난한 일인지 두말할 필요조차 없을 것이다. 우리가 선을 중시한다는 것은 그 이면에 악의 존재를 전제로 한다. 우리가 선을 선택하는 것은 우리의 의식 속에 악이 병존하고 있음을 증명하는 것이다. 즉, 당신은 선과 악을 동시에 가지고 있다. 우리가 선이 좋은 것이라는 의식은 그 전제조건으로 마음속에 악을 가지고 있기 때문이다. 이것은 원래 세상에 선과 악이 있는 것이 아니라, 우리가 세상을 경험하는 이데올로기인 우리의 의식이 선과 악을 구분하고 있음을 인정해야 한다.

우리의 이성이 하는 일도 바로 현실을 끊임없이 더 작은 조각들로 나누고 그것들을 구분해내는 것이다. 그래서 우리는 한쪽을 선택하는 동시에 그 반대쪽을 부정한다. 알다시피 대

립하는 것들은 서로 배치되기 때문이다. 하지만 우리는 부정할 때마다, 배제할 때마다 매번 우리의 온전하지 못한 이데올로기 상태로 빠져들고 단단하게 콘크리트화 한다. 이는 산짐승이 덫에 걸리거나 구덩이에 빠져 있는 상태와 같다. 장님이 코끼리를 만져보고 각자의 견해를 달리 말하는 것과 다름 아니다. ─뤼디거 달케 외, 『마음과 질병의 관계는 무엇인가?』, 염정용 옮김, 한언출판사, 2020, 31~33쪽

이웃 나라와의 전쟁이 발생한 경우, 우리나라가 선이고 상대국은 악이지만, 상대국 국민들 입장에서는 그 반대일 것이다.

선 또는 악은 오로지 우리 의지에 의한 행위가 법칙에 합치하는가, 불합치하는가에 따라 정해지며, 이로써 우리의 행위는 법칙(이데올로기)을 만든 자의 의지와 권력에 따라 선 또는 악이 된다. ─존 로크, 페터 쿤츠만 외, 『철학도해사전』, 여상훈 옮김, 들녘, 2016, 245쪽

이제 우리는 선과 악을 구분하는 이데올로기가 지금까지 우리가 생각했던 단순한 흑백논리가 아닐 수 있음을 추적해보자. 조로아스터교는 "세상 사람들은 모두가 선하며, 그로부터 어떤 악도 기원하지 않는다"고 사유한다. 선과 악은 분명한 근원이 있는데 선(asha)은 창조행위이며 악(druj)은 창조를 파괴하는 행위

이다. 선은 현상을 지속하려는데 반해, 악은 기존의 있는 어떤 것을 파괴하는 것일 뿐 나쁜 것과는 무관하다고 한다. 따라서 선과 악은 물질세계에서 일어나는 것이 아니라 인간의 마음에서 일어나는 것임을 알 수 있다. 세월이 흐르면서 와전되어 세상을 선과 악의 이원적 대결의 장으로 이데올로기화했다는 것이다.

맹자와 순자는 전혀 상반되는 성선설과 성악설을 인간의 본성으로 제시하고 있는 것도 인간의 심성 중에는 이 두 가지가 병존해 있음을 유추할 수 있다. 고자는 인간의 본성은 근본적으로 선하지도 악하지도 않기에 도덕이란 우리의 외부에서 인공적으로 덧붙여진 것, 즉 이데올로기에 불과하다고 하여 앞의 두 사람 의견을 반박한다.

중국 사상의 2대 주류인 유가와 법가는 통치술로 전혀 다른 방법을 제시한다. 유가 경전인 중용에는 수신의 수단으로 효(孝), 제(悌), 신(信)을 제시하고 이것으로 나라를 다스릴 수 있다고 하고 있지만, 법가는 이를 정면으로 부정한다. 법가는 나라를 다스리려면 오히려 불효, 부제, 불신해야 한다고 하였으며, 유가가 작은 것을 다스려야 큰 것을 다스릴 줄 안다고 하였지만, 법가는 그 반대의견을 제시한다.[126)]

니체는 선은 그리스 귀족의 덕이었고 악은 노예가 귀족의 도덕에 대해 가졌던 시기나 질투에 불과하다고 주장했다. 즉 선과 악은 강자와 약자 간의 다툼에서 생겼을 뿐, 절대성이 없는 상대적 가치에 불과하다는 것이다. 그에 따르면, 한 개인의 세상에 대한 견해나 관점은 궁극적으로 자기 이익의 측면을 반영할 뿐이다. 원래 귀족의 도덕은 공동체의 위험에 대비한 모험정신, 과감성, 복수심, 교활함, 탐욕, 지배욕 등과 같이 사회적으로 유익한 역할(물론 우리 입장에서 유리함을 말한다)을 하는 의식으로서 조직체를 위하여 더 강하게 단련시키고 육성해야 할 미덕인데 악으로 변해버린 것이다. 이러한 귀족 도덕은 공동체를 위협하는 것들에 대항하기 위해 필요한 것이었으나, 사회의 안정은 용기, 희생 같은 적극적 덕목의 소용이 사라지고 오히려 위험한 것으로 여겨져 결국 부도덕한 것으로 낙인찍힌 것이라고 한다. 결과적으로 정반대되는 나약함 등과 같은 성향은 도덕적 명예를 얻게 되었으며, 이들 성향의 떼거지 본능은 점차 자신의 결론을 선으로 굳혀 나가게 된 것이라고 진단한다.[127]

오늘날에는 어떤 의견이나 상태, 정념, 의지, 재능 속에 공동체를 위협하고 평등을 위협하는 요소가 얼마나 많이 혹은 적게 포함되어 있느냐가 도덕적 판단 기준이 되었다. 결국 고상하고 독립적인 정신, 뛰어나게 세련된 의지, 강한 이성은 사회에서 위험한 것으로 간주된다. 다시 말하면 위험 시대에 필요했던 성격적 가치가 안정 시대에는 오히려 악이 되는 결과로 전환된 것이다.

니체의 관점을 유추해 본다면 고대가 귀족과 노예 간의 대립이라면, 중세 기독교 세계에서는 기독교와 비기독교 간 대립이고, 이후 마르크스의 노동자와 비노동자 간의 문제가 선과 악의 대립이라는 이데올로기로 흘러왔다고 해도 과언이 아니다. 지금 우리는 그러한 선악 구별을 합리적으로 인정할 수 있는가를 숙고해야 한다. 이처럼 선과 악의 대립이란 없었으며, 시대나 환경조건에 따라 변할 수 있는 유동적 이데올로기에 불과한 것임을 알 수 있다. 좀 더 원색적으로 보면 자기에게 유리하면 선이 되고 그렇지 않으면 악이 되었을 뿐이다.

의식의 양극성은 행동할 것인가 말 것인가에 대한 선택 여부를 종용하고 행동으로 옮길 수 있는 두 가지 가능성을 내세우면서 우리가 계속 무관심하게 있지 않으려면 결정을 내리지 않을 수 없게 한다. 항상 두 가지 가능성이 주어지지만, 우리는 그 순간 한 가지만 실현할 수 있을 뿐이다. 그러므로 우리가 어떤 행동을 할 때마다 매번 그 반대쪽 극의 가능성은 실현되지 않은 채 남게 된다.

우리는 매일 집에 남을 것인지, 나갈 것인지 선택하고 결정해야 한다. 또한 일할 것인지 놀 것인지, 아이를 낳을 것인지 피임을 할 것인지, 돈을 받기 위해 소송을 할 것인지 포기할 것인지, 적을 사살할 것인지 살려둘 것인지도 마찬가지다. 선택을 앞둔 괴로움은 우리가 가는 곳마다 따라다닌다. 우리는 결정을 피할 수 없다. 왜냐하면 행동하는 것부터가 이미 행동하지 않는 것에 반대하는 결정이고, 결정을 내리지 않는 것도 결정을 내리는데 반대하는 결정이기 때문이다.

이처럼 우리는 결정을 내리지 않을 수 없기에 합리적으로 올바른 결정을 내리기를 원하며 그러기 위해서는 평가 기준이 필요하다. '인류의 존속을 위해 아이를 낳아야 한다. 적들이 우리의 자녀들에 위험하므로 그들을 사살해야 한다. 건강을 위하여 채소를 많이 먹어야 한다.' 이러한 기준들은 외견상 유익하고 합리적인 것 같다. 그러나 이에 대해서도 이의는 계속된다. 인구가 너무 많아 피임을 해야 한다. 적들도 인간이기 때문에 죽여서는 안 된다. 건강에 좋은 고기를 많이 먹어야 한다. 이러한 가치 체계 또한 타당한 이유가 될 수 있는 것이다. 결국 무엇이 좋고 나쁜 것인지에 대해 모든 사람이 동의하는 이데올로기는 있을 수 없다는 결론을 얻게 된다. ─뤼디거 달케 외, 같은 책, 56~57쪽

이 딜레마에서 벗어나는 유일한 방책은 양극성 속에는 절대적으로, 즉 객관적으로 선한 것이나 악한 것, 옳은 것이나 잘못된 것은 존재하지 않는다는 원칙을 깨닫는 수밖에 없다. 스피노자의 말처럼 "우리는 선이라고 판단하기 때문에 지향하고, 노력하고, 원하고, 추구하는 것이 아니라 반대로 우리가 어떤 것을 지향하고, 노력하고, 원하고, 추구하고, 욕구하기 때문에 그것을 선이라고 판단한다"는 것을 알아야 한다.[128]

세상의 일은 원래 그렇게 되어야 하고, 또한 원래 그렇게 되어서는 안 되니 퇴치되고 제거되어야 마땅한 것으로 나뉠 수 없다. 옳고 그른 것, 선과 악, 신과 악마 사이의 화해할 수 없는 대립

관계에서 생겨난 이 이원성은 투쟁에서 벗어나게 하는 것이 아니라 그 속으로 더욱 깊이 끌어들이기만 할 뿐이다. 양극단의 어느 한쪽에 선다는 것은 판단 오류이자 감정 낭비다. 해결책은 수용적인 자세와 상대적 관점을 갖는 것이다.

道可道 非常道, 命可名 非常名(도를 도라고 이름하면 그 도는 이미 도가 될 수 없다는 것으로, 인간이 지켜야 한다고 기준을 정하게 되면 그것은 이미 이데올로기가 되어 폭력으로 작용한다는 것을 말한다.) ―노자도덕경, 제1장, 필자 주

시계추 진동자의 균형

경계에 선다는 것은 그곳이 에너지의 균형이 잡히는 곳으로서, 그곳은 태풍의 눈과 같이 완전한 평화가 있는 곳이기 때문이다. 물리적으로 본다면 시계추의 진동자, 돛단배의 흐름과 같은 것이다. 마이클 싱어의 돛단배론을 정독해보자.

바람이 없을 때 바다에 나가는 경우가 한 극단의 예이다. 바람이 없으면 배는 움직이지 않는다. 바람이 심하게 불 때 돛이 없는 경우도 한 극단이 된다. 이번에도 배는 움직일 수 없다. 돛배는 다양한 힘들이 상호작용하기 때문이다. 바람과 키와 돛을 맨 밧줄의 탄력이 매우 복잡하게 서로 얽힌다. 바람이 부는데 돛을 너무 느슨하게 달면 아무 소용이 없다. 너

무 팽팽하게 당기면 배가 뒤집힌다. 바람을 제대로 받으려면 아주 적당하게 당겨줘야 한다. 바람의 힘을 받는 돛의 중심부가 적당히 팽팽해야 한다. 너무 많아도 안 되고 적어도 안 된다. 그곳은 소위 스위트 스폿이다. —마이클 싱어, 『상처받지 않는 영혼』, 269쪽

인간사는 가변적이고 유한하다. 그리고 세상의 이치는 항상 변한다. 따라서 인간이 만든 이데올로기는 확정적이지 않다. 그러므로 단지 시간과 상황의 변화에 따라 다르게 대응할 수 있는 자가 진정으로 지혜로운 자다.

첨단의 경계에 선다는 것은 의식지도 상 가장 높은 평화, 깨달음의 경지이며, 또한 공의 세계이다. 완전한 이곳은 현실 세계에서 이루어질 수 없는 무한의 세계이자 이상향이기도 하다. 인간은 실존적으로 경계선을 거칠게나마 법, 도덕, 윤리, 양심, 전통, 문화 등으로 정하지만, 이러한 이데올로기는 상황에 따른 유동성이 매우 강한 현실을 객관화하는 데는 커다란 한계가 있을 수밖에 없다. 그럼에도 우리는 늘 한쪽 극을 독차지하려고 반대쪽 극을 몰아낸다. 이 세상의 어떤 극을 몰아낸다는 것은 모든 것을 물리치는 것이다. 왜냐하면 각 부분은 제각각 전체를 대변하고 있기 때문이다.[129]

역사적으로 가장 위대한 군주를 뽑으라면 칭기즈칸, 진시황, 알렉산더대왕이 순위에 들어가게 된다. 그렇다면 역사상 가장

최악의 폭군은 누구일까? 놀랍게도 칭기즈칸, 진시황, 알렉산더 대왕의 순서로 뽑힌다고 한다. 어떤 이데올로기든지 대립물은 동전의 양면과 같다. 이것은 어떤 이데올로기에도 집착해서는 안 된다는 것을 말해준다.

당신의 마음은 세상을 인식한 결과이다. 물리적 존재인 행복 객체에는 선과 악이 없다. 우리는 우리가 행복객체를 인식한 개념의 어느 한쪽에 선과 악의 딱지를 붙인다. 따라서 우리의 마음에 선과 악이 병존하고 있다면, 당신은 이미 선과 악의 세상을 마음속에 지니고 있다는 것을 의미한다.[130] 세상이 당신 속에 있다면 악은 당신의 적이 될 리가 없다. 악은 자신의 또 다른 측면일 뿐이다.

자아의 모든 면은 사랑과 자비의 대상이 될 가치가 있다. 모든 양면은 삶에 필수적이며 아무것도 배제되거나 암흑 속으로 버릴 만한 것은 없음을 의미한다. 모든 구원의 길은 어느 한쪽에서 벗어나 사랑으로 가는 통일성이다. 당신이 완전한 경계까지 가는 건 어렵더라도 가까이 가려는 노력으로 충분히 행복해질 수 있다.

다음 사례는 오래전에 우리나라 서점가를 휩쓸었던 마이클 샌델의 『정의란 무엇인가?』에서 인용한 사건 사례다. 매우 극단적 사례지만, 당신이 재판장이라면 어떤 판결을 하겠는가?

1884년 여름, 영국 선원 네 명이 작은 구명보트에 올라탄

채 육지에서 1,600킬로미터 떨어진 남대서양을 표류했다. 이들이 타고 있던 마뇨네트 호는 폭풍에 떠내려갔고, 구명보트에는 달랑 순무 통조림 캔 두 개분, 마실 물도 없었다. 토머스 더들리가 선장이었고, 에드윈 스티븐슨은 일등 항해사, 에드먼드 브루는 일반 선원이었다. 신문은 이들이 "모두 훌륭한 사람들"이었다고 전했다. 네 번째 승무원은 잡무를 보던 열일곱 살 남자아이 리처드 파커였다. 고아인 파커는 긴 항해를 떠나기는 이번이 처음이었다. 파커는 친구들의 충고도 무시한 채 "젊은이의 야심을 품고 희망에 가득 찬" 항해에 참가했고, 이번 항해로 남자다워질 수 있으리라 생각했다. 안타깝게도 현실은 그렇지 못했다.

구명보트를 타고 표류하던 네 선원은 수평선을 바라보며 지나가던 배가 구조해 주기를 기다렸다. 처음 사흘 동안은 순무를 정해놓은 양만큼 조금씩 먹었다. 나흘째 되던 날은 바다거북을 한 마리 잡았다. 이들은 바다거북과 남은 순무로 연명하며 며칠을 더 버텼다. 그리고 여드레 되던 날 음식이 바닥났다. 이때까지 파커는 구명보트 구석에 누워 있었다. 다른 사람의 충고를 무시하고 바닷물을 마시다가 병이 난 탓이다. 곧 죽을 것만 같았다. 고통스럽게 하루하루를 보내다가 19일째 되는 날, 선장 더들리는 제비뽑기를 해서, 다른 사람을 위해 희생할 사람을 정하자고 했다. 하지만 브룩스가 거부하는 바람에 실행에 옮기지 못했다. 다음날도 배는 보이지 않았다.

더들리는 브룩스에게 고개를 돌리라고 말하고는 스티븐슨에게 파커가 희생되어야 한다고 몸짓으로 전했다. 더들리는 기도를 올리고, 파커에게 때가 왔다고 말한 뒤 주머니칼로 파커의 경정맥 급소를 찔렀다. 양심상 그 섬뜩한 하사품을 거절하던 브룩스도 나중에는 자기 몫을 받았다. 나흘간 세 남자는 남자아이의 살과 피로 연명했다.

그리고 구조의 손길이 나타났다. 더들리는 일기에 그 일을 놀라우리만치 완곡히 기록했다. 24일째 되던 날, 아침 식사를 하고 있을 때 드디어 배가 나타났다. 생존자 세 명은 모두 구조되었다. 이들은 영국으로 돌아가자마자 체포되어 재판을 받았다. 브룩스는 검찰 측 증인으로 출석했고, 더들리와 스티븐슨은 재판에 회부되었다. 이들은 파커를 죽여 그를 먹은 사실을 순순히 자백했다. 그리고 어쩔 수 없었다고 주장했다. —마이클 샌델, 『정의란 무엇인가』, 이창신 옮김, 김영사, 2011, 51~52쪽

중용의 도

중용이란 용어는 한 번쯤 들어 봤을 것이다. 중용은 경계에 서기를 강조한 삶의 지혜이다. 동서고금의 수많은 현자가 삶의 지혜를 말하고 있으나 중용만큼 학문적이며 직접적이고 실천적 개념으로 통용되는 논리는 찾아보기 드물다.

중용의 논리는 아리스토텔레스의 중용, 불교의 중도, 자사의 중용이 대표적인 것들이다. 거의 동시대에 유사한 사유가 나왔

다는 것도 아이러니하다.

아리스토텔레스는 행복을 위한 실천적 방안으로 중용의 덕을 제시한다. 그는 중용을 "마땅한 때에, 마땅한 일에 대해, 마땅한 대상에게, 마땅한 목적으로, 마땅한 방식으로 삶을 행하는 지혜"로 설명하는데, 행위의 정도가 과하거나 모자라지 않는 상태이다. 말은 쉽고 나름대로 설득력이 있지만, 현장에서 실천하기란 쉽지는 않을 것이다. 중용은 합리적 선택을 내포하고 현명한 사람만이 결정할 수 있는 마음가짐이다. 중간이란 지나침과 모자람이라는 이데올로기에 함몰된 두 악덕 상태의 중간이다. [표 11]은 그가 제시한 중용의 현실적, 개별적 실천 기준이다.

[표 11] 아리스토텔레스의 중용의 덕

	악덕	중용	악덕
욕구	부족함	합리적	과도함
두려움	만용	용기	비겁
쾌락	무감각한 사람	절제	방탕(방종)
재산	인색	절약	낭비
명예	소심함	긍지	허영심
분노	기개없음	온유	성급함

*출처: 아리스토텔레스, 『니코마코스 윤리학』, 천병희 옮김, 도서출판 숲, 2020, 76-78쪽

모든 행위나 감정에 중용이 적용되지는 않는다. 아리스토텔레

스는 중용의 사례를 여러 가지 형태로 보여준다. 그 자체가 악덕인 악의나 파렴치, 무의미, 질투와 같은 태도는 중용의 상태가 없으니 행해서는 안 되는 것이다. 또한 간음, 도둑질, 살인은 악덕에 해당하지만 그 반대의 행위는 존재하지 않는다. 이처럼 그 자체가 악에 해당하는 행위는 지나치거나 모자라는 것과 관련지을 수 없는 것이다. 이 경우는 아예 중용의 과녁이 없거나 불가능하므로 중용의 덕이 적용될 수 없는 경우에 해당한다.

부끄러움은 좋은 덕은 아니지만, 이를 느낄 줄 아는 것은 진정한 덕이다. 이 경우에도 어떤 사람은 중간이 될 것이고 다른 한쪽은 지나친 사람이 될 수 있다. 무슨 일을 해도 부끄러워한다면 중용에 어긋나는 자세지만, 그 반대로 무슨 일을 해도 부끄러움을 모른다면 파렴치한 인간이 될 것이다.

중용은 때때로 양극단 중 한 극단에 더 가깝거나 가까워 보일 때도 있다. 예컨대 부족함과 과도함의 중용은 적합한 상태일 것이다. 이때는 부족함보다는 과도함 쪽에 치우친 것을 중용의 상태라 봐야 한다. 어떤 경우에는 지나침이 모자람보다 중간과 더 대립하고 어떤 경우에는 모자람이 지나침보다 중간과 더 양극적이기도 하다는 의미다. 예컨대 용기에 더 대립하는 것은 지나침인 무모함이 아니라 모자람인 비겁함이다. 그런가 하면 절제에 더 대립하는 것은 모자람인 무감각이 아니라 지나침인 방탕함인 것이다.

이것은 인간과 사물의 근본적 본성의 차이에 의한 것으로 각기 상황에 따른 개별적 지혜를 발휘할 필요가 있음을 말해준다. 과도함이나 모자람은 이런 형태로 서로 대립하지만, 양극단 간의 대립이 가장 심한 것은 분명하다.

중용과 양극단은 다른 측면에서 또한 다른 것들과 대립하게 된다. 양극단은 중간과 대립하고 양극단끼리도 대립할 수 있다. 이것은 마치 같은 것이 더 작은 것에 비교하면 더 크고 더 큰 것에 견주면 더 작은 듯하다. 중간 상태는 모자란 것에 견주면 지나치고 지나친 것에 견주면 모자란다. 즉 용감한 사람은 겁쟁이에 견주면 무모해 보이며, 무모한 사람에 견주면 겁쟁이로 보인다. 마찬가지로 절제하는 사람은 무감각한 사람에 견주면 방종으로 비춰지나 방종한 사람에 견주면 무감각해 보인다. 후한 사람은 인색한 사람에 견주면 낭비벽이 있어 보이지만 낭비벽이 있는 사람에 견주면 인색해 보인다. 그래서 어느 한 극단에 속하는 사람들은 중간에 있는 사람을 다른 극단 쪽으로 밀어낸다. 따라서 겁쟁이는 용감한 사람을 무모한 사람이라고 부르고 무모한 사람은 용감한 사람을 겁쟁이라고 부르게 되는 것이다. —아리스토텔레스, 『니코마코스 윤리학』, 천병희 옮김, 도서출판 숲, 2020, 80~83쪽

중용의 판단은 누가 얼마나 많이 어느 정도 벗어나야 비난받는지 결정하는 것은 쉽지 않다. 사안들 자체가 매우 개별적이

고 특별한 경우가 많기 때문이다. 그러므로 현실에서 매사에 중용을 선택하는 것은 무척 어려운 문제로 평소 많은 수련을 통한 지혜를 필요로 한다. 양극단의 하나는 정도에서 벗어나기 쉽고 다른 하나는 덜 하기 때문에도 선택 가능하며 그 반대 방향도 가능하다. 지나침이나 모자람 자체도 경험을 통해 중도를 알 수 있는 경우도 많을 것이다.[131]

부처님께서는 갖은 고생을 하며 불도에 정진하지만 그 깨우침 수준에 만족하지 못하는 제자 이십억이에게 다음과 같이 설한다. "지나치게 고행하거나 탐욕의 쾌락에 빠지지 마라. 두 가지 극단적 견해를 여의는 것이 곧 중도이다. 극단적 경지에 떨어지지 않으면 눈이 되고 지혜가 되어 자재롭게 선정을 이루며, 지혜로 나아가며, 깨달음으로 나아가고, 열반으로 나아갈 수 있다"고 하였다.[132] 그는 또한 이십억이에게 거문고의 소리남을 비유하여 중도의 원리를 다음과 같이 설명한다.

> 이십억이야 거문고 줄을 팽팽하게 조이면 소리가 잘 나더냐? 아닙니다. 소리가 잘 나지 않습니다. 그러면 줄을 너무 느슨하게 하면 소리가 잘 나더냐? 아닙니다. 너무 느슨해도 소리가 잘 나지 않습니다. 이십억이야, 조율을 알맞게 해야 음을 낼 수 있는 것처럼 수행도 역시 마찬가지다. 너무 지나치게 몸을 핍박해서도 안 되며, 그렇다고 너무 게을리해서도 안

된다. 수행자는 극단에 떨어지지 말고 중도를 취해야 한다. ─
정운 편역, 『경전숲길』, 조계종출판사, 2011, 106쪽

　이런 사유의 근저에는 어떤 이념이나 신념, 이데올로기가 너무 강화되면 헤어날 수 없음을 말하고자 하는 것이다. 이는 모든 것이 그대로 임에도 자기의 사고가 세상을 재구성하고자 하는 욕망이 고통의 원인임을 알려준다. 세상이 그대로 임을 말해주는 중국 송대의 청원 유신 선사의 말씀을 되새겨 보자.

　　이 늙은이가 삼십 년 전, 참선을 하지 않았을 때는 산을 보면 곧 산이고, 물을 보면 곧 물이더라. 선리를 깨치고 깨닫고 나니, 산을 보아도 산이 아니고, 물을 보아도 물이 아니더라. 이제 불법의 도리를 철저히 깨닫고 나서보니, 이전과 마찬가지로 산을 보면 산이요, 물을 보면 물이더라. ─필자 주

　때 묻지 않은 어린 시절에는 세상이 있는 그대로 보인다. 하지만 성장하면서 세상의 욕망, 권력과 우월감의 이데올로기가 프로그램화하면 원래 필드의 본 모습은 사라지고 서로가 대치하는 양극단의 모습이 세상인 것처럼 보인다. 세상을 있는 그대로 보지 않고 자신의 이데올로기 안경을 통해서 보는 것이다. 산은 산이 아니고 물은 물이 아니게 된 것이다. 그러나 세상에 대한 이런 이치를 얻고 나면 세상은 실제 있는 그대로 무심하게 보일

뿐이다.

　공자의 손자 자사도 삶의 실천적 자세로 중용의 도를 제시했다. 중용은 책의 이름으로 책 전반에 걸친 교훈 자체가 곧 중용의 도를 펼치고 있으나, 중용의 의미를 구체적으로 설명하고 있지는 않다.

　중용은 평상(平常)의 개념으로 어느 한쪽에 치우치거나 모자라지 않고(時中), 다소 어리석은 것 같으나 일정하여 변함이 없는 경지를 가리킨다. 한 방향으로 치우침이 없는 상태란 아리스토텔레스의 중용이나 불교의 중도와 같은 개념이다. 중용의 태도는 오직 현명한 자(君子)만이 취할 수 있다고 하였으며 소인은 마음에 두는 것이 편벽되거나 치우쳐서 일을 행할 때도 지나치거나 미치지 못하여 중용하기 어렵다고 한다.[133] 즉 전개 상황을 장악할 수 있는 능력이 되지 않고서야 무슨 중용의 가치가 나올 수 있겠는가, 현대의 수많은 정치적 대립과 시민의 무지는 바로 이 상황이다. 이런 경우에는 중용이 아니라 침묵이 금이 된다.

　중용의 도를 실행할 수 있는 자라면 현실적으로 자기 주체성이 철저히 확립된 후에야 가능한 품성이다. 균형을 중시하는 중용은 방법적으로 관점주의를 표방한다. 경직된 원칙이 따로 있는 것이 아니라 상황에 따라 최적 가치를 찾는 게 중용이다. 대립하는 것들 사이에서 연결점을 찾고 그것들의 조화를 끌어내는 것을 말한다. 중용은 말 그대로 가운데지만 그 '가운데'는 변

치 않는 중간점이 아님을 알아야 한다. 다음은 중용 제14장을
통해 그 도의 수준을 사유해 보자.

> **부귀는 부귀대로 행하며, 빈천은 빈천대로 행하며, 오랑캐
> 는 오랑캐대로 행하고, 환란에 있어서는 환란대로 행하니, 군
> 자는 들어가는 곳마다 스스로 얻지 못함이 없다. 윗자리에 있
> 으면서 아랫사람을 업신여기지 않으며, 아랫자리에 있으면
> 윗사람을 찾지 않으며, 자기를 바르게 하여 남에게 구걸하거
> 나 원망하지 않으니, 하늘도 아랫사람도 허물하지 않는다. —**
> 증자, 자사, 『대학, 중용』, 김원중 옮김, 휴머니스트, 2020, 173쪽

중용은 모순마저도 포용하며 초월한다. 어느 한쪽을 개조하기
보다는 있는 그대로를 인정하고 조화에 무게를 둔다. 매우 가치
있는 성찰이다. 사실 무한경쟁을 인정하는 현대 물질문명 사회
에서 가장 큰 병폐는 갈등이다. 가족 간, 노사 간, 빈부 간, 보수
와 진보 간 갈등은 국가공동체 미래를 어둡게 할 정도로 첨예하
게 치닫고 있다. 그래서 '중용철학'은 시사하는 바가 크다. 중용
은 "군자는 자기 자리를 바탕 삼아 살되 자기밖에 대고 무엇을
바라지 않는다. 자기를 바르게 할 뿐, 남한테서 구하지 않는다.
그래서 원(怨)이 없으니 위로는 하늘을 원망하지 않고 아래로는
사람을 탓하지 않는다"고 한다.[134]

2 소유적 삶에서 존재적 삶으로

소유지향의 삶은 돈, 명예, 권력에 대한 탐욕이 인생의 지배적 주제인 삶을 말하며, 존재적 삶이란 재물에 대한 욕심을 버리며, 소유하려고 욕망하지도 않으며 있는 그대로의 삶을 즐기고, 자기의 재능을 생산적으로 사용하며, 세계와 하나 되는 삶의 태도를 말한다.[135] 경계에 서는 삶이 이데올로기를 초월하여 사물 자체를 관조하는 태도라면, 소유적 삶에서 존재적 삶으로의 이동은 기존의 욕망 이데올로기 자체를 수정, 변경하는 자세다. 왜냐하면 소유적 삶 자체가 거의 욕망 이데올로기 덩어리로서 이를 제거해야 하며 존재적 삶으로 귀환할 수 있기 때문이다. 이것은 통상 부 이데올로기를 행복의 대상으로 보지 않는 이데올로기로 대체함을 의미한다.

현대인의 불안과 두려움의 원인은 바로 소유적 삶에서 유발된다. 우리는 자본교의 맹신자가 되었으며 부, 권력, 명예, 명성 등 사회적 지위를 향한 폭주 기관차로 변했다. 따라서 가진 것과 행복은 비례한다는 환상도 덩달아 커간다. 행복에 대한 설문의 주관자도 부를 행복의 목표로 전제하고 문항을 작성하는 실정이니 대부분의 설문 결과는 답이 정해져 있을 정도다. 그만큼 현대인들의 자본 이데올로기는 이미 삶의 실체가 되어 버렸다.[136]

소유한다는 것은 외부 대상에 대한 갈망이며 집착이다. 모든 것이 다 갈망의 대상이 될 수 있다. 우리가 일상에서 사용하는 물건들, 부, 의례, 선행, 지식, 사상, 친구, 연인, 건강, 여행경험, 미술품, 신, 자아 등 우리는 이들에 대한 사적 소유권과 지배권을 지위의 상징으로 여기고 이를 얻고자 자신을 쥐어짜며 이를 잃을까 봐 온갖 울타리를 친다. 즉 나의 정체성은 내가 가지고 있는 부와 같은 소유물과 소비하는 것 그자체가 되었다. 소유 양식의 삶은 이기적 심리로 경쟁을 당연시하며 사물을 변화하지 않는 무생명으로 여긴다.

존재적 삶은 삶의 중심이 부를 위한 일이나 과도한 물질의 소비, 신체적 쾌락이 아니라 정신적 사유에서 즐거움을 발견한다. 물욕에 초연하며 세상의 흐름과 자연의 소산 모습을 즐기며 인간의 움직임에 미소 지으며 세상에 의미와 가치를 부여하는 일에 기쁨을 느낀다.

두 양식의 삶은 세상을 보는 관점에서 매우 상대적이다. 소유적 삶은 선과 악의 양극성을 추구하는 것에 가까우며, 존재적 삶은 세상은 하나라는 단일성을 추구한다. 그러므로 극단적 소유 양식의 삶은 소크라테스의 악덕을 지향하게 될 것이지만, 존재적 삶은 중용의 도에 접근할 것이다. 소유적 삶은 자신을 위한 소유를 목적으로 함으로써 행위의 동기가 외적 힘과 내적 강박이 강하게 작용하여 얼핏 능동적으로 보이지만, 그 실체는 욕망에 이끌리는 수동적·노예적 삶이다. 존재적 삶에서 능동성은 나는 나 자신을 능동성의 주체로 경험함으로써 주인적 삶이자 이타적 의식으로 나타난다. 소외되지 않은 능동성은 무엇인가를 생산하는 과정이며 무엇인가를 생산하여 그 생산물과의 관계를 유지하는 과정이다. 이것은 또 내 능동성은 나의 힘의 현현이며 나와 능동성과 능동성의 결과는 일체라는 의미도 내포한다. 에리히 프롬은 이 소외되지 않은 능동성을 '생산적 능동성'이라고 하였다.[137]

이러한 능동성은 주인의식의 주체성과 창조성까지 동반하기에 행복 아우라가 현현된다. 이 두 양식은 행복의 가장 기본적 자세인 자유나 사랑, 창조성 측면에서도 상호간 매우 상대적이며 배타적이다. 재산을 소유하려는 욕망은 공공연한 혹은 은밀한 방법으로 타인의 것을 빼앗고 싶다는 욕망을 낳고, 삶을 타인에 대한 우위 속에, 자기의 힘 속에, 그리고 궁극적으론 정복하고 빼앗고 죽일 수 있는 능력에 의한다. 그것은 이기적이며 정직하지 못하기 때문에 창조성이 생길 여지도 적다. 그와 반대로 존재 양식의 삶은 경계에 서서 상대방이나 사물을 있는 그대로 보게 되며 그 결과는 사랑, 공유, 합일, 이타적 행위로 나타날 수밖에 없다.[138]

자신의 이데올로기에 대한 시각도 소유 양식인가 존재 양식으로 사용하는가에 따라 속성 자체가 달라진다. 소유양식에서의 이데올로기는 그냥 심어진 것으로 아무런 합리적인 증명도 없는 답이다. 그것은 공식이며, 확실성, 당위성만 가지므로 진리이자 확고부동한 지식처럼 보인다. 이것은 지식을 전파한 자들의 권력이 절대적이라고 생각하기 때문이다. 대중들은 게으르면서 확실성을 원하므로 이러한 이데올로기에 쉽게 감염되고 그것과 일체가 된다.

존재 양식에서의 이데올로기는 믿음이 아니라 하나의 내적 지향이자 태도이다. 그는 항상 이데올로기 자체를 점검하고 적용 여부를 가늠할 뿐 그곳에 종속되지 않는다. 그는 이데올로기의 논두렁 경계에서 양쪽을 바라볼 수 있는 시각을 견지할 수 있기 때문이다. 경계에 선 자는 자기 경험에 근거를 두었을 때 확신을 가질 수는 있으나, 외적 권위에 복종하는 근거는 부정한다.

결과적으로 소유양식의 삶은 어느 편에 서 있게 됨으로써 상대편과의 갈등과 모순을 피할 수 없다. 그럴수록 분노, 슬픔 등 부정적 감정은 커지는 환경을 만들게 된다. 반면에 존재 양식의 삶은 이데올로기 자체가 공동체 삶의 도구일 뿐이라는 본질에 주목함으로써 자신의 감정을 해치게까지 자기를 강제하거나 종속되기를 거부한다.

세상은 변했다. 이제 먹을 것은 풍족하고 추운 환경으로부터 열을 활용한 따뜻한 거주처는 일반화되었다. 우리의 안위는 이처럼 큰 질적 변화가 이루어졌는데도, 욕망의 무한함은 부와 지위에 대한 경쟁적 소유에 몰아넣고 있다. 남보다 더 큰 집, 더 맛있는 음식, 값비싼 명품 걸치기, 고급 차를 몰아야 행복해진다는 이데올로기에 함몰됨이 삶의 전부인 것이 당연하다는 정체성이 굳어졌다.

우리는 한편에서 일관작업의 벨트 컨베이어와 사무실의 일과가 주는 긴장을, 다른 한편에는 텔레비전, 자동차, 섹스, 여행 등의 소비가 대치하는 형국으로 개편되었다. 향락의 심화는 어느 순간 무료와 권태로 찾아오며 결국에는 고립과 무의미로 나타난다. 이러한 물질적 이데올로기는 정신적 전환 능력을 상실한 채 자아실현과 같은 다른 돌파구를 찾지 못하고 갈팡질팡하게 하거나 같은 길을 맴돌게 한다.

자산은 행복을 위한 윤활제 역할을 하지만 이 윤활제가 많으면 많을수록 행복해진다는 환상을 실현하기 위해 우리는 대부분의 시간을 욕망에 매진하며 시기, 질투, 분노 등 부정적 감정으로 자신을 학대하고 있다.

4장
감정

1. 감정의 성격

☐ 감정은 후천적 경험으로 구성된다

감정은 인간의 생각과 활동의 지향점을 향해가기 위한 방향타이자 과정 및 그 결과에 대한 느낌이다. 그중 긍정적 감정은 자기 인생의 경영 목표로서 최대화해야 할 삶의 결과물이다. 당신의 뇌는 필드의 활동에 대해 이데올로기와 협의 한 후 실행여부를 결정하게 되며, 이 과정에서 필연적으로 시시각각 호불호의 느낌, 즉 감정이 발생하게 된다.[139]

공포심은 극한 상황에서 우리가 살아남는 데 도움이 될 것이며, 역겨움을 느끼지 못하는 사람은 쉽게 중독되거나 질병에 취약할 것이다. 타인에게 호감을 느끼지 못하는 사람은 공동체에서 고립될 것이며 그 동정심을 모르는 사람은 타인에게 의구심과 당혹감을 불러일으킨다. 이러한 상황들은 결국 그에게 불편·부정적 감정으로 돌아오게 될 것이다.

인간의 감정처리는 다양한 삶의 현장에서 나타나는데, 요약하면 내가 무엇을 원하는가 아니면 내가 무엇을 피하고자 할 것인가의 둘 중 하나다. 즉 나의 감정에 도움이 되는 긍정적 감정과 그렇지 못한 부정적 감정으로 양분된다. 다시 말하면 당신이 이데올로기에 의거 자신의 기대나 선호에 근접한다면 긍정적 감정이 생길 것이며, 그렇지 않다면 부정적 감정으로 나타날 것이다. 또한 자신은 긍정적 상태라 하더라도 상대편의 분노나 불만족은 나에게 불편한 감정으로 회귀 될 수도 있다. 우리의 삶은 이러한 상황의 연속으로서, 당신의 지혜가 필요하며 지혜가 여의치 않다면, 스스로 자신의 감정을 조절해야 한다.

감정은 당신의 의식에서 느끼어 일어나는 슬픔, 기쁨, 좋음, 싫음 따위의 심리 상태로서, 생각이나 활동 중 마음의 기분, 느낌, 심정, 감회, 정서, 정조, 정념, 유감, 심사(心思) 등의 의미와 같이 사용된다. 우리는 통상 즐겁다, 기쁘다, 황홀하다, 나쁘다, 불쾌하다 등과 같이 선과 악, 좋다, 나쁘다와 같은 이원적 느낌만을 감정으로 생각하지만 이성적, 중립, 자부심, 편안함 등의 분위기 또한 감정에 해당한다. 즉 평온함, 무덤덤함, 정적인 중립의 기분도 감정의 범주에 의당 포함해야 한다. 지금 당신이 서재에 앉아 먼 산을 멍하게 바라보는 상황에서도 표현하기 쉽지 않은 감정의 상태에 있다고 볼 수 있는 것이다. 감정의 종류는 통상 천여 가지에 달한다고 한다. 우리는 이 중 몇 가지나 느끼고 사는지 생각해 볼 일이다. 앞으로 감정의 의미는 모든 느낌, 기분을 포괄적으로 대표하는 용어로 사용할 것이다.

박찬국은 "인간의 사고나 활동은 곧 기분과 대응하는데, 이것은 곧 감정이 모든 생각과 동시에 발생하며 생각의 동기이자 결과임을 말해준다"고 하는 것은, 우리 삶의 모든 행위가 감정과 병행하는 것을 의미한다.

> **우리는 항상 기분 속에 존재한다. 인간은 항상 어떤 기분 속에 존재하고 기분을 떠나서는 존재할 수 없다. 우리의 일상적인 기분은 대개 무덤덤하고 밋밋하기에 우리는 자신이 항상 기분 속에 존재하고 있다는 사실을 의식하지 못하는 경우가 많을 뿐이다. 그러나 무덤덤하고 밋밋한 기분도 기분이다.**
> —박찬국, 『삶은 왜 짐이 되었는가』, 21세기북스, 2017, 83쪽

그렇다면 과연 감정은 우리의 뇌 속에 선천적 지문이 있는 것인가, 아니면 이데올로기와 같이 환경적 조건으로 체화되는 것일까? 만일 감정이 선천적인 요소라고 한다면 행복을 위한 우리의 감정 관리는 매우 제한적일 것이며, 후천적으로 습득되는 이데올로기인 관념 덩어리의 일종이라면 그 반대에 해당한다.

갓 태어난 어린아이에게 불이나 야생동물이 두렵다고는 생각

되지 않을 것이다. 아이는 자라면서 부모로부터 불이 무섭다거나 깊은 물은 위험하다고 교육받으면서 그 위험을 숙지하게 된다고 봄이 타당하다. 아이는 깨어 있는 매 순간 눈, 귀, 코, 그 밖의 다른 감각기관으로 들어오는 잡다하고 애매모호한 정보를 흡수하게 된다. 이것들은 점차 종합 시뮬레이션을 통하여 특정한 감정의 사례로 집적되며 유사 사건끼리 범주화될 것이다.

이에 대한 최근 흔하지 않은 연구가 있다. 리사 펠드먼 배럿의 구성주의 이론에 의하면 감정은 후천적으로 만들어지는 것으로 "당신 주위의 세계에서 일어나는 일과 관련해 당신의 신체 감각이 의미하는 바를 당신의 뇌가 구성한 것"이다. 즉 감정은 자기 삶에서 습득한 프레임이다. 배럿은 감정은 삶의 과정에서 체득된 특정한 관념에 해당하는 것으로서, 감정도 인간 상호 간 동의한 경우, 즉 사회적 실제(social reality)라고 하였다. 감정이 사회적 실제란 말은 곧 감정도 이데올로기라는 것을 의미한다.[140]

감정은 문화에서 파생된 일종의 개념체계이다. 따라서 문화마다 감정의 상태는 다르다. 예컨대, 서양 문화에서 소중히 여기는 일부 감정 개념이 다른 문화권에서는 전혀 없는 경우가 있다. 예컨대 우트카 에스키모인에게는 분노라는 개념이 없다. 그리고 타히티인에게는 슬픔이라는 개념이 없다. 이 경우는 서양인이라면 특히 받아들이기 어려울 것이다. 슬픔이 없는 인생이라고? 정말로? 서양인이라면 슬픔이라는 표현을

사용할 상황에서 타히티인은 아픔, 곤란, 피곤, 시큰둥함 등의 감정으로 페아페아(peapea)라고 한다. —리사 펠드먼 배럿, 『감정은 어떻게 만들어지는가?』, 최호영 옮김, 생각연구소, 2017, 279쪽

감정을 구성주의에 입각한 사회적 실제라고 보는 것은 인간은 학습을 통해 감정의 표현 형태를 능히 바꿀 수 있음을 의미한다. 최근 수많은 사람이 이용하는 명상 등은 바로 자신의 부정적 의식 흐름을 긍정적 마인드로 바꾸는 중요 수단이다. 우스펜스키는 "방법만 제대로 동원하고 노력을 적절히 기울이기만 하면 인간은 자신의 의식을 통제할 수 있는 능력을 확보할 수 있으며, 또한 스스로 자각하는 존재가 될 수 있음"을 강조하고 있다.[141] 의식을 통제할 수 있다는 것은 선천적으로 고정된 것이 아니라 후천적으로 습득된 것임을 말해준다.

결국 감정이란 기본적으로 부모로부터 얻어지는 개별적 성격도 있어 선천성을 부정할 수는 없을 것이나 근본적으로 타고난 선험적인 것은 아니다. 대부분의 감정은 당신이 후천적으로 느끼는 모든 것은 당신의 지식과 과거 경험을 바탕으로 수행된 예측에 기초하여 형성된 것으로 볼 수 있다.

당신은 당신 경험의 설계자다. 감정은 당신의 경험으로부터 나온다. 그것은 활동의 동기로 작용하는 삶의 기준과 동전의 양면을 이루는 관념의 다발이자 이데올로기다. 다시 말하면 머릿

속 관념 덩어리 중 일부가 감정 관념이다. 물론 이것은 관념 덩어리인 이데올로기와 물리적으로 분리되는 어느 한쪽을 의미하는 것은 아니며 단지 행복이란 목표를 위한 기능적 분류일 따름이다. 우리의 행복 DNA는 감정상 이 기분이 좋은 방향으로 활동을 유도할 것이며 이것은 당신의 코나투스를 높이고 행복량을 증가시킨다.

② 감정의 기능[142]

감정의 기능은 당신이 원하는 바를 생각하도록 자극하며 활동 영역을 배치하도록 유도한다. 리사 펠드먼 배럿은 감정을 기본적인 기능과 대외적 표출 기능으로 구분한다. 기본적 기능은 당신만의 문제로 남들이 알 수 없는 주관적 실제에 해당하는 사건에 대한 감정을 말한다. 당신이 지금 숨을 빠르게 쉬면서 땀을 흘리는 상태를 가정해보자. 그 하나는 감정이 지금 상태에 대한 의미를 표현하는 것이다. 당신은 지금의 자신을 들떠 있는 상태나 불안한 상태 혹은 몸이 기력이 다한 상태 등으로 의미를 표상하게 된다. 이 의미는 당신의 이러한 신체 상태에 대한 당신의 과거 경험, 학습 등 이데올로기에 기초한 당신의 현재를 대변하고 있는 것이다.

또 다른 기본적 기능으로는 지금 상태에 대하여 행동을 결정하는 동기 역할이었다. 들뜬 마음으로 웃어야 하는가? 겁에 질려 달아나야 할 것인가? 아니면 편히 쉬어야 할 것인가? 등 추가적으로 어떤 행동을 재촉하는 기능을 수행한다. 이 경우 당신의 신체는 이에 대응한 행동 즉, 손을 내밀어 반가움을 표시한다든지 달아날 준비를 한다든지, 낮잠이 필요하다든지, 이를 위하여 호르몬 조절을 하는 기능을 하게 될 것이다.

그러나 행복을 위한 감정관리의 주요 기능은 대외적으로 표출하는 기능이다. 이 기능은 상대편과 소통을 위한 목적과 영향력을 행사하기 위한 것 등으로, 즉 나의 상태가 이러이러하여 기분이 좋다거나, 불쾌하니 그에 따른 적절한 조치를 원한다는 의사표시를 전달하고 영향력을 행사하는 것이다. 이러한 과정은 당신의 행복을 위하여 가장 중요한 기능으로 이 책에서 다루고자 하는 것도 바로 이 기능이 중심이 된다.

마이클 싱어는 대외적으로 표출하는 감정은 "과거의 경험에 따라 마음을 열거나 닫도록 프로그램화되어 있다"고 한다. 과거 경험 관념은 우리 안에 계속 남아서 현재의 여러 경험을 자극한다. 그것이 부정적 인상이라면 마음을 닫고 반대로 긍정적 인상이라면 마음을 열게 된다는 것이다. 마음을 닫는다는 것은 이를 억제하여 가슴에 숨기는 것이다. 즉 감정 에너지가 자연스럽게 흐르지 못하고 갇힌 상태가 된다고 한다.[143] 저장된 에너지는 삶의 역량인 당신의 코나투스를 약화하고 평균적 의식 수준을 떨어뜨릴 것이다. 이것은 점차 커져서 압력이 되어 폭발할 때를 기다릴 수도 있다. 폭발은 에너지 해소는 될 수 있으나 위험한 폭발로 나타나기 쉬우며, 폭발 직전까지는 지속적으로 불쾌한 감정에 싸여있게 됨으로 당신의 행복량을 부단히 축소하게 될 것이다.

감정 에너지는 평소 가슴을 열고 즉시 자연스럽게 순환토록 하는 것만이 최선이다. 그러려면 매 일상 중 벽을 깨고, 가슴을 열어젖히고 모든 사물, 모든 사람을 받아들여야 한다. 부정적 감정의 가장 큰 문제는 그것이 신체적 건강과 직접 관련되는 문제라는 것이다.[144]

인간의 의식에는 항상 선과 악이 병존하고 있다. 우리가 의사결정을 할 때 선이라 판단되는 선택지를 채택하면 악이라고 판단되는 선택지는 거부되어 의식에 깊이 잠긴다. 거부된 선택지는 즉시 가슴을 열고 배출해야 하지만 가슴에 남아 깊숙이 저장된다. 가슴을 닫아서 저장된 관념은 쌓여서 당신의 의식 수준을 만들고 삶의 그림자로 어른거리게 될 것이다. 자신의 의식이 경험하기를 거부하는 이데올로기는 점차 쌓여서 때로는 정신에서 몸으로 밀려와 증상과 질병으로 표출된다.[145] 우리의 일상에서 발생하는 부정적 감정이 배출되지 못하고 의식의 저변에 잠재함은 어느 순간에 몸의 질환으로 변용된다는 것을 의미한다.

③ 감정과 질병

감정이 인간의 질병과 연관된다는 연구는 매우 흔하다. 인간을 기계로 보는 서양학을 장착한 우리는 정신과 질병의 연관성을 믿지 않으려 한다. 그러므로 질병이 심리학적 원인에 기인한다는 영성적 주장에 대해 거부감을 느낀다. 우리는 이제부터라도 마음과 질병 간의 연관성에 대하여 가슴을 열 필요가 있다.

뤼디거 달케는 싫어하는 사건이나 태도, 의식은 결국 정신에서 밀려 나와서 그 증상을 몸에 남기게 되는데, 이러한 증상은 자신이 거부하거나 싫어하는 가치를 경험하고 깨달을 것을 강요하는 외적 증상과 같은 것으로, 그것은 결국 그 사람을 온전하게 성장하도록 한다고도 한다. 뤼디거 달케의 이런 사고는 신체와 정신은 상호직접적 연관이 있을 뿐만 아니라, 주변 사람에게도 영향을 준다는 것을 말하려는 것이다.[146] 이러한 논리는 내 정신과 몸, 나와 타인 간의 에너지의 교환과 같은 것으로 도교의 기(氣), 인도철학의 샥티(Shakti), 서양의 영(Spirit)과 유사하다.

과거의 경험으로 이데올로기화된 프로그램은 긍정적 사건에 대해서는 마음을 열고 에너지를 받아들이지만 부정적 인상에 대해서는 마음을 닫게 된다. 세상 일이 항상 좋은 일만 있다면 이런 논의는 필요조차 없겠지만 우리는 늘상 어느 한쪽을 선택함으로서 감정이 발생하게 된다. 당신은 삶에서 발생하는 사건으로부터 매 순간 감정 에너지를 자연스럽게 받아들이고 배출한다면 마음을 여는 것이다. 그런데 우리는 현실이 우리의 기대에 못 미치면 후회, 수치, 분노, 슬픔 등 부정적 감정이 생겨, 즉시 배출하지 못하고 마음 속에 저장하는 것이 문제다.

> **어느 날 당신 주택의 경계에 울창하게 자란 나무를 옆집에서 경계를 넘어온 가지를 햇빛 차단 등을 이유로 베어버렸다고 하자. 그 나무는 집의 미관에도, 그늘 역할로도 탁월한 물건이었다. 화난 당신은 분노의 에너지로 당신 가슴을 채워 수일 내지는 수달 동안 생활이 엉망이 될 수도 있다. 당신 삶은 이 해소되지 않고 가슴을 지나가지 못한 사건과 다투어야 했고, 그 사건의 인상은 얌전히 남아 있으려 하지 않는다. 당신은 끊임없이 그것을 떠올려서 일상을 방해하는 자신을 발견할 것이다. 이것은 그것을 마음속에서 지나 보낼 길을 찾아내려는 발버둥이다. 이는 몸 어느 부위에 박힌 가시와 같다. ―**
> 마이클 싱어, 『상처받지 않는 영혼』, 내용 중 편집 발췌

그것은 가슴을 통해 풀려나려고 한다. 이것은 모든 감정을 불러일으키는 원인이 된다. 당신이 저항할수록 에너지는 뭉쳐져서 마음 깊이 쑤셔 넣어져서 때를 기다리는 마음의 흔적(범어: Samskara)이 된다. 이러한 정리되지 못한 덩어리는 우리의 삶을 부정적 감정으로 의식화할 것이다.

당신이 삶을 긍정적으로 산다는 것은 자신을 지나치는 순간들

이 좋건 싫건 다 경험하고 받아들이는 것에 있다. 받아들인다는 것은 어떤 감정의 에너지이건 가슴을 통해 자연스럽게 수용하고 배출하는 것을 말한다. 삼스카라의 축적은 신체에 영향을 주며 질병으로 전환된다. 현대인의 우울증은 이러한 병증의 대표적 하나이다.

노벨 의학상 수상자인 알렉시스 카렐 박사는 "걱정과 싸우는 방법을 모르는 사람은 단명한다"고 했다. 심지어 O.F. 고버 박사는 병원을 찾아오는 환자의 70%는 고민과 공포감에서 벗어날 수 있기만 하면 완쾌되는 질병을 앓고 있다고 말한다. 그렇다고 그들의 병이 상상에 의한 것은 아니다. 심한 치통부터 신경성 소화불량, 위궤양, 심장병, 불면증, 두통, 마비 증세 등이다. 걱정은 사람을 긴장시키고 혼돈을 가져와서 위신경을 자극하여 위액의 분비에 이상을 일으키고 때로는 위궤양으로 악화된다. 조셉 F. 몬터규 박사는 그의 저서인 신경성 위장장애에서 "위궤양의 원인은 음식물이 아니다. 인간의 마음을 좀먹는 그것이 원인"이라고 말했다. 또한 알바레트 박사는 궤양은 때때로 감정적 긴장의 강약에 따라 일어나기도 하고 가라앉기도 한다고 말한다. 미국의 위궤양 사망자가 전체 사망자 중 10위에 달하는데 이게 스트레스에 의한다면 스트레스와 감정 관리에 관한 연구가 드문 것은 희한한 일이다. 코넬 의과대학의 러셀 L. 세실 박사는 중풍에 있어 세계적인 권위자인데, 그는 중풍의 가장 큰 원인으로 ①결혼 실패, ②경제적 재난과 비관, ③고독과 걱정, ④오랫동안 품고 있는 원한의 네 가지를 들고 있다.

미국 병원의 침대의 과반수는 신경성 환자라고 한다. 이들의 신경을 현미경으로 들여다본들 일반인과 다를 게 없다. 그들의 신경 이상은 물리적 퇴화에 의한 것이 아니라 무능력, 실패, 고뇌, 공포, 패배, 절망 따위의 감정에서 일어난 것이다. 이러한 문제의 근본은 인간이 가지고 있는 공포와 걱정의 감정 가스의 과다와 이를 통제하지 못하는데 그 원인이 있다. **그만큼 감정 관리는 행복에 직접적인 영향을 미친다. 자살하는 사람들은 왜 죽을까? 걱정 때문이다.** —데일 카네기, 『카네기 행복론』, 최염순 옮김, 씨앗을뿌리는사람, 51~61쪽 중 발췌

최근 우리나라의 자살률은 다소 줄었으나 아직도 연간 일만 명 이상에 달하는데, 그 원인은 삶에 대한 걱정 때문이다.

2. 감정의 유형

사상사에서 인간의 감정 유형에 대한 철학적 인식이나 중요성

에 대하여 학문적으로 논의한 사례는 많지 않다. 근세에 데카르트는 감정의 유형과 특성 등에 대하여 저작을 남긴 것은 예외적인 일이다. 또한 스피노자도 감정의 유형을 비롯하여 감정의 성격, 쾌감과 고통, 감정의 원천, 코나투스 개념 그리고 감정의 형태 등에 관한 비교적 상세한 내용을 남겼다.

벤담은 최대 다수의 최대 행복이라는 국가적 목표 달성을 위한 기초 지표로서 감정을 도입하고 쾌락과 불쾌로 이원화한 후 인간의 삶에 활용할 의지를 수량화한 것은 매우 진보한 사고다. 그는 감정을 국가의 정책목표로 정하고, 평가방식을 제시하여 행복량의 산술화에 기여하였으나, 이후 그러한 사고는 더 이상 명맥을 이어가지는 못했다.

인간의 감정 문제가 본격적으로 연구 대상이 된 것은 프로이트의 정신 분석학 개설에 이어서 발달한 심리학적 논의가 본격화된 후의 일이지만, 지금도 감정은 행복학에서 보조적 테마로 여기는 경향이 강하다. 현재 감정 관리의 중요성에 대해서는 주류학계보다도 인도의 명상가, 불교철학, 서구 영성가들의 주된 관심사로 활성화된 실정이나 최근 다니엘 골먼이 감성지수(EQ)를 일반화하고 긍정심리학자들의 연구가 활발하게 이루어지고 있음은 고무적 현상이라 할 수 있다.

[표 12]는 데이비드 호킨스의 의식지도 상 분류를 기준으로 감정 유형을 범주화해 본 것이다.

[표 12] 감정(의식) 유형

유형		데이비드 호킨스	데카르트	스피노자	벤담	아들러	러셀	하이데거	달라이 라마	정도언
긍정적	초월적	평화								
		환희	경이 기쁨	기쁨 환희	쾌락	기쁨		경이		
		사랑	사랑	사랑		연민	애정			
		이성								
	적극적	수용	관대							
		자발성					열의 관심			
		중립	겸손							
		용기	용기							
부정적	적대적	자부심	질투	질투	고통			질투	질투	시기 질투
		분노	분노	증오		분노	피해 의식		분노	분노
		욕망	욕망	욕망						
		공포	공포	공포		공포		불안	불안, 두려움	공포 불안
	위축적	비관	슬픔	슬픔		슬픔	불행 의식			절망 좌절
		무의미					권태			우울
		죄책감	가책	죄책감		열등감	죄의식			열등감
		수치심				수치심				수줍음

* 이 비교는 관련 저술의 번역본에서 주로 논의된 감정을 유사한 부류로 범주화한 것임{르네 데카르트(『정념론』, 김선영 옮김, 문예출판사, 2019) / B. 스피노자(『에티카』, 황태연 옮김, 비홍출판사, 2014) / 벤담(『행복에 이르는 지혜』, 이정호, 방송대학교 출판부, 2017) / 알프레드 아들러(『아들러의 인간이해』, 홍혜경 옮김, 을유문화사, 2018) / 러셀(『행복의 정복』, 정광섭 옮김, 동서문화사, 2017) / 마르틴 하이데거(『존재와 시간』, 전양범 옮김, 동서문화사 2018) / 달라이 라마(『달라이 라마의 행복론』, 류시화 옮김, 김영사, 2001) / 정도언(『프로이트의 의자』, 인플루엔셜, 2016)}

Ⅰ 긍정적 감정

기논의 된 의식지도에서와 같이 데이비드 호킨스는 긍정적 감정으로 용기, 중립, 자발성, 받아들임(수용), 이성, 사랑, 환희, 평화, 깨달음의 9가지 의식을 에너지 수준에 따라 위계화하고 있다. 평화를 넘어선 수준은 깨달음으로 이 부분은 표에서 제외되어 있다. 긍정적 감정은 위력이나 강압적 특성의 부정적 감정을 넘어서 진정한 힘을 얻게 되는 고양된 감정들이다. 에고에서 참다운 나로, 에고에서 순수의식으로, 소유의 삶에서 존재의 삶을 지향해간다. 부정적 감정의 이기주의적 행동은 옅어지고 전체성과 사랑으로 향하는 과정의 감정들로서 궁극적으로는 깨달음을 향한다.

삶을 긍정적 감정으로 대할 때, 스트레스는 감소하고 창의력은 증가하며 신체 건강에도 유익하다. 당신이 평균적으로 긍정적 감정을 유지할 수 있다면 지혜를 발휘하여 일상의 문제를 순조롭게 해결할 수 있을 뿐만 아니라 건강에 문제가 발생하더라도 쉽게 회복할 수 있을 것이다. 아래 감정들의 특성에 대해서는 주로 데이비드 호킨스 박사의 의견을 중점적으로 인용하고자 한다.

적극적 감정

이미 의식지도에서 논의하였듯이 당신의 목표는 현재 당신의 평균적 의식 수준을 가늠해보고 지금보다는 더 높은 의식수준으로 향상시켜 세상을 보는 렌즈를 긍정함으로서 당신의 행복량을 크게 하려는 목적이다.

용기는 긍정적 감정의 시작으로 '할 수 있다', '하겠다'는 자세로 표출된다. 비탄이나 분노의 감정으로부터 탈출하면 곧 자부심을 느끼고 이 자부심은 용기로 이어진다. 용기의 수준에서 부정적 감정이 모두 다 사라지는 것은 아니겠지만, 자신이 그러한 감정을 통제할 수 있는 에너지를 충분히 가진 것과 같은 것이다. 용기는 삶의 중심이 자신에게 있으며 사고의 유연성은 강화되며 자주성이 자신의 제어 능력으로 자리 잡는다.[147] 이때 자의식이 활성화되어 삶의 의미와 가치를 중시하고 추구하면서 타자를 향한 사랑이 강화된다. 이 상태는 유머, 활기, 확신, 명확성을 가지게 된다.

중립(Neutral)은 결과에 집착하지 않으며 자기 의견을 강하게 주장하지 않는 상태다. 세상에 대한 집착을 거둔 상태로 조금은 게으른 듯하지만, 있는 모습 그대로를 인정하고 포용하는 태도를 가진다. 다른 감정들의 구체성에 비해 중립감정은 유동적 상태와 같다. 특정 감정에 고정되지 않는 유연성으로 중용, 겸손 등이 이에 해당한다. 선과 악, 좋음 나쁨의 이원적 의식에 대해 관점주의, 상대주의적 태도를 발현하며, 다원적 세상의 수많은 변수와 갈등을 필요악이나 인과(因果)로 파악하고 그 결과에 일희일비하지 않는다.[148]

중립은 편안하고 실용주의적이며 비교적 감정에 빠지지 않

는 삶을 산다. 강경한 입장을 고수하지 않고 비판을 삼가며 경쟁하지 않는다. ─데이비드 호킨스, 『놓아 버림』, 박찬준 옮김, 판미동, 2013, 58쪽

자발성은 열정, 관심, 자주성, 주체성 등의 감정으로 타인의 지시나 의지에 의존하지 않으며 자신의 흥미와 필요성에 따라 능동적 행동으로 나타나는 의식이다. 중립적 의식에 비하여 매사가 주체적이고 적극적이며 사회적 적응이나 개인적 성장이 빠르다. 어떠한 곤경에 처하더라도 남을 탓하거나 좌절하지 않으며 맡은 바 소임을 책임있게 처리하며 타인의 인정보다는 사회적 소명감을 우선한다.

자발성은 어떤 삶이든 긍정적 자세로 대하며 모두에게 호의적이고 협조적이며 누군가를 돕고 싶어 하고 무언가 봉사할 길을 찾는다. ─데이비드 호킨스, 『놓아 버림』, 58쪽

수용(받아들임)은 타자에 대한 관대함, 포용의 자세다. 세상을 왜곡하지 않으며, 전체 그림을 보되 균형, 비례, 적절성의 관점으로 바라본다. 받아들임은 대상의 어떤 것도 바뀔 필요가 없으며, 자신을 희생한다는 느낌 없이 상대방을 사랑으로 느끼는 것이다. 마음속으로 든든하고 넉넉하다고 느끼기 때문에 인심을 줄 뿐 보상을 바라지 않으며, 상대가 모자라더라도 비판하는 대

신 사랑하는 마음으로 바라본다.

이 감정은 도덕주의적 판단에 연연하지 않는다. 어떤 일이 가능하고 불가능한지 또렷하게 보일 뿐이다. 수용 수준에 있는 개인은 옳고 그름에 관심을 두는 대신, 쟁점 해결에 전념하고 문제 해결에 무엇이 필요한지 알아내는 데 전념한다. 남을 탓하지 않으며 자기의 길을 찾아 전진하는 들뢰즈의 노마드 정신과 같은 자세다.

받아들임 수준에서는 자기 내면의 잠재력을 최대한 실현하고 타인의 잠재력과 꿈을 양성하는 일에 도전한다. 이 수준에서는 정신과 영혼이 지닌 최고의 잠재력을 탐구하는 철학이나 과학, 영성 분야, 고전 등에 관심을 기울이며, 이미 가진 것이나 해왔던 일보다는 어떤 존재로 사느냐가 삶의 기준이다. 단기적 목표보다는 장기적 목표를 우선하며 자기통제에 능숙해진다.[149] 수용 수준부터 행복의 근원이 자기 안에 있다는 확신이 생기며 강력한 힘을 얻게 된다. 즉 행복은 나의 문제이며 외부의 어떤 것도 내 동의 없이는 나를 행복하게 할 수 없다는 의식이 생긴다.[150]

초월적 감정

초월적 감정은 이성, 사랑, 환희, 평화, 기쁨과 같은 감정들이다. 이 감정들은 어떤 상황에서도 가슴을 열 줄 알며, 부정적 감정의 에너지를 마음속에 두지 않고 자연스럽게 순환시킬 수 있는 의식들이다. 어떤 사건으로 야기된 감정이든 그 감정이나 삶을 밀쳐내거나 붙잡지 않고 그냥 자연스럽게 흘러가도록 하며 현재를 즐긴다.[151]

초월적 감정에는 사랑과 평화가 대표적으로 사랑은 행복한 상태를 나타내는 세 가지 특성의 하나로 이미 소개한 바 있다. 호킨스는 사랑과 평화를 고도의 의식 수준으로 보는데 사랑은 모든 만물에 대한 조건 없는 공감, 연민의 마음가짐으로 소유방식의 삶을 떠난 존재 방식의 삶에서 우러나온다. 사랑은 사랑을 가로막는 저항, 부정적 감정에 항복하고 편협한 자기를 놓아버릴 때 뿜어져 나오는 의식 상태이다.

사랑은 인간을 비롯한 모든 자연을 조건 없이 사랑함을 말한다. 무조건적이고 변치 않으며 영속적인 특성을 가진다. 그것은 외적인 요소에 의존하지 않기 때문이다. 자신은 물론 상대편을 치유하는 능력이 생기며 삶 자체의 패턴을 완전히 바꾸기도 한다. 사랑은 외부에 에너지를 내뿜어 주변 사람들조차 치유하고 바꾸는 원동력으로 작용한다. 생각과 행동이 자연발생적, 직관적 형태를 띠며 세상을 일체성으로 바라본다.

평화의 수준은 깨달음 전의 경지로 만물에 대한 사랑은 세상을 평화롭게 관찰한다. 갈등이나 부정성은 더 이상 없으며 만물은 사랑스러우며 고요하고 완성된 만족스러운 심적 상태이다. 활동은 유연하며 자연발생적이고 조화를 꾀한다. 세상에 대한 시각이 바뀌고, 내적 큰 나가 힘을 얻어 우주적 마인드로 변한다.

내적 평화의 의식은 더 이상 다른 사람으로부터 협박받거나 통제되거나 프로그래밍 되지 않는다. 세상의 이데올로기에서 자유를 얻는 것이다. 이 수준에서는 세속적 삶을 초월하여 어떤 위협도 상처가 되지 않음으로서 평범한 인간적 고통을 겪는 일은 더 이상 없다. 이러한 취약성의 기반 자체를 내려놓은 상태이기 때문이다.[152]

평화 수준에서는 노자의 '무위(無爲)면 무불위(無不爲)' 경지처럼 뭔가를 의도적으로 시도하지 않더라도 모든 것이 자연발생적으로 현현한다. 이 수준의 사람들은 영적 스승이 되거나 인류에 기여하는 자가 된다고 한다. 에크하르트 톨레는 사랑, 기쁨, 평화와 같은 초월적 감정은 일반적 감정 너머에 있어 일반 감정과는 차원이 다르다고 보았다. 존재의 심오한 상태, 보통 삶을 초월한 경지, 자신의 진정한 순수의식에 연결된 존재적 상태에 해당한다.[153]

② 적대적 감정

부정적 감정은 타인에 대한 적대감으로서 상대방을 처벌해 고통을 주었으면 하는 바람이 작용하거나 삶에 대한 의욕이 매우 위축된 감정들을 말한다.

부정적 감정은 에너지와 힘이 약하고, 생활 형편이 어렵고, 인간관계가 빈약하며, 뭐든 넉넉하지 않고, 사랑이 부족하고, 육체적으로나 정서적으로나 건강하지 않다. 궁핍한 사람들은 에너지가 약한 탓에 여러모로 주변의 기운을 빼앗는다. ─
데이비드 호킨스, 『놓아 버림』, 박찬준 옮김, 2013, 판미동, 60쪽

부정적 감정 중 적대적 감정은 데이비드 호킨스의 의식지도상 자부심, 분노, 욕망, 공포로 분류되는데 기본적으로 상대방에 대한 부정적, 적대적 모습을 보인다. 부정적 감정의 표출 대상은 타인이나 외부적 사물로 향하지만 비관·무의미 등 위축적 감정은 그 대상을 자기비하와 같은 자기 자신으로 회귀하는 경향이 강하다.

호킨스는 그의 의식 지도상 에너지의 세계평균을 207의 용기 수준으로 보고 있으나 전 세계인의 85%가 200 이하로 나타나는 것을 감안하면 지구인 대부분은 평균적으로 부정적 감정 그룹군에 해당한다고 판단할 수 있다.[154]

에너지 600인 사랑 수준 한 사람은 200 수준 이하에 있는 1천만 명의 에너지와 동일하다. ─데이비드 호킨스, 의식 혁명,
백영미 옮김, 판미동, 2011, 308쪽

자부심은 일, 능력, 행위 결과를 타인이나 타 집단에 대해 우월하다고 생각하는 감정, 의식, 태도를 말한다. 대부분의 부정적 감정은 모든 것을 경쟁 대상으로 보고 자신을 남과 비교하는 데서 출발하지만 자부심은 직접적이고 전면적이다. 자부심은 자신이 뭔가를 이루기 위한 결심이나 의지의 요소로도 기능한다. 하지만 그 근저에는 자기가 남보다 낮다는 우월감이 자리하고 있다.

부정적 감정에서 긍정적 감정으로 상승하기 위해서는 이 자부심을 뛰어 넘어야만 한다. 자부심 자체로는 능동적 에너지라고 할 수 있으나, 부정적 감정으로 분류되는 이유는 자신이 기본적으로 남보다 우월하다는 의식이 선행되는 점, 자기의 외적 조건으로 유지되는 점 등으로 외부적 공격에 취약하여 상처 입기 쉬운 상태가 될 수 있으며, 그러한 외적 조건의 변동은 쉽게 낮은 감정으로 추락할 수 있는 점이다.[155]

과한 자부심은 뾰족하게 돌출되어 공격받을 수밖에 없다. 자부심은 곧장 수치심으로 곤두박질칠 수 있기에 취약하고 성장의 한계로 작용한다. 자부심으로 말미암은 자기애는 자신을 객관적으로 보려고 하지 않아 극복과 성장을 제한한다. 결국 자부심은 겸허함, 겸손함과 함께 진정한 자신의 위상과 결합할 때에야 비로소 용기와 같은 긍정적 힘의 의식으로 상승할 수 있게 된다.[156]

자부심에 준하는 유사 감정에는 질투, 부러움, 시기 등이 있다.

질투는 '내 것이 아닌 다른 사람이 가진 것을 세는 기술'이라고 한다. 모든 부정적 감정과 같이 질투 또한 나와 타자 간의 비교에서 시작한다. 부러움과 시기심이 주로 물질적인 것에 대한 것이라면 질투는 통상 사람에 대한 것으로서 나에게 소중한 사람을 빼앗을지도 모른다는 두려움과 같은 것이다.[157]

질투는 소중한 사람을 잃어버리는 고통을 피하려다가 결국 사랑하는 사람의 자유를 억압하고 권리를 훼손하며 나를 떠나게 만든다. 질투는 결국 내가 그를 갖기를 간절히 원하는 동시에 실패로 끝날 것을 미리 알고 두려워하는 감정으로 실패할 수밖에 없다. 증오와 질투는 당신을 약하게 할 뿐만 아니라 능동적 활동을 억제할 것이다.[158]

시기심은 남이 잘된 것이나 잘되는 것을 싫어하고 미워하는 의식이다. 시기심은 평준화 전문가로 내 수준을 높일 수 없으면 남의 수준을 깎아내린다. 시기심의 사회에는 혼자 훌륭한 집에서 사는 것을 곤란하게 한다. 모든 사람은 똑같은 크기와 모양의 비슷한 집에 살아야 하며 남의 집이 조금이라도 크면 불만이 생긴다. 사회적 평등을 정의라고 주장하는 자들이 바로 이런 사람들이다. 큰 평수나 고가주택에 대한 과도한 세 부담 정책 등 부동산 정책은 시기, 질투를 이용한 대표적 정책이라 할 수 있다.[159]

시기심은 주체성과 자존감의 부족으로 나타나는데, 내부적으로는 열등감, 외부적으로는 분노로 표출된다. 타자가 나와 달리 운이 좋았다고 생각하거나, 노력의 결과라는 것을 인정하려 하지 않는 행태다. 쇼펜하우어는 질투는 인간의 자연스러운 본능 가운데 하나지만 부도덕과 불행의 가시를 품고 있다고 한다. 그래서 옛부터 질투는 우리들의 행복을 가로막는 적이자 죄악으로 간주 되었다고 한다.[160]

나보다 더 많은 것을 가진 자에 대한 시기심이 지나치면 자기의 미약한 노력과 과한 탐욕에는 눈을 감아버리고 사회적 불평등 문제에만 집착한다. 부의 균등한 분배에 열을 올린다. 물론 사회적인 평등 의식이야말로 중요하다. 하지만 실제 자신은 아무 행동도 하지 않으면서 자기의 시기심이나 사적 이익을 가리는 알리바이로 그런 태도를 견지하고 마치 정의인 양 나대는 경우가 허다하다.

분노는 자신의 타인에 대한 희생, 자부심, 기대 등의 정당성을 확보하고 이의 관철을 위하여 타자에게 강압적으로 대처하는 의식이다. 따라서 분노하는 자는 다른 사람에게 뭔가를 요구하고, 욕망하며, 고집하는 것으로, 이를 상대에게 강요, 압박하는 수단이자 그 과정이나 결과에 저항하는 것을 말한다. 분노는 복수, 격분, 질투, 적의, 짜증, 불만, 공격성, 혐오, 완고함 등으로, 조금 화가 난 상태부터 증오에 이르기까지 다양한 형태로 표출된다. 분노는 오해, 자만심, 불쾌 등의 감정이 누적되거나, 타인에 대한 부러움, 질투, 적의 등이 쌓여 발화하며, 울분, 증오, 복수심 등으로 발전한다.[161]

분노는 자기애의 상처가 흘리는 피라고도 한다. 맥코트 말라키는 "분노하며 원한을 품는 것은 내가 독을 마시고 남이 죽기를 기다리는 것과 같다"고 말했다. 자각하지 못하는 만성적 분노와 울분은 외부로 적절히 배출되지 못하게 되면 위협적 감정으로 추락할 수 있으며 자신으로 향하는 질병으로 전환되기도 한다.

분노의 적대감은 잘 알려진 대로 만성적 스트레스가 주는 위해 요소 이외에도 강력하고 특별한 영향을 미친다. 중요한 초점은 사람들이 스트레스에 대해 분노와 적대감으로 대응했을 때 훨씬 많은 스트레스 호르몬, 아드레날린, 코르티솔을 혈류에 내보낸다는 것이다. 이 호르몬들은 많은 영향을 미치는데, 심박수와 혈압, 혈당을 증가시킨다. 그 결과로 관상동맥이 다치거나 혈관이 부유물이나 콜레스테롤로 막혀서 심장마비의 확률이 높다. —제프리 브랜들리, 『분노 내려놓기』, 한기연 옮김, 시그마프레스, 2016

감정을 너무 억제하거나 과도하게 표출하는 것은 정신적으로나 육체적으로도 좋지 않다. 너무 참으면 울화병이 되고, 참지 못하면 인간관계나 사회적 문제를 야기할 수 있다. 화를 낼 만한 충분한 이유가 있다면 화를 내는 것은 정상이다. 분노를 억지로 부정하거나 분노를 내려놓지 않으려고 하는 것은 자연스럽지 못하다. 감정이 생기는 즉시 가슴을 열어 그 에너지의 주고 받기를 자연스럽게 해야 한다.

화를 낸다는 것은 살아남기 위한 생존본능의 중요 요소의 하나이다. 분노는 내가 분노했다는 사실이 중요한 게 아니라 어떻게 분노할 것인지가 중요하다. 분노하지 않는 방법은 분노의 원인인 상대방에 대한 기대, 인정, 희생의 대가를 요구하지 말아야 한다. 외부로 향한 시선을 내부로 돌려 자기만족, 자발성으로 승화해야 한다. 사실 상대방이 알아주면 좋겠지만, 내가 남에게 기대를 거는 것은 감정상으로 협박하는 것과 같다. 남이 나에게 어떤 감정 자산을 내놓으라고 하면 저항이 생기는 것은 당연한 것이다.

정말 자신 있는 사람은 화를 잘 내지 않는다. 오히려 남보다 더 우월한 존재라고 생각하며 자기도취가 심한 사람들이 자존심에 조금이라도 상처를 받으면 불같이 화를 낸다. 즉 '나는 누구여야만 한다'고 늘 주장해오던 자아가 타인이 바라보는 자신의 모습과 충돌한 것이다. 자신의 신념에 반하는 타인의 생각이나 사고 행동은 나에 대한 선전포고로 여겨지기 때문이다.[162]

자기가 당연하다고 확신하며 분노한 사안이 틀릴 수도 있다. 설령 자신의 주장이 옳다고 하더라도 상대방에게 자기 주장을 강요하는 것은 상대를 압박함으로서 저항과 분노로 되돌려받는다. 상대의 분노를 취소하려면 내가 자부심을 거듭 내려놓아야 한다. 수시로 이러한 마음 자세를 가질 때 나의 감정은 더 높은 긍정적 에너지로 성장할 수 있다.

욕망은 작은 물건을 소유하는 것부터 돈, 권력, 명예, 사람 등 자기 외의 대상에 대하여 강박적이고 투지 넘치는 갈망에까지 이르는 다양한 탐욕의 느낌이다. 욕망은 존재적 기쁨 대신 외부의 사물에서 구원이나 만족을 얻고자 하는 소유적 마인드다. 이 감정은 만족하지 못하며 언제나 충분하지 않고 꼭 가져야 한다는 의식으로서 갈애, 집착, 갈구, 이기심, 애착, 의심, 성욕, 소유욕, 통제, 불만족 등의 모습으로 드러난다.[163]

일반적으로 감정의 유형이라기보다는 인간의 속성으로 익숙한 의식이다. 호킨스가 욕망이란 의식을 감정의 한 형태로 구분한 것은 탁월한 선택인 것 같다. 왜냐하면 세상의 사물이나 권위, 우월감의 쟁취를 위한 경쟁은 곧 욕망의 발현으로 생겨나는데, 이것은 모든 감정의 근본 원인으로서 의식 수준의 특정 포지션으로 적용될 필요성이 있기 때문이다. 지금 당신의 삶이 과도한 욕망에 휘둘리는 상태라면 평균적으로 이 의식 수준 주변에서 맴돌고 있다고 봄직하다.

욕망이 강할수록 소유에 대한 집착이 강해지고 행복에는 더 큰 장애물로 작용한다. 성취를 위한 욕망의 상태는 '집착'과 '사로잡힘'이다. 욕망이 지배하는 이데올로기의 세계는 이기주의가 팽배한 에고의 세계다. 그곳에서 살아가는 사람들은 행복을 위한 주체적 삶이나 자유가 물질의 노예이자 자본화된 기계의 톱니바퀴에 예속된 삶이다. 대부분 현대인의 문제는 부가 행복을 가져다준다는 그릇된 관념과 그에 따른 욕망에 있는 것이다.

생각해 보자. 당신의 욕망은 정말 당신의 욕망인가? 혹시 타인의 욕망을 욕망하는 것은 아닌가? 부는 타인에게 보이기 위한, 타인이 쟁취하고자 하는 것이기에 지금 당신이 욕망하고 있는 것은 아닌가?

만일 당신이 세간의 욕망을 어느 정도 내려놓는다면 앞선 감정인 분노나 자부심같은 부정적 감정을 훌쩍 뛰어넘어 긍정적 감정으로 바로 진입할 수 있을 것이다. 불가능했던 일이 가능한 일로 바뀐다. 욕망의 상태에서 삶은 몹시 힘들어도, 욕망을 벗어난 삶은 모든 선택을 수월하게 현실로 구현할 수 있다. 욕망에서 벗어난 상태에서는 세상을 다르게 경험한다. 마치 세상은 아낌없이 베풀고, 다정하고, 무조건 내 편이 되어주는 부모처럼 느껴지며 자기가 바라는 것을 정확히 요청하기만 하면 되는 것 같다. 이런 상태는 인생의 맥락을 새롭게 창조하게 될 것이다.[164]

공포는 불안, 두려움 등의 감정으로 공포가 구체적인 위험과 위협의 문제라면 불안은 대상을 특정하지 않는 삶의 포괄적 두려움으로서 생존을 위한 신체의 보존, 사회적 지위 및 이를 위한 개별적 목표의 달성이 명확하지 않거나 불가능하다고 느낄 때 찾아오는 감정이다.

삶을 영위하기 위해서는 환경에 대한 최소한의 주의나 경계는 불가피하다. 현대인의 위험은 과거 우리 조상이 느꼈던 자연환경이나 맹수 그리고 이민족에 의한 위험과는 차원은 다르지만, 만인에 대한 만인의 투쟁이라는 무한 경쟁은 고대인의 공포나

불안의 강도와 크게 다르지 않다.[165]

삶을 일체계고(一切階苦)로 보는 불교나 죄의 세계로 규정하는 기독교적 사고도 이 세상은 힘들고 두려운 곳임을 전제한다. 당장 지금 당신의 머릿속 생각을 하나하나 나열해보라. 좋은 일 보다는 쌓여 있던 걱정거리로 채워질 것이다. 상시적 불안은 삶의 질을 떨어뜨리고 신체의 면역기능을 저하하여 심장질환, 위장장애, 피곤, 근육 긴장, 통증, 성장방해 등 갖가지 질병의 원인이 된다.

라틴어로 불안(angere)은 '목을 조르다'라는 의미로 '가슴이 답답하고 걱정으로 잠이 오지 않는 것'을 뜻한다. 우리의 일상은 늘상 신체, 질병, 죽음, 폭력, 고통, 피에 대한 두려움, 결과에 대한 불확실, 사업 실패, 성과 미진에 대한 상사나 동료들의 눈총, 명예, 재산을 잃는 불안, 이별, 미움받는 두려움, 바보처럼 보이는 두려움, 무리에서의 따돌림 등 크고 작은 걱정으로 머릿속이 어지럽다. 이런 감정들은 현대인의 삶에 깊숙이 파고든 불안의 조각들이다.

호킨스는 현대인들의 두려움을 다음처럼 열거했다. "잔뜩 겁을 먹고 조심스럽고 폐쇄적이고, 긴장하고 낯가리고, 말도 못 하고 미신적이며, 방어적이고 위협을 느끼며 궁지에 몰린 모습이다. 아픔과 괴로움을 겁내고, 사는 일을 겁내고, 가까워지기를 겁내고, 거절을 겁내고, 실패를 겁내고, 신을, 지옥살이를, 가난을, 조롱과 비판을, 반감을 살까 겁내고, 책임을 지는 것을 겁내고, 결정을 내리는 것을 겁내고, 지휘하기를 겁내고, 폭력을 겁내고, 높은 것을 겁내고, 섹스를 겁내고, 홀로서기를 겁낸다."[166]고 한다.

두려움에서 벗어날 유일한 길은 두려움과 맞서 싸우지 말고 두려움을 내 마음의 식구로 받아들이는 것이다. 공포가 자연스럽고 일상적인 건강한 반응이라는 것을 평소에 인식하고 있으면 도움이 된다. 또한 내 왜가 공포를 느끼는지 피하지 말고 직면해서 알아내려고 해야만 한다. 최악의 경우를 가정하고 점차 그 원인을 찾아 해결 방안을 모색하면 해결책도 나오고 마음도 평온해진다.

두려움의 대상을 피하면 어떨까? 내가 피했던 두려움은 같은 얼굴을 하고 돌아와서 나와 부딪친다. 결국 해결하지 못한 두려움에 갇혀 자기의 활동 영역도 좁아진다. 행복은 활동 영역의 지속적인 확대, 열정, 관심, 실행 등 노마드 정신에 있으므로 불안이나 공포로 대응을 회피한다는 것은 이런 영역을 부단히 축소, 약화하는 처사로 바람직하지 못하다.[167]

우리가 스스로 공포를 놓아 버리면 삶의 능력이 취약해진다고 여긴다. 하지만 현실은 정반대인 경우가 많다. 오히려 상대편의 비판을 능동적으로 수용하는 자세를 유지하고 욕심을 조절할 때 부정적 감정은 줄어들고 긍정적 감정은 강화된다.

결국 불안이나 공포는 왜 내가 그 공포를 느끼는지를 피하지 말고 직면하여 해결책을 구하려는 의지에 달렸다. 지두 크리슈나 무르티는 "해야 할 일이 떠오르면 즉시 그 일을 행동으로 옮김으로써 세상의 모든 불안은 해소된다"고 한다. 이것은 머리에서 해야겠다는 일, 해야 할 일이 생각나면 즉시 시행하라는 의미다. 그렇지 않으면 해결이 될 때까지 걱정거리로 지속되기 때문이다.

즉, 지금 누구에게 전화를 해야겠다고 생각하면 즉시 통화를 해라. 그렇지 않으면 통화를 지연한 시간동안 불안은 계속된다.

불안은 주로 관계 필드의 일에서 야기되는데, 세상의 급속한 변화가 개인의 사회적 지위 변동성을 높여 미래를 더 불투명하게 만드는 데 큰 원인이 있다. 알랭 드 보통은 현대인의 불안 이데올로기의 원인을 '지위'로 진단했다.

> **지위는 세상의 눈으로 본 사람의 가치나 중요성으로 높은 지위는 즐거운 결과를 낳는다. 이 결과는 자원, 자유, 공간, 안락, 시간이 포함되며 남들에게 먼저 배려받고 귀중하게 여겨진다는 느낌으로 이런 느낌은 다른 사람들의 초대, 아첨, 웃음(농담이 썰렁할 때도), 경의, 관심을 통해 당사자에게 전달된다.** ―알랭 드 보통, 『불안』, 정영목 옮김, 은행나무, 2020, 5~10쪽

우리는 실패할 수 있다. 어리석거나 자기 자신을 잘 몰라서, 거시 경제나 다른 사람의 적의 때문에, 운이 나빠서 실패할 수 있다. 짧은 생애를 이러한 지위 성취를 위한 불안에 시달리는

것이 개인의 행복에 얼마나 유익한가를 냉철히 반성해볼 일이다.[168)

문제는 이런 불안 요소가 걱정한다고 해소되는 문제가 아닌데도 걱정으로 시간을 보낸다. 심심풀이로 보는 타로, 오늘의 운세, 어르신들의 건강 염려증에 의한 의사 쇼핑(doctor shopping) 등은 불안에 대한 위로일 뿐이다. 우리 인간의 동물성은 그러한 속성을 기본적으로 가지고 있다 하더라도 지나치다는 것이다. 이러한 걱정이 심하면 일상생활에 지장을 주며, 이성적 판단을 마비시켜 의사결정과 행동을 방해한다. 이는 불안 감정을 키워 행복의 질을 떨어뜨린다.

소유욕은 버릴수록 불안은 사라진다. 지위에 대한 집착을 줄이고 존재의 삶으로, 자아실현 필드로의 이행은 당신의 행복에 큰 변화를 줄 것이다. 소크라테스, 플라톤, 아리스토텔레스, 스피노자, 니체, 쇼펜하우어, 하이데거, 지두 크리슈나무르티, 달라이 라마 등 행복을 거론한 사상가는 모두 다 존재의 삶에 방점을 두고 있다.

③ 위축적 감정

이 그룹은 비관부터 무의미, 죄책감, 수치심으로 구분한다. 이 감정은 감정의 대상을 외부에서 자기 자신에게 돌려 자신을 자책하는 감정으로, 사건에 대한 공격 대상이 자신이 되는 것이다. 또한 외부의 대상이 너무 강해 나를 압도함으로써 대처 불가능한 것으로 판단한 형국이다. 사건에 대한 저항이나 집착 에너지가 해소되지 못하고 가슴속에 쌓여 '자포자기, 회복 불능, 무소용' 등의 기분에 점령된 상태다. 이러한 의식은 반대로 사회에 대한 원망, 원한, 복수 감정으로 치환되기도 한다.

이 감정 그룹은 망설임, 열등감, 고독, 외로움, 권태, 패배, 불가능, 고립, 피곤, 체념, 무관심, 절망, 좌절 등의 감정과 상호 밀접한 관계의 에너지를 가진다. 외부로 표출해야 할 책임을 자기 자신에게 물으며 정도가 심한 경우 우울증에 걸리거나 묻지마 범죄, 자살의 가능성도 커진다.[169]

이 감정 유형은 치명적인 질병, 가까운 지인의 죽음, 사랑하는 연인과의 이별, 사업 실패, 대규모 자산 손실, 권력-지위-명예의 상실, 과욕, 예상치 못한 사고 등으로 나타난다. 해소되지 않는 학교폭력 등 지속적 피해처럼 적대적 감정의 상시적, 점진적 누적도 이 감정을 초래하는 원인이 된다.

초자아는 언제나 자아를 야단치고 비난할 태세를 갖추어 조금만 방심하면 모든 것이 내 탓이라고 생각한다. '나는 안 돼'라는 부정적 마인드는 자아를 위축시키고 용기를 꺾어 초자아의 억압을 그대로 받아들인다. 그럼으로써 자아는 피동적으로 변하고 매사에 의욕을 상실하고 활동성이 떨어진다. 세상과 자기를 분리해서 생각하며 자기를 알아주는 사람은 없는 동떨어진 혼자라고 생각하게 된다.

우울증에 걸린 사람은 긍정적이거나 생산적인 생각을 하기 어려우며 자책과 불안으로 잠을 설쳐 삶에 대한 집중력과 기억력도 쇠약해진다. 이런 사람들은 반성보다는 자기 비난과 혐오로 이어질 우려가 크며 심하면 자기를 죽이기까지 한다.

삶에 대한 목적의식을 가진다는 것은 중요하다. 빅터 프랭클은 독일 나치 시대, 죽음의 포로수용소에서 살아 돌아온 자들은 삶에 대한 의미를 찾고자 노력한 자들이었다고 한다. 당신이 이러한 상태라면 정신을 차려 감정 이면에 있는 자신의 참모습을 정직하게 직시하며, 반성하고 의지를 살린다면 지금보다 더 높은 수준으로 상승시킬 수 있다. 공포 등 적대적 감정은 이 그룹의 감정보다는 높은 에너지 상태로 적어도 행동의 동기는 되는 것이다. 위축적 감정 상태가 지속된다면 이를 자각하고 주변에 도움을 청하거나 병원의 진찰과 치료로 위험에서 벗어나야 할 것이다.

비관이나 무의미는 상실에 대한 반응이다. 소중한 무엇이나 지속해온 가치 체계가 무너지면서 미래에 관한 낙관, 비전, 계획, 희망, 남은 삶의 경험을 포기하거나 시도할 힘 없이 모두 소진한 상태다. 두려움과 공포가 현실로 닥쳐와 회복 가능성의 희망은 보이지 않고 절망, 좌절된 포기의 모습이다.[170]

주로 외부 환경의 급격한 변화나 범죄 피해, 사회제도의 변화에 따른 재산 손실, 은퇴, 불의의 사고 등으로 나타나며 자기나 가족 등의 신체적 손실, 어떤 신념, 인간관계, 능력이나 사회적 역할의 상실 등이 원인이 된다. 이는 후회, 버려진 느낌, 고통, 무력감, 돌이킬 수 없는 상실, 허무, 애통, 비통, 낙심, 비관 등의 감정 상태와 유사하다. 자신에게 사건의 책임을 몰아붙여 마치 모래 함정에 빠진 개미처럼 빠져나오지 못하는 모습과 같다.[171]

현대 정신 의학에서는 심한 우울증을 뇌의 생화학적 균형이 무너진 상태로 진단한다. 타인과의 관계 정립이 어렵고 피해의식은 커지며 비관, 비탄, 슬픔, 좌절, 절망의 상태가 지속된다.

앞으로도 뒤로도 갈 수 없어 그 자리에서 공회전하는 팽이와 같다. 가끔 언론에 나타나는 묻지마 살인, 자녀 학대, 애완동물 폭력 등은 이러한 감정을 사회나 자기보다 약한 제3자에게 표출하는 사례다.[172] 억압적인 부모 밑에서 자란 아이들은 자기 형제나 동물에게 폭력을 행사하며 분풀이를 하는데 이것은 성인이 되어서도 나타날 가능성이 크다. 미국 대학 캠퍼스에서 일어나는 총기 사건도 자신의 좌절과 억압을 사회에 분풀이하는 것이다. 즉 자기자신을 학대하는 형태와 상반된 모습을 보인다.

특히 친지나 가까운 동료의 죽음에 대한 비탄과 애도 감정은 아주 강력해서 따라서 죽어버리는 사람도 있다. 몸이 아니라면 마음이라도 따라 죽는다. 어떤 젊은이는 시련의 고통에 대해 내장이 쏟아져 나오는 느낌을 받았다고 한다. 그러한 충격은 혼란을 초래할 수밖에 없다. 절망의 상태가 오래가면 삶을 무의미한 것으로 단정하고 자신에게 갇혀 방 안이나 산 속 등 자기만의 공간에 은둔하게 될 것이다.

데이비드 호킨스는 죄책감과 수치심을 가장 낮은 의식 상태로 분류한다. 이 부분에 대해서는 독자들도 다소 이의가 있을 수 있다. 필자도 이 두 가지 의식을 가장 낮은 의식으로 분류한 것은 동의하기 어렵다. 하지만 감정 관리에 도움이 되는 표라는 것에 가치를 둔다면 세부적 감정 위계화의 정확도는 그리 중요한 것은 아니다. 이 지도의 취지와 맥락을 이해하면 족할 것이다.

죄책감이나 수치심은 실제로든 상상으로든 잘못했으니 처벌받을 수도 있다는 느낌인데, 대부분의 부정적 감정의 바탕에는 도덕, 규범, 교리 등 관념이란 이데올로기가 도사린다. 이러한 감정은 이데올로기에 깊이 빠진 자일수록 강하게 느낀다.

단순히 들키지 않을까 하는 두려움부터 발각되면 처벌받게 될 것에 대한 우려가 깃든 의식들이다. 사회적 이데올로기와 다른 행위, 시험지 커닝, 종교적 교리에 어긋나는 행위, 동방예의지국의 전통에서 부모님에게 불효하는 행위, 성직자들의 성폭력 등 죄의식부터 사회적 횡령, 사기, 살인 등 물질적 범죄까지 다양하게 나타난다.

특히 수치심은 지위, 명예, 명성, 성(性) 문제 등 도덕 문제로 자기의 위상이 추락하면 느끼게 된다. 창피를 당하고, 명예를 잃고, 존재를 무시당한다. 목을 매달고, 눈을 뜨지 않기를 바라며 도망친다. 추방은 수치심을 주기 위한 전통적 방법으로 원시사회에서는 죽음과 같은 극형이었다.

수치심을 느끼는 행위를 했다고 하더라도 법률적으로나 도덕적으로 문제가 되지 않는다면 죄의식을 강하게 가질 필요는 없는 것이다. 즉 이데올로기의 경계에 서라는 말은 이 경우에 적용된다. 사실 고의적이고 의도적인 고약한 죄인은 죄의식을 갖지 않는다. 가장 경건하고 온화하며 악의 없는 사람들이 죄책감으로 만신창이가 되는 경우가 흔하다.

죄책감은 공포처럼 널리 퍼져 있어서 우리가 무슨 일을 하든 우리를 죄스럽게 한다. 일을 하는 중에도 무언가 다른 의미 있는 일을 해야 한다는 작은 죄의식부터, 아니면 실제하고 있는 일에 대해 더 잘해야 한다는 조바심 같은 것들이다. '더 높은 골프 점수, 텔레비전 시청 대신 독서 습관, 더 나은 섹스, 더 맛있는 요리, 더 젊게 보이기, 더 많이 배우기, 엄청난 승부욕' 등으로 자기를 착취하고 압박한다. 이것이 좌절되면 사는 일이 두렵고 지금 이 순간을 죄스럽게 생각한다.[173] 그리하여 우리는 현재에 대한 방기와 몰두를 통해 현실을 잊거나 타인에게 책임을 전가하며 죄책감을 피하려 한다.

죄의식은 사람을 불행하게 만들고, 열등감에 사로잡히게 한다. 열등감이 있으면 자기보다 뛰어나게 보이는 사람을 칭찬하기는 어렵지만 미워하기는 쉽다. 그리하여 일반적으로 불쾌한 인간이 되고, 점점 더 자기 자신을 고독하게 만들게 된다.[174] 남에게 너그럽고 관대한 태도를 보이는 것은 그 사람에게만 행복을 주는 것이 아니라 자기 자신에게도 훌륭한 행복 원천이다. 그러나 죄의식에 사로잡힌 사람은 그런 태도를 취하기가 거의 불가능하게 된다. 그와 같은 관대한 태도는 균형 잡힌 마음과 자주성에서 생기기 때문이다.[175]

쇼펜하우어는 명예의 가치는 간접적인 것에 불과하다고 말했다. 이에 목매는 중세의 기사도처럼 사후 명성을 위하여 현재의 안식과 부, 건강, 생명을 바치는 행위는 매우 어리석은 짓이라고 지적했다. 그는 우리가 명예를 사랑하는 것은 명예 자체를 존중하는 것이 아니라, 명예가 가져다주는 이익을 소유하는 데 목적이 있기 때문이라는 것이다.[176] 우리나라에서도 가끔 국가기관으로부터 명예를 훼손당했다고 생각하는 사람들의 투신 자살행위가 흔치 않게 발생한 사실을 독자들은 기억할 것이다. 순간적인 열망으로 자신을 버리는 행위는 자신은 물론 타인에게도 불행일 뿐이다.

3. 감정 관리

사실 감정 관리는 이 책 전반의 주된 목적이지만 여기서는 우리가 이해하는 감정에 한정해서 일반적인 관리 형태를 알아보려 한다.

감정 관리란 일시적으로는 표출된 부정적 감정을 자연스럽게 흘려보내고 최소한 중립적 기분이나 긍정적 감정으로 전환하는 것이다. 그러나 근본적인 감정 관리는 당신의 현재 평균적 의식 수준을 높여서 어떤 어려운 상황에서도 평균적 감정 이상으로 대처할 수 있도록 의식 수준을 향상코자 하는 것이다.

감정 관리는 마크 브래킷이 제시한 감정 인식하기(Recognizing), 감정 이해하기(Understanding), 감정에 이름 붙이기(Labeling), 감정 표현하기(Expressing), 감정 조절하기(Regulating)의 'RULER' 원칙이 유효하다.[177] 앞의 세 가지는 나 자신의 감정을 인식하는 과정이며, 뒤의 두 가지는 대외적으로 지혜롭게 감정을 표출하는 방법에 대한 것이다.

Ⅰ 감정입자도, 범주화

감정은 자기의 기분을 정확히 인식하고 대외적으로 표현하는 능력이 중요하다. 감정과 관련한 개념을 이해하는 용어로 최근 리사 펠드먼 배럿의 감정입자도(Emotional granulity)와 감정의 범주화(Categorization) 개념을 알아둘 필요가 있다. 감정입자도란 감정의 미세한 차이에 따른 섬세함의 세부적 분류 수준과 구체적 상황에 따른 다양한 표현력 수준을 뜻한다. 즉 감정의 사례와 경험을 필드의 실제 상황에 맞게 적절하게 구사하는 능력이다(여기서는 배럿의 용어의 포괄적 사용으로 실제 배럿의 용어 의미와 다소 다를 수 있다).[178] 상황에 따라 분노, 공포, 놀라움, 죄책감, 경탄, 수치심, 동정심, 혐오, 경외감, 흥분, 자부심, 당혹감, 감사, 경멸, 갈망, 기쁨, 욕정, 활기, 사랑 등 구체적이며 다양한 감정 상태에 대한 차이를 명확히 구분하며, 해당 용어를 상황에 적절하게 적용할 수 있다면 당신은 감정입자도가 높은 사람이라고 할 수 있다. 감정입자도가 높은 사람은 다니엘 골먼의 감성지수도 높을 것이다.

감정입자도가 높다는 것은 감정통제를 위한 중요 아이템을 가진 것으로 당신은 감정의 예측과 적용에 더 많은 옵션을 갖고 있어 더 유연하고 효과적 대처가 가능하게 됨을 말해준다. 이에 반해 감정입자도가 낮은 사람은 다양한 감정의 상태에 따른 대응력이 미흡한 사람으로, 지혜의 도구가 부족하다고 할 수 있겠다. 감정입자도가 높으려면 감정을 개념화할 수 있는 어휘력이 풍부해야 하는데 이러한 점에서 단어학습은 정서적 건강에 매우 유익하다. 감정도 이데올로기로서 지속적인 경험(배움)이 필요한 것이다.[179]

단어는 개념의 씨앗이 되고 개념은 예측의 원동력으로 섬세한 어휘를 구사하는 당신은 더 정밀한 예측을 통해 감정의 적절한 선택을 조절할 수 있게 된다. 실제 감정입자도가 더

높은 사람들은 병원을 덜 방문하고 약을 덜 먹고 병에 걸려 입원하고 있는 기간도 더 짧다. 이것은 마술이 아니다. 이것은 사회적인 것과 신체적인 것 사이의 경계가 막혀 있지 않기 때문에 가능한 것이다. 무엇보다도 불쾌한 감정사례를 일부러 구성하는 것은 나쁜 이데올로기를 하나 가지는 것이 되므로 적극 피해야 한다. —리사 펠드먼 배럿, 『감정은 어떻게 만들어지는가?』, 최호영 옮김, 생각연구소, 2017, 337쪽

아이들이 감정을 표현할 때 고정 관념에 얽매이게 만드는 교육도 문제다. 즐거우면 웃음을 지어야 하고 화나면 노려봐야 한다는 감정 표현 방법 교육도 고정 관념에 해당한다. 아이가 다양한 사람들과 효과적인 사회생활을 키워나가기 위해서는 감정의 복잡성을 교육해야 한다. 미소도 상황에 따라 행복감, 당혹감, 분노, 심지어 슬픔을 의미할 수도 있다는 것을 이해하도록 해야 한다. 또한 어떤 느낌이 확실한 것인지 그렇지 않은 것인지, 다른 사람의 감정을 그저 추측하는지, 또 언제 잘못 추측하는지에 대하여 반성하고 고찰할 때야 비로소 감정은 지혜로서 효과를 발휘할 것이다.

감정의 범주화란 당신의 학습과 경험으로 취득한 감정의 사례들로 유사한 느낌의 사건을 한 데 모은 경험의 집적 덩어리를 말한다. 감정 관리를 잘한다는 것은 꼭 감정입자도만의 문제는

아니다. 당신이 삶에서 감정의 입자도를 잘 활용하려면 삶의 경험을 통한 다양한 감정의 개념화가 필요하다.

감정은 유사한 경험의 덩어리로서 이데올로기와 같다. 따라서 기존의 감정입자도나 감정의 범주화 내용을 재조정하거나 재범주화가 가능하다. 이것은 지금까지의 집적된 이데올로기를 수정하는 것과 같다.[180]

선악에 대한 관념을 수정하는 일은 감정프로그램을 재범주화하는 하나의 방법이다. 예를 들면 미디어로부터 들려오는 건강상식 등에 대해 불안을 느끼거나 그것을 실천하기 위해 노심초사하며 이를 실천하지 않으면 죄의식을 느끼는 사람들이 많을 것이다. 그러나 하등 죄의식을 가질 필요가 없다. 그것이 꼭 필요하다거나 옳다고 생각되는 근거 없이 식품을 구매하는 경우가 많기 때문이다. 이런 광고는 건강에 대한 불안심리를 자극하여 구매를 유도하는 광고 이데올로기가 작용하는 경우가 허다하다. 이러한 이데올로기를 가졌다면 자기의 건강에 대한 객관적 인식과 필요로 소비 습관을 재고토록 함으로써 절실한 감정을 재조정해 나가야 할 것이다.

작은 사건에도 반응하는 자기 기준을 바꾸는 것, 근거 없이 두려움을 느끼는 대상, 건강한 적정 체중을 무시한 무리한 다이어트나 건강식품 신봉, 교통사고 걱정, 신체의 어딘가에 대한 불안 등 불필요한 걱정은 무수히 많다. 우리는 이렇게 되물어야 한다. '그런 사고가 타당한 근거를 가지고 있는가? 이를 고수하면 나의 즐거움에 도움이 되는가?' 자기 검열과 판단 없이 타자의 말이나 시류에 휩쓸린 행동은 불필요하고 때로는 자기를 해치기까지 한다. 언론, 정부, 기관, 친구, 광고, 가족의 말을 권위로 생각하고 단순히 신뢰하지는 않는지 생각해 봐라. 이런 것들은 당신의 의식과 감정 등 이데올로기를 재 범주화할 대상들이다.

뤼디거 달케는 "죽음이 삶의 일부이듯 병에 걸리는 것도 건강함의 일부다. 이 말은 거북하게 들리겠지만, 누구나 편견에 치우치지 않는 약간의 관찰을 통해 이 말이 옳다는 사실을 직접 알아차릴 수 있다"고 한다.[181] 이 말은 건강하고자 하는 심리적 조바심보다는 병을 당연하다고 생각하는 초연함이 오히려 건강한 삶을 영위하게 한다는 사실을 일깨워 준다.

우리는 오염이나 공해, 찬바람, 세균, 전자파, 카펫, 매연, 먼지, 동물, 비듬, 옻나무, 꽃가루, 식용 색소 등 몸에 관련된 다양한 공포와 관심사의 이데올로기에 둘러싸여 있다. 이런 부정적 신념을 비판적으로 분석하거나 놓아버리면 필요 이상의 영향을 받지 않고 육체적 질병이 저절로 해결되기 시작한다.[182] 행복한 사람은 어떤 것이든 먹을 수 있고, 아무 곳이나 갈 수 있으며, 몸에 대한 사고도 변하여 마치 자기 몸을 꼭두각시 인형이나 애완동물로 느낀다. '나는 몸이다'에서 '나는 몸이 있다'로 인식 자체가 전환되는 것이다.

우리는 시험을 앞두고 불안과 흥분을 느낀다. 이것을 '아, 시험을 망칠 것 같아!'와 같이 해로운 불안으로 범주화할 수도 있고,

'힘이 솟는다! 나는 준비되었다!'와 같이 긍정적 사고로 범주화할 수도 있다. 이런 유형의 재범주화는 당신의 삶에 실질적인 혜택을 가져다준다. 대학원 입학 자격시험 같은 시험성적을 살펴본 여러 연구 결과에 따르면 불안을 정서적 용기로 재범주화한 학생들은 그렇지 않은 학생들보다 높은 점수를 얻는다고 한다. 연설하거나 노래할 때도 불안을 설렘으로 재범주화하는 사람들은 더 뛰어난 능력을 발휘한다.[183]

당신은 연설 전에 항상 긴장하고 부족함을 느끼지만 달라이 라마도 마찬가지라고 한다. 그는 연설전에 '이 연설의 유창함을 뽐내려 하지 말고 청중들에게 도움을 주기 위한 것'이라는 의식 전환을 통해 긴장을 극복한다고 한다. 데이비드 호킨스도 연설을 무척이나 싫어했는데 스트레스에 저항하지 않고 이것은 사랑이라는 의식으로 연설을 진행할 때 편안한 연설이 될 수 있었다고 한다. 미 해병대는 '고통은 허약함이 몸을 떠나는 것이다'라는 구호를 사용하며 고된 훈련을 긍정적 감정으로 승화시킨다고 한다. 이러한 자기 암시와 주문은 일시적 임기응변으로도 기능하겠지만, 계속적인 훈련을 한다면 감정의 재범주화로 나타나게 된다.

몸은 마음이 믿는 그대로 행한다. 사고를 잘 당하는 사람은 자신이 사고를 잘 당하는 사람이라는 믿음 체계를 가지고 있어 그런 상황을 무의식적으로 만들게 된다. 병의 치유 과정도 같은 메커니즘이다. 치료가 빨리 되는 사람은 질병에 대하여 무의식적 두려움에 지배당하지 않는 사람들이다. 이데올로기를 재범주화하면 감정의 주인이 되기 위한 새로운 관념을 얻을 수 있다. 당신의 사고체계를 재조정하고 예측을 바꾸면 감정뿐만 아니라 삶의 모든 것을 바꿀 수도 있다.

당신의 기분이 편치 않다고 가정해보자. 재정문제로 걱정이 많거나, 충분한 자격을 갖추고도 승진의 기회를 놓쳐 화가 나거나, 선생님이 당신을 다른 학생들만큼 똑똑하게 여기질 않아서 의기소침하거나, 애인에게 버림을 받아 슬프거나 하는 통상의 부정적인 느낌들은 물질적 부, 평판, 권력, 안정에 집착해 자기를 실체화하려는 것에 따른 두려움들이다. 이러한 감정은 당신의 욕망 이데올로기가 당신의 무의식에 둥지를 틀어 삶의 각 사건에 영향을 미치며 불쾌한 감정사례를 구성하고 있음을 말한다. 그것들에 대한 개인적 욕망을 재평가하고 해체한다면 당신의 감정은 두려움이 사라지고 자신감이 솟아나는 기존 감정을 재범주화하는 변화를 겪을 것이다.[184]

달리기를 하다가 중간에 불편하여 중단한다면 그 순간 관념은 신체 감각을 기진맥진한 상태로 범주화하게 된다. 그러면 앞으로도 그 수준은 한계치로 자리 잡는다. 그러나 재범주화를 통해 그 한계치를 늘린다면 훨씬 멀리 그리고 빨리 달리는 수준에 이른다. 만성 통증으로 고생하는 사람들은 실제 본인의 고통 강도보다 더 심각하게 고통을 느낄 수도 있다. 개개인의 범주화 수준에 따라 감정의 입자도가 영향을 받은 것이다.

감정 스타일은 성격을 규정하는 것과도 밀접하다. 성격이 적극적이거나 소극적인 것도 과거 경험의 체화일 가능성이 크다. 아들러는 성격을 "한 인간이 가진 공동체 의식의 크기와 자기 권력에 대한 욕망의 크기 간의 힘의 대결로써, 그 상호작용이 밖으로 표현된 외적인 현상"[185]이라고 한 것은 성격이란 한 개인의 욕망이 사회와 충돌하는 지점의 어떤 좌표인가를 정하는 것으로 경험의 복합적 산물로 나타날 것이다.

② 일반적 대처 형태

심리학에서는 우리가 감정을 처리하는 일반적인 방식을 방어기제(defense mechanism)라고 한다. 이것은 감정 관리의 방법이라기보다는, 인간이 경험칙상 대처해온 방어 방식을 유형별로 구분해 본 것이다. 이를 통하여 우리가 부정적 감정을 피하기 위하여 어떤 식으로 대처하고 있는지를 살펴볼 필요가 있다.

다니엘 골먼은 감정 대응 방식으로 자기 인식형, 매몰형, 수용형으로 구분한 바 있다.[186] 필자는 대내외적 표출 여부를 기준으로 수동적 방식, 능동적 방식, 중립 형태로 구분해 보았다.

수동적 방식에는 억제, 회피, 억압, 동일화, 합리화, 격리(퇴행) 등의 방식으로, 이 방식은 감정을 억누르거나 제쳐 둘 때 동원하는 가장 흔한 방법이다. 우리는 온갖 감정의 혼란에 시달리면

서 되도록 타자, 공동체의 의견, 세상의 공동 이데올로기에 충실
하려고 노력한다. 억제하거나 회피하거나 억압하려고 마음먹은
감정은 사회관습이나 교육으로 주입받은 의식적, 무의식적 프
로그램에 부합하기 때문이다.

이러한 감정처리는 반응에 대한 죄책감이나 두려움이 커서 적
절한 대응보다는 자신의 그 감정을 무시하거나 자각하지 않으
려는 경향이 강하게 나타난 것이다. 합리화 방식은 자신의 위로
를 위한 변명을 만드는 것이다. 평소 사귀고 싶은 이성에 대해
거절당할 가능성이 있을 때, 거절에 대한 내 마음의 고통과 자존
심을 보호하기 위하여 상대를 비호감으로 바꾸는 경우와 같다.
한두 번은 모르지만 이런 일이 반복된다면 이성 관계에서 나는
늘 겁먹고 물러서는 사람이 될 것이다.

격리(isolation)는 스스로 혼자 있기를 청하는 것이다. 세상이
자신을 환영하지 않는다는 느낌에 지배당해 현실에서 도피하려
는 방식이다. 슬픈 감정을 숨기고 태연한 모습을 가장하는 것도
마찬가지다. 관계에서 받은 스트레스를 피하는 수단이지만, 장
기적으로는 대인관계에 큰 문제가 생길 수 있다. 이 방법이 심해
지면 과거의 모습으로 회귀하는 퇴행(regression)상태가 된다.[187]

수동적 방식은 자신의 감정을 정확하게 인식하지 못하는 경
우, 혹은 감정범주화나 감정입자도가 낮아 자기 자신의 감정 인
식이나 표현에 서툰 경우가 많다. 상황에 따라서는 현명한 대처
가 될 수 있으나, 자신의 감정처리가 부정적, 위축적 의식으로

고정될 수 있어 유의해야 한다.

능동적 방식은 나의 감정을 어떤 형태로든 적극적으로 표출하는 방식으로 구체적으로 표출, 행동(실행, 보복, 공격)과 특수형태로 투사, 부정, 분리, 왜곡, 전치, 해리, 반동형성 등의 방식을 들수 있다. 내 감정을 표정, 말, 행동 등으로 직접 반응하는 방식이다.[188] 이 방식은 표출방식에 따라서 감정을 자연스럽게 해소할수도 있지만, 상대방의 감정을 악화시켜 부메랑으로 돌아오기도 한다. 적절한 감정 대응은 내면의 압력을 부드럽게 순환시키고 자신은 물론 상대방에 대한 부정성을 최소화하게 된다.

강한 감정 대응은 큰 문제로 비화할 수도 있다. 일반적으로 표출된 감정은 생각에 생각이 꼬리를 물면서 증식되어 점차 훨씬 큰 에너지를 얻는 경향이 있다. 감정을 표출하더라도 억제와 균형이 필요하다. 자신의 부정적 감정을 남에게 떠넘기면 상대방은 그것을 공격으로 보고 감정을 억제하거나 표출하거나 회피할 차례가 된다. 부정적 표출은 관계를 악화시키고 파괴하는 것이다.

특수한 형태로 투사(projection)는 내가 화내는 것을 상대방이 화를 낸다고 생각한다. 내 탓을 남의 탓으로 돌려 나의 나쁜 점이나 내가 잘못한 것을 타인의 나쁜 점으로, 타인의 잘못으로 돌려서 위로를 얻게 된다. 부정(denial)은 사실을 받아들이는 것이 너무 고통스러워 사실을 사실이 아니라고 단정한다. 자신은 사실을 부정하고 있는 사실을 알지 못하는 상태다. 자신을 납치한

범인을 사랑하는 스톡홀름 증후군처럼 부정적 감정은 사라지고 나를 보호해 줬다는 고마움만 선명해지는 꼴이다.

이 외에 내가 짝사랑하는 사람에 대해, 사실은 그가 나를 사랑한다고 생각하는 왜곡(distortion), 감정을 상한 상황에서는 대응을 못 하다가 다른 곳에서 화풀이하는 전치(displacement), 나에게 부정적인 상황을 기억하지 못하거나 듣지 못하는 해리(dissociation), 미워하는 감정을 극복하기 위하여 상대를 사랑하는 반동형성(reaction formation) 등 특수한 형태로 나타나기도 한다.[189]

중립적 방식은 중립, 승화, 사랑, 용서, 무시, 무지 등의 자세로 표현하지 않거나 무시, 또는 승화하는 두 방식의 중간 형태를 띤다. 이것은 자신의 감정을 이해하지 못한 경우, 감정을 느꼈으나 무시한 경우, 또는 흔쾌히 받아들이는 경우, 순수의식인 관찰자로서 자신의 감정을 바라보는 경우 등에 해당한다. 외부적으로는 중립, 무시, 승화 등의 형태로 표현될 것이다.

사람들은 각자 상황에 따른 방어기제들을 가지고 있다. 잘 익은 과일처럼 능란한 경우도 있고 거친 반응도 있다. 비교적 잘 익은 기법은 유머, 승화, 중립, 용서, 사랑과 같은 숙성된 방식일 것이다. 불편한 감정을 그때그때 해소하지 못하고 무시하거나 덮어두는 방법은 일종의 멍에가 되므로 언젠가 문제를 일으키기 전에 가슴을 열고 승화시켜 날려버린다면 당신의 의식은 항상 맑고, 창조적이며, 진취적 삶을 살아가게 될 것이다.

③ 나의 감정 바라보기

생각은 진정한 당신이 아니다

　이미 우리는 행복 3요소 편에서 인간의 의식 층위에 대해 살펴본 바 있다. 의식의 구조는 책 전반의 이해와 더불어 감정 관리의 주요소로 충분한 이해가 필요하다. 즉, '생각 자체는 원래 온전한 나가 아닐 수 있음'을 알아야 한다. 이 부분은 다소 영성적 문제로 주류학문과는 친하지 않은 것도 사실이다. 그러나 의식의 구조에 대한 이해는 명상, 내려놓기, 가슴 열기 등 감정을 다스리는 데 중점적으로 이용되는 유용한 수단이기도 하다. 그렇다면 생각은 누가 하는 것일까? 생각하는 자 외에 다른 내가 있다는 말인가?

　우선 몸과 생각의 주체와 객체를 구분해서 개념화해 볼 필요가 있다. 이에 대한 적절한 이해를 위한 설명으로 모 가뎃의 비유를 살펴보자. "당신은 외부의 사물을 인식할 때, 당신이란 주체는 사물인 객체-행복객체이자 칸트의 물자체, 라캉의 실제계-를 인식하게 된다. 당신이 거울을 보고 있다고 생각해 보자. 지금 거울 속의 얼굴, 몸을 당신이라고 한다면, 초등학생 시절 당신의 몸은 누구였는가? 그 몸은 당신이 아니었는가? 나이가 들어 얼굴에 주름이 진 당신은 누군가? 특정 장기를 이식받았다면 어떻게 되는가? 수술받은 후의 당신은 공여자의 일부와 당신의 일부가 되는가? 당신 몸이 당신이라면 어떻게 당신이 그 몸을 지켜보고 관찰할 수 있는가? 몸이 객체라면 누가 주체인가? 이런 여러 가지 정황을 종합하면, 몸은 당신을 물질세계로 끌고 들어가는 물리적 아바타라고 할 수 있지 않은가."[190]

즉 몸은 매개체이자 그릇일 뿐, 그 이상도 이하도 아닌 것이다. 인간의 몸을 기계라고 보고 당신을 그저 생각 덩어리로 보는 흄의 주장[191]을 이용하지 않을 이유도 없다. 리처드 도킨스의 말처럼 육체는 DNA의 숙주일 뿐 진정한 당신이 아닐 수도 있다. 이처럼 나로부터 몸을 떼어 내면 의식만 남게 된다.

당신은 저녁 잠자리에 들기 전에 많은 생각을 한다. '내일 마침에 회의가 있어 평시보다 얼마나 일찍 출발해야 하는가? 회의에는 누가 나올까? 무슨 말을 해야 상사에게 칭찬받을까? 준비한 자료에 오류는 없을까?' 등 여기서 당신의 생각은 주체가 아니라 객체가 된다. 그러면 그 생각을 하는 자는 누구인가? 당신이 생각하거나 지껄일 때 당신은 그 생각을 들을 수도 있다. 당신이 당신 생각이라면, 어떻게 당신이 당신 생각을 관찰하고 주시할 수 있겠는가? 이미지가 화면에 나타나듯이 온갖 생각이 당신 머릿속에 떠오른다. 당신의 실체는 생각이 아니고 다른 무엇이다. 그것이 바로 순수의식에 해당한다. 이데올로기를 초월한 것, 기독교는 영(靈), 도교는 기(氣)라고 불리는 것과 유사하다.

당신이 생각을 관찰할 수 있다는 사실은 당신 생각과 당신은 다른 개체가 될 수 있다는 증거다. 생각을 관찰하는 자가 주체이며 생각은 객체가 된다.[192] 당신의 진정한 자아는 바로 내면의 목소리를 듣고 있는 인식하는 자, 관찰하는 자이다. 참다운 나, 관찰자, 진아, 순수의식 등으로 불리는 것들이다. 당신의 생각은 당신의 순수의식이란 감광지에 새겨지는 필드와 이데올로기의 복합물들이다. 그것은 인류가 생존과 보존을 위해 태초부터 진화해온 자기(ego)라는 환상에 해당한다. 물론 이 구분이 철학적 사고이든, 비논리적이든 종교적이든 관계없다. 당신이 이러한 구분을 감정 관리의 유효한 수단으로 인정하고 받아들인다면 삶에 유용한 이데올로기가 될 것이므로, 이것을 부정할 하등의 이유가 없는 것이다.

에고의 상태란 깨어 있는 상태로서 많은 것들을 자신과 동일시하는데 이것들이 대부분 거칠거나 물질적인 것들이다. 물질적인 몸이나 집, 차, 옷 같은 소유물, 표정이나 성적 매력, 키 같은 두드러진 특징들, 돈과 재정 상태, 직업 등을 자신과 동일시한다. —켄 윌버, 『켄 윌버의 통합명상』, 151쪽

당신의 생각이 진정한 당신이 아니라는 논리를 인정한다면, 당신의 진정한 성장을 위해서 당신은 마음의 소리가 아님을, 당신은 그것을 듣는 자임을 깨달아야 한다. 우리가 겪는 고통은 필드에서 욕망 이데올로기 프로그램이 구동되는 것, 즉 당신의 생각을 자기 자신으로 보는 데 있다. 즉 문제의 진정한 원인은 삶을 놓고 벌이는 마음의 온갖 소동에 불과한 것이다.

사실 당신의 생각이 이 세상에 미치는 힘은 당신이 생각하는 것보다 훨씬 미미하다. 삶의 대부분은 당신의 마음이 삶에 대해 지껄이는 말과는 전혀 상관없이 당신의 통제력을 훨씬 넘어선 힘의 흐름에 따라 전개된다. 당신의 생각은 현실 그 자체가 아니라 마음이 만들어낸 현실의 모조품을 경험하는 것이다. 당신은 그것으로 하등 마음을 졸일 필요가 없음을 알 수 있다.

이처럼 만일 당신이 당신의 생각과 당신의 순수의식을 분리할 수 있다면 당신 생각을 통제할 수 있을 것이다. 비록 훈련이 필요하긴 하겠지만. 당신은 당신이 끊임없이 조잘대는 목소리가 아니라 그 목소리를 알아차리는 것이 바로 당신임을 아는 것, 그것이 당신 존재의 심층으로 들어가는 문이다. 지껄이는 목소리를 지켜보고 있는 자신을 인식하는 것은 환상적인 내면 여행을 향한 문턱을 넘는 첫걸음이다. 즉 순수의식으로 에고를 바라보기만 한다면 감정은 단순히 관찰의 대상이 됨으로써 당신은 당신의 감정에서 벗어날 수 있게 된다.

생각 관찰하기

걱정은 기대하는 바와 그 결과가 같지 않음, 또는 같지 않을 우려에 대하여 나타난다. 걱정은 끊임없는 생각을 불러일으키며, 다른 한편에서는 두려움, 시기, 분노, 불평, 불만 등 감정을 유발한다. 보이지 않는, 실체 없는 대상 혹은 세상 전부와 싸움하는 것이다. 만약 당신이 외부적 사건을 당신의 의지대로 관리하려 한다면 삶은 결코 온전하지 않을 것이다. 오직 자유자재로 통제가 가능한 것은 당신의 마음이다.

관찰자가 되어 당신을 바라보는 일은, '나'라는 주체를 순수의 식과 에고로 이원화한 후, 관찰자인 순수의식으로 감정에 휘둘리는 나(에고)를 바라보는 것을 말한다. 즉 이데올로기에 의거 작동되는 생각이자 에고 덩어리를 걷어낼 필요 없이 그냥 바라볼 수 있는 능력이다.

지금 당장 귀 기울여 보라. 당신 머리에서 윙윙거리는 소리가 들릴 것이다. 1분만 이 책을 덮고 침묵의 순간을 즐겨보라. 1분도 지나기 전에 당신이 오늘 해야 할 일들을 생각할 것이며, 아침 길모퉁이에서 당신이 마주친 무례한 사람을 떠올릴 것이고, 승진하지 못할지도 모른다는 걱정을 한다. 이것들은 내 마음을 불편하게 하는 것들뿐이다.

지금 운전 중인 필자도 내일 아침 어머니께 차려드릴 반찬 걱정, 서울에서 열릴 선거 참여 걱정, 뒷마당 배관공사 걱정, 강아지 밥을 주고 나왔는지에 관한 걱정 등 생각 모두가 조바심, 불편, 불안, 두려움을 불러일으킨다. 사실 이러한 생각의 90%는 불필요한 생각이고 무엇보다도 이것은 진정한 자아가 아니라 의식의 흐름일 뿐이다. 어떤 생각이든 행동으로 옮겨지지 않는 한 우리 삶에 직접적으로 영향을 끼치지 못한다. 생각의 유일한 영향이라면 우리 내면에서 온갖 형태의 불필요한 심리적 고통과 부정적 감정을 만들어낸다는 것뿐이다. 이런 생각을 거둔다면 최소한 평정 이상의 감정 상태가 될 것이다.

만일 당신의 순수의식이 관찰자가 되어 당신의 생각을 아무런 판단이나 비판 없이 바라볼 수 있게 된다면 지금 당신이 어떤 불편한 생각을 하더라도 평화롭고 자유로움을 향유 할 수 있게 된다.[193] 생각의 바탕을 이루는 순수의식은 인화하기 전의 필름이며 생각하는 자(Thinker)이자, 관찰자(Observer) 속삭이는 자(Whisperer)다.

즉 당신은 당신의 생각이 아니며, 진정한 당신인 순수의식을 돕기 위해 존재하는 수단에 해당하는 것이다. 어떤 면에서 당신의 의식 수준은 당신이 당신의 생각과 다른 별개의 존재라는 사실을 깨닫는 능력이기도 하다. 명상 수준도 마찬가지다. 당신이 자아라고 생각하는 에고 상태를 자기라고 보는 환상을 초월하여 진정한 자아인 순수의식에 머무르는 정도가 곧 명상의 수준이기 때문이다. 또한 이것은 앞의 의식지도 상 수준을 가리키기도 한다. 이에 대해서는 III부에서 재론할 것이다.

III

지혜

○
○
○

● ● ●

지혜란 당신의 삶에서 벌어지는 어떠한
사건이나 상황에서도 가능한 한 긍정적 감정을
유지하는 기술이다. 이 단원을 시작하기 전에
당신이 해야 할 결심은, 행복을 삶의 목적으로
하려는 당신의 태도이다.

지혜란 당신의 삶에서 벌어지는 어떠한 사건이나 상황에서도 가능한 한 긍정적 감정을 유지하는 기술이다. 우리는 이미 서두에서 행복의 주체와 객체를 구분해 보았으며 주체의 의식을 분해하고 행복 3요소에 대해서도 살펴보았다. 이제 당신은 당신의 행복을 경영하는 CEO로서 생에서 최대한의 행복량을 산출할 수 있는 기술, 즉 지혜를 살펴볼 것이다. -이미 이데올로기 편에서는 이데올로기 자체에 대한 직접적 지혜인 중용 등을 살펴본 바 있다.

당신의 인생 목표는 삶에서 최대한의 즐거움을 얻고자 하는 것으로서, 각 사건, 상황에서 감정을 적절히 제어해 나가는 것도 중요하지만, 평소에 당신의 기본적 의식 수준을 가능한 한 높은 위치에 머물 수 있도록 하는 것이다. 당신의 평균적 의식 수준은 어떤 불편한 상황에서도 그 수준으로 삶을 바라보게 하기 때문이다. 즉 당신의 평균 의식이 용기라면 용기라는 렌즈가 당신 삶의 안경이 되는 것이다. 당신의 평균 의식을 높이는 것은 단순히 높이겠다는 결심만으로 되는 것은 아니다. 평소에 지속적인 수련과 실천만이 가능하게 한다.

이 단원을 시작하기 전에 당신이 해야 할 결심은, 행복을 당신 삶의 목적으로 하려는 당신의 태도이다. 당신의 외모, 자산, 배우자, 명예, 친구를 원하는 것보다 당신의 행복이 우선이라는 결심이다. 이 결정을 내리고 나면 인생길은 분명해진다. 사람들은 이 결정을 내리기를 피한다. 마치 행복은 자신이 선택할 수 있는 문제가 아니라는 듯 말이다.

마이클 싱어가 삶에서 우리에게 필요한 게 뭔가를 기술한 내용을 살펴보자.

당신이 낯선 곳에서 길을 잃고 헤매느라 며칠 동안 아무것도 먹지 못했다고 가정하자. 그러다 마침내 길을 찾았고, 기진맥진한 상태지만 간신히 몸을 끌고 어느 집 현관 앞까지 가서 문을 두드린다. 주인이 문을 열고 당신을 발견하고는 말한다. "맙소사! 이런 일이 있나! 배고프지 않아요? 뭘 먹고 싶어요?" 사실 당신은 무엇을 먹든지 상관없다. 그런 건 생각하기조차 귀찮다. 당신은 그저 이렇게 내뱉는다. "음식!" 이토록 절실한 단어는 마음속의 모든 기호를 떠나있다. 행복에 관한 질문도 마찬가지다. "당신은 행복하기를 원하는가?" 그 대답이 진정으로 "그렇다!"라면 거기에 조건을 달지 말라. 사실이 질문이 의미하는 것은, '당신은 지금부터 남은 평생 어떤

일이 생기든 간에 행복하기를 원하는가?'이다. —마이클 싱어,

『상처받지 않는 영혼』, 232쪽

　당신이 현재의 상황이나 환경조건의 좋고 나쁨에 무관하게 행복이 당신의 목적이라고 마음먹는다면 당신은 행복을 얻을 수 있을 뿐 아니라 올바른 깨달음의 길로 방향을 잡을 것이다.

　행복을 위한 새로운 지혜를 배우고 선택하려는 의지는 지금까지 당신이 삶에 적용해온 이데올로기를 재조정하거나 이를 보는 인식의 틀을 바꾸려는 것이다. 행복을 위하여 어떤 지혜의 길을 갈 것인가, 무엇을 실천할 것인가는 당신의 선택 문제이다. 산을 오르는데 어떤 길로 정상에 오를 것인가는 당신의 기호와 경험, 재능, 환경 등에 의해 선택하겠지만 그 결과는 같을 것이다. 이 단원은 다양한 사상가들의 행복에 관한 논의를 집약한 것으로 접근로는 각양각색이지만 어느 하나의 것도 가볍지 않다.

1장
지금 실천 가능한 것들

우리의 일상은 일에 종사하고 남은 시간은 여가로 보내는 관계 필드 활동이 대부분이다. 질병 등 신체적 제약으로 병상에서 생활하거나, 국가가 위난에 처해 특별 임무를 수행하거나, 인류의 구원을 위한 고차원적 학문에 임하는 등의 특별한 경우가 아니라면 우리는 통상적 수준의 노동에 종사하며 남은 시간은 여가 활동으로 소일한다. 따라서 생의 대부분을 차지하는 관계 필드의 시간을 어떠한 태도로 보내느냐는 당신의 행복에 매우 중요한 테마에 해당한다. 관계 필드의 활동을 즐겁게 보내기 위한 세 가지 지침을 준비했다.

1. 일을 사랑하라

　인간은 생존을 위하여, 의, 식, 주를 얻기 위한 활동을 필요로 한다. 이러한 우리의 활동은 일과 여가로 구성된다. 따라서 일하는 시간을 어떻게 보내느냐는 당신의 행복량을 결정짓는 아주 중요한 변수가 된다. "인간이 생명체로서 얻을 수 있는 기쁨과 행복은 노동에 있다"는 한나 아렌트의 말은 일의 중요성을 대변한다.[194]

　인생의 대부분을 점유하는 일하는 시간을 불안과 두려운 마음으로 허비한다면 어떤 곳에서도 이를 만회하기 어렵다. 카네기는 "우리가 깨어 있는 시간의 절반은 일을 하면서 보내는데 만약에 일 속에서 행복을 찾을 수 없다면 어디에서도 행복을 찾지 못할 것"이라고 하면서, "만약 당신이 직장에서 즐겁게 일을 한다면, 승진과 더불어 보다 많은 급여를 받게 될 것이며, 설령 그렇지 못한다 해도 피로를 최소한도로 감소시켜 더 많은 여유를 즐길 수 있게 될 것"이라고 한 것은 일터에서 보내는 시간이 행복에 얼마나 중요한 것인지를 말해준다.[195]

　칼 힐티는 "일이란 할수록 재미있어지는 것"으로 자신이 하는 노동의 강도나 수준과 관계없이 일 자체를 즐길 것을 강조했다. 그는 "우리 인생에서 가장 행복할 때는 일에 몰두하고 있을 때이다. 일을 한다는 것은 인간의 행복 중 가장 큰 요소 중의 하나"라고 말했다. 진정한 행복은 일하지 않고는 절대로 주어지지 않는다. 그는 "실패한 인생은 대부분 일을 가지지 않았거나, 일이 너무 적었거나 일이 마음에 들지 않았기 때문으로, 정말 재미없는 일이라면 다른 일로 바꿀 것"을 강조하면서 자발적인 일을 행복의 본질로 찬양한다.[196)]

현대인의 삶은 무한경쟁 구조 속에서 생계를 위하여 대부분의 시간을 노동에 투입해야 하는 것은 거의 필연적이다. 이 시간을 고통으로 생각한다면 삶의 질은 크게 훼손되고 행복량은 매우 낮아질 것이다. 결국 우리 같은 소시민들의 행복은 일하는 시간을 어떻게 활용하는가가 매우 중요하다. 물론 일반적인 노동이 아니더라도 다른 무언가를 추구하는 사람은 꿈이나 열망을 가지지 못한 사람들이나 일하는 사람들보다도 훨씬 행복할 것이다. 이와같이 대부분의 현대인들에게 일하는 시간을 가치 있는 시간으로 변화시키지 않는다면 행복을 위한 다른 방법이 거의 없다는 사실을 깨달아야 한다.

우리의 문제는 부가 곧 행복이라는 무한성장의 자본주의가 갖다 바친 '일은 곧 고통'이라는 관념이 이데올로기화된 것이 문제다. 당신은 일하는 시간을 어쩔 수 없는 불가피한 시간으로 받아들여 현재의 시간을 부정적 감정으로 보낼지도 모른다. 이러한 태도는 일터에서의 시간을 불안, 고통, 무의미, 지겨움, 기다리기 등 무의미한 시간을 보내는 바보같은 짓일 뿐이다. 이런 자세야말로 인생 대부분을 불행하게 보내는 것으로 지금부터라도 일터에서의 자세에 대한 의식 전환이 절실하다.

일이 힘들다거나 적성에 맞지 않는다는 정신자세 또한 심각하게 생각할 필요가 있다. 이즈미야 간지는 『일 따위를 삶의 보람으로 삼지 말라』는 공격적 저서에서 일하지 않는 일본의 젊은이를 나무라지 말라고 주장한다. 배움은 있으나 결혼하지 않고 저급한 일에는 눈을 돌리지 않는 일본 젊은이들을 '고등유민'이라 명명하고, 이들의 "헝그리 모티베이션(생존의 문제로 인한 삶)은 이미 지난 과거가 되었으므로, 이들이 추구하는 실존적 욕구 불만, 정체 모를 무의미, 공허함을 채워주지 않으면 안 된다"고 하면서 현대 젊은이들의 안일함을 두둔한다. 현대의 단순한 기계부품적 일터는 경멸의 대상이므로 이들에게 게으를 권리를 인정할 것을 강조하는 말이다.[197] 이 의견에 일부 동의한다. 하지만 행복은 상황에 따른 적응의 문제다. 생계를 해결하려는 의지가 약한 이들에게 굳이 지적이거나 고급 수준의 일을 배당해야 한다는 주장은 시대적 환경이나 특성에 적응하려는 주체의 의지나 노력을 오히려 태만하게 하는 처사는 아닐까?

후기 그리스의 혼돈기에는 한 개인이 능력을 발휘하기는 너무나 위험한 세상이었다. 당대 사람들의 행복을 위하여 에피쿠로스는 "당신의 기대를 낮춰서 안위를 추구할 것"을 행복지침으로 제시한 것은 상황에 적응하는 행복의 추구가 더 합리적 결정임을 말해준다. 비록 열악한 환경일지라도 자신의 상황에 따른 적합한 일을 찾을 것이지 나태한 현대 젊은이를 두둔하는 것은 수긍하기 힘들다. 이러한 태도는 자기의 책임을 사회 탓으로 돌리는 전가 행위를 정당화할 수 있다.

결국 일을 통한 행복이든 여가를 통한 행복이든, 자기 수준에 알맞은 일이나 활동에 종사하는 것이 가장 올바른 선택일 수 있지만, 그렇게 하더라도 각각의 한계가 있을 수밖에 없다. 또한 지구상의 수많은 사람이 모두 자기 적성에 맞는 일에 종사하기란 불가능하다. 왜냐하면 일자리는 한정적이며 개개인의 특성과 지향에 따라 일자리가 있는 것이 아니라 시대와 사회적 요구에 따라 일자리가 만들어지기 때문이다. 사실 전 세계적으로 경제 성장의 한계를 보이는 지금의 현실은 일자리의 점차적 악화가 예상될 뿐 암울하기까지 하다. 어쩌면 이러한 현상은 그리스 말기처럼 향후 수 세기 동안 지속될 공산도 있다.

일에 대한 즐거움을 찾기 위해서는 다른 무엇보다 일에 대한 자발성이 중요하다. 당신이 하는 일이 당신의 적성이나 강도에 문제가 있을 수도 있지만, 당장 해결이 어려운 문제에 불만만 터뜨린다면 불행은 지속될 것이다. 감정지도 상 자발성은 매우 높은 의식 수준에 해당한다. 우리가 일에 치여 산다거나 일이 힘들다고 하는 것은 당신이 일을 주제적으로 이끌지 못하고 피동적으로 일에 끌려다니는 게 그 원인이다. 자발적으로 하는 행위에 부정적 감정이 끼어들 여지는 없다. 쇼펜하우어가 행복을 위하여 명랑한 얼굴을 하면 아무리 나쁜 기분 상태라도 부정적 감정은 사라진다고 했듯이 말이다.[198]

자발적 사고는 일에 주인의식을 가지고 주체적으로 임하는 자세로서 당신을 자유롭게 할 것이다. 만약 말단 회사원이라면 일터에서 일을 주체적으로 행하는 데는 사실 한계가 있을지도 모른다. 층층이 누적된 상사들이 자신들의 권위로 당신의 업무를 예속할 수도 있기 때문이다. 그렇지만 마음가짐에 따라서 당신의 주체 영역은 확연하게 확장될 수 있다. 일에 대한 자발성은 일터의 시간에 상당 수준의 즐거움을 확보하게 할 것이다.

칼 힐티는 노동을 "지상에서 가장 즐거운 것이면서도 힘겨운 것"으로 정의하며 "자유로이 일할 수 있으면 가장 좋고 노예처럼 일하는 것이면 가장 괴로운 것"이라며 자발적, 주체적 일을 통한 행복을 강조한다.[199] 업무 능력이나 소질에 의한 감정 변화의 차이는 있겠지만, 무엇보다도 일을 대하는 자세가 행복에 큰 영향을 준다는 것이다.

농부가 자기 밭을 일구어 생산물을 수확하는 행위처럼 자신의 지식이나 경험으로 일을 계획하고 조정하며, 사물의 가르침을 기꺼이 받아들이고, 자기 눈으로 일의 성과를 확인하는 자발성을 발휘한다면 즐거울 것이다. 헤겔은 그의 변증법에서 비록 "하인이라도 자신의 일에 대해 스스로 결정하고 판단할 수 있는 권한을 가진다면 주인보다도 더욱 행복할 수도 있다"는 말도 무슨 일이든 자기 책임하에 주도적으로 행할 때 행복이 찾아온다는 것을 말해준다.

자발적으로 행한 그 일에 창조성을 발휘하여 인류에 도움이 된다면 더욱 즐거움을 느낄 수 있다. 흔히 가장 바람직한 행복의 길이라고 여기는 자아실현도 세상에 도움이 되는 창조적 일을 자발적으로 행할 때 이루어지는 것이다.

창조적 일이란 신대륙을 발견하고 엄청난 기계를 발명하는 것만을 의미하지 않는다. 자기가 사는 마을 어귀를 빗자루로 쓰는 행위도 의미와 가치가 있는 창조적 행위에 해당한다. 태국의 틱낫한 스님은 "자기가 조종할 배를 만들거나 자기 밭을 직접 경작할 수 있는 사람은 가장 즐거운 상태에 있을 것"이라고 했다. 또 베란 울프가 "당신이 정말로 행복한 사람을 관찰하면 그 사람은 배를 만들거나, 교향곡을 작곡하거나, 아들을 교육시키거나, 정원에서 겹달리아를 기르거나, 고비사막에서 공룡알을 찾고 있을 것이다."라고 말했다는 것은 창조적 일을 자발적으로 행하는 즐거움을 찬양하는 것이다.[200]

사상가 중에는 행복의 요소로 여가를 강조하는 주장들이 적지 않다. 하지만 이런 사유도 결국은 일을 통한 즐거움을 강조하는 것일 뿐, 우리가 생각하는 육체적 쾌락이나 물질적 소비로 착각해서는 안 된다. 즉 일을 떠난 놀이를 의미하는 것을 말하는 것이 아니다.

아리스토텔레스는 "행복은 여가에 있다"라며 "여가를 인간이 소유하는 가장 훌륭한 것"이라는 말을 마치 일하지 않고 여가를 즐기라는 말로 오해하면 안 될 것이다.[201] 그들이 추구한 여가는 단순한 노예적 노동을 넘어 사회적이고 철학적인 활동에서 탁월함을 추구하는 것을 말한다. 그들이 살았던 시대는 철저한 노예 기반의 사회로 그가 말한 여가란 기초적 생산활동과 무관한 상류 시민들의 것이기 때문이다. 따라서 어느 곳, 어떤 일에 종사하든지 주체성을 가지고 자발적 삶을 살아가는 사람은 세상을 위한 창조적 활동으로 발현될 것이며, 분명 행복도 느낄 것이다.

쇼펜하우어가 행복은 여가를 통한 자아실현을 강조하고, 카를 마르크스가 일이 아닌 여가를 강조한 것도 마찬가지다. 그들이 비판한 것은 자기 재능에 상응하는 일이 아닌 수동적인 노동을 못마땅하게 생각한 것일 뿐, 일 자체를 부정하지는 않았다. 그들은 수동적인 노동을 통해서는 흥미나 가치를 느낄 수가 없으므로 자기 재능에 상응하는 좀 더 고차원적인 자아실현적 여가를 의미하는 것이다. 그것은 여가가 아니라 일이다.

쇼펜하우어는 여가를 활용하는 방법을 소개한다. 여가에 등급을 매겨 아래로는 곤충, 조류, 광물, 화폐 등을 수집하여 기록하는 일이 있고, 위로는 문학과 철학의 가장 뛰어난 업적에 이르기까지 수많은 단계가 있는데, 각 등급의 여가로부터 즐거움을 느끼는 정도는 순전히 지성의 수준과 관련이 있다고 했다. 그는 최상의 등급에서 즐거움을 느끼는 사람은 탁월함의 극치에 있는 천재일 것이라며 칭송하였으며, 그런 자만이 비로소 존재와 본질을 자신의 테마로 장악할 수 있고, 그에 대한 창의적이고 개성적인 사유로 해석하고 표현할 수 있을 정도로 노력할 것이라고 하였다. 이러한 자들은 자기 내면을 살피고, 고찰하고 상상하여 인류에 보탬이 되는 작품을 남기기를 간절히 바란다고 한다.

천재가 아니더라도 물질적 여유가 있는 사람이라면 무엇보다 창조적 시간을 추구해야 한다. 남들이 하는 일을 그저 따라서 하지 않고 그 시간에 자신의 능력에 상응하는 창조적인 일을 하며 행복을 추구해야 한다. 당신이 어디에서 어떤 일이든 자신의 가치 추구를 방해받지 않을 수 있다면 행복에 이르는 가장 빠른 길이 될 수 있다. 만약 당신이 하는 일이 세상에 도움이 되고 당신의 적성에 맞는 일이라면 굳이 일과 여가로 구분하여 따로 애쓰지 않아도 된다. 그 일로부터 충분한 열정과 흥미를 얻을 수 있다면 충분하다.

일은 행복한 삶에 매우 중요한 요소지만, 분업화된 대량생산 방식이나 전문화된 업무에서 자발성과 창의성을 끌어내기는 쉽지 않다. 하지만 시대, 환경, 재능, 여유 없음 등 주어진 조건만 탓하기에는 삶은 짧고 일하는 시간은 길다. 지금부터라도 일이란 생계유지를 위한 수단이라거나 나의 행복과는 무관한 시간이라는 그릇된 이데올로기를 내려놓자. 일의 고통을 즐거움으로 승화하도록 마음을 고쳐먹자. 일이 우리 인생의 대부분을 차지하고 있다는 사실을 명심해야 하며, 일을 통한 행복을 구하지 못한다면 행복할 수 없으며 창조적인 인생으로 거듭나기도 어렵다는 사실을 명심하자.

2. 현재를 살아라

당신이 이 순간에 충실하거나 몰입한다면 번뇌는 거의 사라지고 생각은 간결해진다. 지금 당신은 과거에 대한 후회와 미래에 대한 근심, 걱정으로 머릿속을 채우고 있지는 않은가? 생각은 늘 현재에 머무르지 못하고 과거와 미래를 헤맨다. 당신이 이 순간에 충실한다면 불안과 두려움은 극히 작아지거나 그런 감정에서 벗어나 예외적인 상태가 된다.

우리는 한순간도 의식의 흐름인 생각 없이는 존재하지 않는다. 생각은 과거와 미래라는 시공간이 없다면 기능하지 않을 것이며 통제할 필요도 없다. 그것은 과거의 언행과 선택들을 후회하거나, 일어나지 않은 미래에 대한 걱정과 불안 그리고 망상이다. 불안은 현재를 벗어나 이런 생각에 사로잡힌 불필요한 감정 소비다. 지금의 활동을 방해할 뿐, 당신의 행복에 도움을 주지 않는다. 단지 나쁜 에너지만 생산하여 무의식의 창고에 저장될 뿐이다.

‘생각’이란 에고는 당신의 지배자가 되기 위하여 지금 이 순간을 과거와 미래로 덮어버림으로써 현재는 사라지고 고통, 번뇌, 불행을 불러일으킨다. 대부분의 생각은 당신의 마음을 부정적 의식으로 점령하여 고통과 같은 불쾌함을 느끼게 하는 것들이 대부분이다.

최근에 붐을 이루는 마음챙김이나 명상은 과거나 미래에 관한 생각을 그만두고 현재의 순간에 집중하며 번뇌를 덜고자 하는 방편이다. 그것은 모든 것에서 놓여나 당신의 현재를 보는 것으로 시작한다. 마음챙김은 지금 이 “순간의 내 호흡에 대한 완전한 주의집중, 순간의 자각, 현재의 현실에 깨어 있는 것”으로, 그 목적은 지나간 일로 후회하지 말고 오지 않은 미래를 걱정하는 습관을 현재에 몰입하는 것으로 바꾸는 훈련이다.

마음챙김 명상의 대가 샘 해리스가 “지금의 중요성은 지금을 살고 있다는 자각에 집중함으로서 자유를 얻기 때문”이라고 하는 것은 지금 현재에 집중함으로써 자유가 가능한 것임을 말해준다.

언제나 지금이다. 진부하게 들리더라도 그것이 진실이다. 그러나 신경학적 관점에서 그 말은 그다지 옳지 않다. 우리 마음은 각각 다른 시간에 투입되는 정보 층위를 기반으로 하기 때문이다. 그러나 의식적 경험의 문제로는 이것이 진실이다. 당신 삶의 실재는 언제나 지금이다. 또한 앞으로 보겠지

만, 이 사실을 깨닫는 것은 자유에 이르는 길이다. 사실상 나는 당신이 이 세상에서 행복하길 원한다면 이것을 이해하는 것보다 더 중요한 일은 없다고 생각한다. ─샘 해리스, 『나는 착각일 뿐이다』, 유자화 옮김, 시공사, 2017, 51쪽

현재를 살아간다는 것은 지금 이 순간의 생각이나 일을 자각하고 바라볼 수 있고 몰두하는 것은 물론, 하루 세끼, 잠자리, 산책과 같은 소소한 일상까지도 소중하게 바라볼 수 있는 자각과 여유를 가지는 것이다. 아침에 알람소리에 이부자리를 걷고 일어난 당신이 양치질을 하고 세수하는 동안 창문에서 쏟아지는 아침 햇살의 따스함, 얼굴에 닿는 손의 감촉과 세면대에 떨어지는 물방울 소리, 달달한 치약 냄새 등을 만끽하는 것이다. 우리는 식사하면서도 먹는다는 느낌을 망각하고 다른 생각에 골똘해 있다. 이즈미야 간지는 밥을 먹는 것도 예술이라고 하면서 이를 의무로 생각하는 것을 비판했다. 그는 "식사는 우리가 살아가는데 중요한 근간을 이룬다. 그럼에도 이 식사가 단순한 영양공급에 머물고 거기에 아무런 감동도 없다는 것은 무미건조한 인생이 된다"고 하였다. 우리는 바쁜 일상으로 식사를 홀대한다. 마치 자동차에 휘발유를 공급하는 일처럼 그저 생존에 필요한 수단이자 의무로 대하며 대충 끼니를 때우거나 살기 위해 먹는다고 표현한다. 이는 단지 식사만의 문제는 아닐 것이다. 음식을 대하는 태도는 그 사람의 삶에 대한 태도를 알 수 있다고 한다.

만약 당신이 식사를 마지못해 치르는 의무처럼 생각한다면 삶 자체도 어쩔 수 없는 의무로 전락했음을 시사하는 것이다. 그는 전문 요리사의 말을 인용하면서 우리가 요리하는 과정이나 먹는 행위에서 느끼는 즐거움을 일상의 행복 조건으로 제시하고 있다.[202]

현대인은 과거와 미래에 대한 온갖 번뇌와 불안으로 행복을 추구하는 데 방해를 받고 있지만, 언제나 삶의 토대는 현재라는 사실을 잊지 않아야 한다. 몽테뉴는 "우리는 현재를 충실히 살아가지 못하고 언제나 그 너머를 향한다. 두려움과 욕망, 그리고 기대는 우리를 미래로 내던져, 앞날을 그려보는 즐거움을 빼앗아 가는데도 현재의 시간을 마냥 흘려보내게 만든다"고 하면서 "미래에 대해 근심하는 영혼은 불행하다"고 했다.[203]

윌리엄 오슬러는 젊은 시절 "우리의 중요한 임무는 먼 곳의 희미한 것을 보는 게 아니라 가까이 똑똑하게 보이는 것을 실행하는 일이다"라는 토머스 칼라일의 책 구절을 보고 그의 인생을 바꿨다고 한다. 그는 다음과 같은 말로 현재의 중요성을 강조한다.

우리가 "내일과 어제의 짐까지 모두 지고 가려 한다면 아무리 강한 사람이라도 쓰러지게 됩니다. 과거나 미래를 모두 닫아 버리십시오. 미래란 바로 오늘입니다. 내일이 아닙

니다. 정력의 낭비나 정신적 고뇌 그리고 번민은 미래의 일에 이리저리 얽매이는 사람에게 붙어 다니게 마련입니다. 앞뒤의 문을 꼭 닫고 오늘을 위해서만 충실히 생활하는 습관을 지니도록 하십시다. 내일을 위한 좋은 방법이란 오늘 일을 오늘 하기 위한 모든 지성과 열정을 집중하라는 것입니다." ─데일 카네기, 『카네기 행복론』, 염순덕 옮김, 씨앗을뿌리는사람, 2015, 25~27쪽

현재를 중시하는 태도는 직장에서뿐만 아니라 일상에서도 항상 유지해야 할 자세다. 현재를 사는 일은 당신의 불안과 고통, 고민도 사라지게 하는 이중의 효과를 가져온다는 것을 명심하자. 카네기는 다음과 같이 자신에게 매일 묻기를 요구한다.

나는 미래를 근심하거나 아득한 곳에 있는 마법의 장미정원을 동경한 나머지 현실을 도피하지는 않았나? 나는 과거의 일을 후회하면서 현재를 악화시키지 않은가? 나는 매일 아침 깨어날 때, 오늘을 위해 최선을 다하자고, 오늘이라는 24시간을 최대한 활용하겠다고 결심하는가? 오늘을 산다는 것에서 인생의 더 많은 보람을 획득할 수 있는가? 그렇다면 이것을 언제부터 시작해야 할까? 다음 주, 내일, 오늘? ─데일 카네기, 『카네기 행복론』, 염순덕 옮김, 씨앗을뿌리는사람, 2015, 39쪽

슈테판 클라인은 "인간은 현실에 집중할 수 있을 때 가장 행복함을 느끼는 데도 대부분은 그 반대인데, 자기도 모르게 자꾸 다른 생각에 빠져 주변의 현실을 인지하지 못하는 현상이 벌어진다"고 한다. 그는 실제 이러한 현상은 대부분의 연구 결과로 드러나는데, 관찰자의 절반 이상이 현실에 집중하지 않고 딴생각에 빠져 있었기 때문이라고 한다.[204] 그만큼 우리는 현실과 동떨어진 생각으로 현재를 허비한다. 그런데 단 한 가지 예외는 섹스였다. 섹스는 육체와 정신을 현재와 상대 그리고 우리라는 관계에 몰입하는 행위로 건강과 행복한 감정에 좋은 것이다.

과거나 미래에 관한 생각은 좋은 감정보다는 나쁜 생각으로 심리적 방황을 불러오는 경우가 허다하다. 그리고 우리가 살아가는 현재라는 시간은 영원 속으로 사라진다. 현재 세계적으로 유행하는 명상은 현재에 집중, 몰입하는 삶을 위한 기법이다. 심리학자인 미하이 칙센트미하이는 주의력이 고도로 집중된 몰입의 상태야말로 쉴 때보다도 더 큰 만족을 준다고 하는 것은 현재에 집중하는 것의 즐거움을 말해준다.[205]

쇼펜하우어는 "현재야말로 유일하게 현실적이고 확실한 것이라고 하면서, 미래는 대부분 우리가 상상하고 있는 것과는 다르게 전개되며, 심지어는 과거조차도 우리의 상상과는 달랐다"는 사실을 강조한다.[206] 과거와 미래는 우리 생각만큼 대단한 것이 아니다. 이것은 패턴의 반복에 지나지 않으며 거리감을 두고 현재를 통해 긍정할 수 있어야 한다. 니체가 말한 영원회귀를 생각해 보자. 삶이란 마치 돌고 도는 물레방아처럼 반복일 뿐이라는 것인데, 과거나 미래에 너무 큰 의미를 부여하지는 말자는 것이다. 당신이 현재를 항상 명랑하게 받아들일 수 있는 태도야말로 행복의 전제조건이다.

다시 말하면, 우리는 과거에 품었던 희망에 대한 좌절이나 미래에 대한 우려로 현재를 우울하고 씁쓸하며 숨 막히는 삶으로 여겨서는 안 될 것이다. 지난 일에 화를 내거나 미래에 대한 걱정으로 이처럼 좋은 현재를 뒷전으로 미루는 것은 어리석은 짓일 뿐 당신에게 하등 도움될 것이 없다.

이제부터 당신은 지금 이 순간에 살며 꼭 필요한 경우에만 과거와 미래를 잠깐씩 방문하라. 순간이 담고 있는 것이 무엇이든 당신이 그것을 선택하고 받아들여라. 언제나 지금 이순간을 적이 아닌 동맹으로 삼아라. 당신의 삶 전체가 기적일 것이다.

내 인생에서 가장 행복한 날은 엊그제인가? 바로 오늘이다. 내 삶에서 절정의 날은 언제인가, 바로 오늘이다. 내 생애에서 가장 귀중한 날은 언제인가, 바로 오늘, 지금 '여기'이다. 어제는 지나간 오늘이요, 내일은 다가오는 오늘이다. 그러므로 '오늘' 하루하루를 이 삶의 전부로 느끼며 살아야 한다. ─벽암록,
이정호, 『행복에 이르는 지혜』, 방송대학교 출판부, 2011, 295쪽

3. 가슴을 열자

중국 송대 승려 청원유신 선사의 말처럼 성인이 된 당신은, 어릴 적의 산은 지금의 산이 아니고 어릴 때의 물은 지금의 물이 아니다. 즉 세상의 욕망 이데올로기로 프로그램화된 당신은 세상을 있는 그대로 보지 못한다. 진실이 보이지 않는다. 가슴을 여는 것은 부정적 상황에 저항하지 않고 있는 그대로를 바라보며 즐거운 감정에도 집착하지 않는 상태를 말한다. 세상을 있는 그대로 보고 판단하지 않으며 단지 경험하고 학습할 뿐이다. 마치 차를 타고 가면서 가로수의 흐름을 볼 뿐 특정 장면에 붙들리지 않는 것과 같다. 한마디로 욕망 이데올로기를 버리는 것이다.

행복할 수 있는 가장 쉬운 방법은 매 순간 당신의 감정 에너지를 자연스럽게 흘려보내는 것이다. 가슴을 연다는 것은 지금 당신의 머리 속의 부정적 생각이나 사건에 저항하거나 집착하지 않는 것이다. 당신이 좋은 것에 마냥 집착하고 싫어하는 것에는 강하게 저항하려는 습관이야말로 감정 에너지를 흘려보내지 못하고 가슴에 욱여넣는 것이다. 이 에너지는 가슴에 저장되어 관념화하며 유사 사태에 불현듯 튀어나올 것이다. 이 덩어리를 자연스럽게 흘려보내지 않는다면 가슴에 쌓여 부정적 이데올로기로 범주화될 것이다.

우리는 흔히 이러한 사건 하나를 트라우마, 멍에, 상처, 삼스카라(samskāra)라고 한다. 이것은 점차 더 크게 뭉쳐지고 확고하게 될 것이며, 당신의 정체성을 형성할 것이며, 당신의 평균적 의식 수준으로 고착하게 된다. 한번 형성된 평균적 의식 수준은 평생에 걸쳐 영향을 주니 주의하자. 해결책은 삶을 밀쳐 내거나 붙잡지 않고 인정하고 즐기는 것이다. 그렇게 살 수 있다면 매 순간과 사건은 당신을 긍정적으로 변화시킨다. 삶과 씨름하지 않고 삶이 주는 선물을 기꺼이 경험하면 당신은 존재의 가장 깊은 곳까지 다가갈 것이다.[207]

먼저, 소소한 일에는 마음을 쓰지 말자. 우리는 살아가면서 큰 재난에는 용감하게 대처하는데, 그리 대단치 않은 일에 사활을 걸다가 넘어지곤 한다. 많은 사람이 사소한 일로 폭발 일보 직전까지 서로를 몰아가는 일은 흔한데, 대부분의 걱정이 이런 사소한 일이라고 한다. 살다 보면 아무것도 아닌 일이 침소봉대되어 큰 사건이 되는 경우가 허다하다. 오랜 친구와 사소한 다툼이 결별로 이어지기도 하고, 내가 먼저 한 점심 대접이나 경조금 지급에 대한 상대방의 무응답도 오해와 공분을 일으키기도 한다. 이런 사건으로 내 감정을 상하는 것보다는 잊어버리는 것이 오히려 실익이 되는 경우가 많다. 사르트르가 "익명으로 베풀어진 증여와 관용은 그 결과를 향유할 주체가 없기에 순수하고 긍정적인 행위가 될 수 있다"고 한 것이나 아리스토텔레스가 "이상적인 사람은 남에게 친절을 베푸는 데 기쁨을 느낀다. 그러나 남에게 친절을 받으면 부끄러움으로 여긴다. 왜냐하면 친절을 베푼다는 것은 우월의 상징이며, 그것을 받는 것은 열등의 표시이기 때문"이라고 한 것은 구제와 도움의 손길은 은밀히 하라는 것을 말한다.[208] 쉽게 말해, 선한 행위는 그 행함과 동시에 잊어버리라는 것이다. 그렇지 않으면 본전을 찾고자 하는 심리 때문에 결국엔 자기의 행위를 내세우고 보상을 요구하며 추해지기 마련인 것이다.

가끔 타인이 나의 흠을 비난하는 것도 마찬가지다. 그 내용이 때로는 나에게 치명적인 결과를 가져오기도 하지만, 무관심한 대응이 훨씬 나은 결과를 가져올 수 있다. 당신이 남한테 뒷소문을 듣거나 비난받았다는 사실은 당신이 누군가의 주목을 받을 만한 현저한 일을 하고 있다는 증거일 가능성이 크다. 사람들은 자기보다 높은 교육을 받은 사람이거나 성공한 사람들을 악담하며 천박한 만족을 느끼기도 한다.

링컨이 남북전쟁 중 그에게 쏟아지는 신랄한 비난에 대꾸하는 것이 어리석은 짓이라는 것을 깨닫지 못했다면, 아마도 그의 명성은 후대에 이어지지 못했을 것이다. 그는 자기에 대한 비난에 대해 이렇게 말했다고 한다.

나에게 대한 모든 비평에 일일이 신경 쓰거나 그 내용을 확인한다면 지금의 일을 그만두고 다른 직업을 찾아보는 것이 좋았을 것이다. 나는 내가 아는 지식을 총동원하여 최선을 다하고 있다. 나는 최후의 순간까지 그렇게 할 것이다. 그 결과가 좋다면 나에게 가해진 비평은 문제가 되지 않을 것이고 결과가 좋지 않다면 열 명의 천사가 내 정당성을 입증하더라도 무용할 것이다. ─데일 카네기, 『카네기 행복론』, 염순덕 옮김, 씨앗을뿌리는사람, 2010, 301쪽

우리는 가끔 하찮은 일로 당황한다. 우리가 이 지상에 머무는 동안은 겨우 수십 년에 불과하다. 우리는 1년 뒤 모든 사람의 기억 속에서 사라져 버릴 불평불만을 고민하면서 귀중한 시간을 허비한다. 우리는 사소한 문제에 고민할 시간과 노력을 가치 있는 행동과 감정, 위대한 사상과 진실한 애정, 그리고 영구적인 일에 투자한다면 매우 고상한 사람이 될 것이다.

콜로라도의 롱 피크 경사지에는 거목의 잔해가 있는데 400살이 넘은 나무였다고 한다. 이 나무는 자기 생애에 열네 번의 벼락을 맞고 수많은 눈사태와 폭풍을 견디어 냈지만, 작은 딱정벌레의 공격으로 순식간에 쓰러지고 말았다고 한다.[209] 작은 고민에 예민하면 좀먹는 벌레처럼 우리를 서서히 또는 순식간에 쓰러뜨릴 수가 있다. 같은 고생 끝에 자수성가한 사람들이 갑자기

암으로 쓰러지는 경우는 흔하다.

　또한 삶에서 가끔 발생하는 불가피한 상황을 어떻게 받아들이는가는 매우 중요하다. 당신이 어떤 환경이든, 어떤 일을 당했을 때 그것을 내가 통제할 수 있는지 그리고 나의 능력으로 회복이 가능한 일인가를 심사숙고한 후 나의 통제력을 벗어난 일이라면 고민하기를 즉시 그만두어야 한다. 보통 사람들은 벌어진 사건에 대해 걱정하면서 이미 엎어진 사건도 원위치가 될지도 모른다거나 막연하게 해결책이 생길 것이라 기대한다. 승진, 연인과의 불화, 몸의 병도 단순히 염려하면 잘 해결될 것이라고 기대하는 데 문제가 있다.

　대부분의 사건은 이미 벌어졌으며 걱정한다고 해결될 문제는 아니다. 괜한 마음고생은 자기 몸의 약화만 초래할 경우가 많다. 카네기는 이를 "톱밥"을 켜는 행위처럼 무용하다고 표현했다.[210] 액면 그대로를 받아들여라. 일단 일어난 일을 받아들인다는 것은 불행한 결과를 극복하는 첫걸음이다. 상황에 대한 느낌은 순전히 당신의 욕망 이데올로기에 대한 집착일 뿐 문제 해결에 도움이 되지는 않는다. 불가피한 일이라면 빨리 인정하고 받아들이는 태도가 긍정으로 가는 지름길이다. 깨끗하게 체념할 수 있는 태도야말로 미래를 향하는데 가장 바람직한 대처법이다. 에픽테토스는 "큰 사건을 대하는 자세로 고민을 그만두는 것만큼 좋은 방법은 없다"고 했다.[211]

우리가 어떤 상황을 비관하거나 절망하며 좌절로 가는 것은 가슴에 상처를 저장하는 것으로 의식 수준을 추락시킨다. 이는 삶에 도움이 되지 않으며 행복이라는 과실은 멀어지게 된다. 어떤 상황에서도 자신을 인정하고 그 이상으로 나가는 자세를 가져야 한다. 알프레드 아들러는 "인간에게 가장 놀랄만한 특성 중의 하나는 마이너스를 플러스로 바꾸는 힘을 갖고 있다는 사실"이라고 말했다. 어떤 상황이 닥치더라도 존재는 스스로 헤쳐갈 용기가 있다는 점을 강조하는 것이다.[212]

대중들의 약점은 자기가 힘든 이유를 가족, 사회, 국가 등 주어진 환경 탓으로 돌리는 데 있다. 이것은 자신이 노력하여 뭔가를 이루려는 생각보다는 자신이 게으르고 나태한 것을 인정하지 않으려는 사람들이다. 이런 부류는 더 나아가 질투심, 분노, 증오의 감정을 터드린다. 물론 그 감정을 슬픔, 무의미, 죄의식으로 위축시키는 것보다는 낫겠지만, 결국 불행한 의식들에 불과하다. 이미 벌어진 사건을 원망하고 그에 집착하면 자기 수명만 단축한다.

큰 사고에 담대하게 대처하라. 삶에는 이야기치 않게 큰 사건과 사고가 도사리고 있다. 가족 구성원 중 큰 병을 앓거나 사고를 당하거나, 갑작스러운 지위와 명예의 추락, 평생 일군 재산의 손실 등 삶의 근간이 흔들릴 정도로 커다란 위험에 처하는 경우가 생길 수 있다. 이럴 때 제대로 대처하지 못하면 몸과 마음을 크게 다치게 되며, 심할 경우 의식이 급전직하로 우울, 비관, 죄의식, 허무주의에 빠져 불행한 삶을 살게 되거나 심하면 자살로 생을 끝내기도 한다.

대처법을 생각해 보자. 일단 상황이 발생하면 당황하지 않고 현실을 직시한 뒤 그에 알맞은 슬기로운 대처가 필요하다. 우선, 일이나 사건을 인식한 전후로 최악의 사태를 고려한다. 최악의 사태를 고려한다는 것은 원상회복되리라는 기대나 회한을 내려놓는 것이다. 임어당은 "참다운 마음의 평화는 최악의 사태를 감수하는 데서 얻어지며, 이는 또 심리학적으로 에너지의 해방을 의미"한다고 했다.

정신적으로 최악의 사태를 수용하고 나면 그 이상의 사태는 일어나지 않는다. 이미 마음의 대비가 이루어져 그 이상 더 잃을 것이 없기에 크게 동요하지 않는다. 가슴은 열리고 에너지가 해방된다. 고통은 그 감정을 부여잡고 놓아주지 않으면 않을수록 폭풍을 겪은 나무처럼 뿌리부터 강해진다.

사건의 상황을 냉정하게 분석하고 실패의 결과로 일어날 수 있는 최악의 경우를 예측한 후 기꺼이 결과를 감수하기로 결단하게 되면 감정은 해방된다. 실제로 많은 이들은 사건이 발생하면 분노, 절망, 비애의 소용돌이 속에서 자신을 학대하고 최악의 사태를 받아들이지 못하여, 합리적 개선 노력보다는 부정적 감정에 휩싸여 일의 수습을 그르치고 몸까지 상하게 되는 것이다. 가슴을 닫고 현실을 직시하지 않은 저항은 자기 학대와 같은 것이다.

> 이미 불행한 사건이 일어나서 이제 어떻게 손 써 볼 방법도 없는 경우, 이렇게 되지 않았을 수도 있었을 텐데, 또는 어떻게 했어야 미연에 방지할 수 있었을까 등과 같은 생각은 하지 않는 것이 좋다. 그러한 것들을 생각하게 되면 오히려 고통이 더해져 더는 참을 수 없이 되어 버릴지도 모른다. 그 결과 자신이 스스로를 괴롭히게 될 뿐이다. 그보다는 오히려 다윗 왕처럼 하는 것이 좋을 것이다. 다윗왕은 아들이 병상에 누워 있는 동안에는 쉬지 않고 여호와에게 애원하고 호소하기에 힘썼지만 죽은 뒤에는 "쳇, 무시하기는."이라고 한마디 한 뒤 그것에 대해서는 더는 생각하지 않았다고 한다.─쇼펜하우어,
> 『쇼펜하우어인생론』박현석 옮김, 나래북, 2010, 280쪽

이제 일어난 사건에 대해 분석에 들어가자. 큰 사건이 발생하면 우왕좌왕하지 말고 그 사건의 핵심을 먼저 생각하자. 걱정의 원인이 무엇인지, 걱정이 나에게 어느 정도 위험한지, 내가 감당한 손실 등을 객관적으로 생각하고, 현 상황에서 최상의 선택방안을 찾아본다. 결단을 내리면 고민의 절반이 사라지며 나머지는 실행에 옮겨 거의 소멸한다. 우물쭈물하면 자신의 건강만 해친다. 최악의 사태를 받아들이기로 마음먹었다면 그 문제에서 손해 자체는 이미 감수한 상태로 정리되어 집중도 가능하다. 사

실을 정확하게 파악하고 사태를 제대로 분석했다면 실행 방안을 결단하고 그것을 행동에 옮기면 된다.[213]

마지막으로 기분이 우울할 때 특효약은 명랑한 얼굴을 하는 것이다. 머리로는 고민하고 걱정하면서도 겉으로는 긍정적인 태도를 유지하고 타인에게 친절하며 적극적인 행동을 취하는 것은 어려운 일이다. 하지만 당신이 평상시 명랑한 얼굴을 한다면 의식 수준을 '용기, 자발성, 중용, 수용, 사랑의 긍정적 감정으로 끌어올릴 수 있다. 행동과 감정을 달리하는 것은 어렵다. 단지 결심만으로는 감정을 바꿀 수 없겠지만, 행동을 바꿀 수는 있다. 하지만 명랑하게 행동하는 것은 부정적 감정 상태로는 불가능하다. 당신은 절이나 교당, 스님이나 성직자의 해맑은 모습을 봤을 것이다. 따라서 행동이 바뀌면 감정은 자동으로 상승한다.[214]

위대한 통치자 마르쿠스 아우렐리우스는 "우리의 인생은 우리의 사고로 만들어진다"고 했다. 당신이 즐거운 생각을 한다면 즐거울 것이며 불행한 생각을 한다면 불행하게 될 것이다. 또 무서운 생각을 한다면 무서워질 것이며, 병적인 생각을 한다면 병에 걸리게 된다. 실패를 생각한다면 실패할 확률이 높을 것이다. 분노하거나 우울한 표정을 한다면 주변 사람들은 당신을 피하고 멀리할 것이다.

『실낙원』을 쓴 밀턴은 "마음은 자신의 터전이니라. 그 안에서 지옥을 천국으로 천국을 지옥으로 만들 수 있다"고 했다.[215] 자기의 감정은 자기 자신의 마음에서 결정된다는 의미다. 류보머스키도 행복을 지속시키는 다섯 가지 비결로 그 첫 번째가 긍정적인 감정 즉 '기쁨, 즐거움, 만족, 평온, 호기심, 흥미, 활기, 열정, 활력, 전율'을 가지라고 말한다.[216] 이것은 당신이 행복하길 원한다면 일상에서 명랑한 얼굴을 하라는 것과 같다. 쇼펜하우어도 "명랑한 얼굴을 한 사람이야말로 선천적이든 후천적이든 다른 어떤 사람보다도 행복을 위해 태어난 사람"이라고 말하며 명랑한 자세와 행동의 중요성을 강조하였다.[217]

2장
상시적 자세

우리는 삶에서 중대한 오류를 범하고 있다. 사람들은 좋은 직장을 얻기 위하여 또는 즐거운 여가, 취미활동을 위해서는 진심으로 공부하는데, 진작 전 생애를 행복하게 살아가기 위한 공부는 거의 하지 않는다.

왜 그럴까? 가장 큰 이유는 행복은 배울만한 주제가 아니라 삶에서 자동으로 습득되는 경험 정도로 치부하기 때문이다. 그러나 실상은 그렇지 않다. 행복은 배우지 않으면 어디에 있는지 어떻게 찾아가는지 알 수 없다. 행복은 개인의 고유성에 있는데도, 사람들은 알게 모르게 일체성을 강요하는 이데올로기를 따르는 것을 행복이라고 여기며 살고 있다.

이 장은 당신이 행복하기 위하여 가져야 할 가장 바람직한 일반적 자세를 살펴본다. 당신의 의식세계가 자유, 사랑, 창조의 모습으로 꾸준히 항해하기 위해서는 일상에서 늘상 이 장의 지혜를 기르기 위한 정진하는 태도를 유지해 나가야 한다. 수련을 계속하고 정신을 고양해가면 어떠한 상황에 직면하더라도 자신의 감정을 통제할 수 있는 의식을 갖게 될 것이다. 이 장의 상시적 자세는 세상을 주체적이며 능동적으로 살아갈 수 있도록 능력을 강화해줄 것이며, 소유보다는 존재적 삶을, 이데올로기에 대한 중용의 도를 유지할 수 있는 참된 삶을 가능하게 할 지혜를 얻게 될 것이다.

여기서는 '배움, 용기, 정직, 비교, 죽음'이라는 다섯 가지 키워드를 제시한다. 에고라는 가면과 껍데기를 벗어던지려면 나를 둘러싼 이데올로기를 알고, 일터의 효율성을 높이며 나와 타자의 관계를 개선하고 개방적 마인드를 가져야 하는데 이 장은 그 역할을 하게 된다.

당신을 옥죄는 세상의 이데올로기는 자신의 결심만으로는 탈피하기 힘들다. 이 장은 나를 구속하는 이데올로기가 무엇인지, 그 이데올로기 중 필요한 것은 무엇인지, 필요한 이데올로기는 어느 정도 수용하고 배척해야 할 것인지, 감정의 종류는 어떤 것이 있는지, 나의 감정 표현능력은 괜찮은지, 내가 가진 죄의식은 타당한 이유가 되는지 등에 관한 다방면의 고찰을 향한 기초 함양을 위한 자세를 제시한다.

1. 배움·독서

행복은 배워야 알 수 있다. 당신이 지금 가고 있는 목적지가 어딘지, 지금 가는 길은 올바른 길인지, 지금 어디 메에 있는지, 수정할 필요성이 있는지를 알아야 지금의 상황과 상태를 진단하고 대처할 수 있다. 당신은 지금 당신을 둘러싸고 차단하고 있는 벽, 이데올로기의 한계가 무엇인지 알아볼 필요가 있다. 이 벽은 당신의 자부심으로 이루어져 당신 바깥의 다른 세상을 보지 못하게 한다. 마이클 싱어는 당신이 쳐놓은 외부 장벽을 다음과 같이 묘사하고 있다. 물론 본인은 콘크리트 같은 이 장벽을 가지고 있다고는 전혀 느끼지 못할 것이다.

당신의 마음은 생각과 감정으로 되어 있다. 그것이 당신의 정체성이다. 그것은 당신의 모든 과거 경험이고 모든 생각과 감정이며 당신이 끌어다 모아 놓은 관념과 관점과 견해와 믿음과 희망과 꿈이다. 당신은 그것을 위, 아래, 사방에 쌓아 놓는다. 당신의 마음속에 세계를 구축하고, 그 속에서 산다. 이 마음의 구조물은 벽 저편 자연의 빛으로부터 당신을 완벽하게 차단한다. 생각의 벽은 너무나 두텁고 완벽하게 에워싸서 그 안에는 오로지 암흑밖에 없다. 당신은 자신의 생각과 감정에 온통 사로잡혀서 그것이 만들어 내는 경계 너머로는 가보지를 못한다. ―마이클 싱어, 『상처받지 않는 영혼』, 192쪽

당신은 일상을 통한 경험으로는 당신의 벽이 무엇인지, 벽 너머에는 무엇이 있는지는 극히 일부분만 알 수 있다. 당신은 일상의 경험만으로 햇살이 비치는 넓고도 깊은 바깥세상으로 나아갈 수 없다. 당신 의식의 벽 너머로 가는 방법은 독서(배움)를 통한 길 외에는 거의 없다. 이 장에서 제시한 다섯 가지 키워드도 독서를 통할 때 가장 빠르다. 달라이 라마는 "내면의 변화를 위한 방법으로 초월적, 신비적, 영적 수행도 좋지만 배움과 가르침이 최고"라고 거듭 강조한 바 있다.[218] 우리는 독서나 교육이 새로운 기술을 배워 좋은 직업을 보장받는 것은 당연하게 생각하는데, 행복을 위하여 필요하다는 생각은 거의 하지 않는 어리석음을 범하고 있는 것이다.

독서는 당신을 주체적 행동으로 이끌며 두뇌를 자유롭게 활성화한다. 우리가 아는 세상 저 너머 미지의 차원을 알려주고, 남을 사랑해야 하는 당위성을 알려줄 뿐 아니라 사랑하는 마음도 일깨운다. 또한 당신은 사물 상호 간의 은유나 치환, 배치, 무관한 사물 간의 연결고리, 유사한 것 또는 이질적인 것들 간의 범주화 등 세상을 창조적으로 살아갈 지식과 능력을 배양해 줄 것이다.

독서는 행복으로 가는 다섯 가지 테마의 원천이자 자양분이다. 독서야말로 다른 네 가지를 모두 고양 시키는 원동력에 해당한다. 독서는 당신에게 정착된 이데올로기를 선별해줄 거의 유일한 도구다. 독서를 통해서만 지금까지 잘못 체화된 이데올로기를 비춰보게 하며 세상을 바라보는 더 나은 관점과 유용한 지식과 지혜를 선사할 뿐만 아니라, 우리의 삶에서 열정을 강화하며 호기심, 탁월성, 존재성을 일깨우는 수단이 된다. 종교의 수행도 마찬가지다. 불교의 정진 수단인 정혜쌍수(定慧雙修)는 선정(禪定)과 세상의 이치인 지혜 수련을 병행 해야 함을 말한다. 단순히 선정만으로는 진정한 깨우침에 도달하지 못하므로 지적인 수련의 병행을 함께하고자하는 것이다.[219]

우리는 자신만의 경험으로 세상을 달관한 것처럼 살아갈 뿐, 자신의 무지를 알지 못한다. 자기 경험과 인식과 관념만이 세상의 전부인 양 생각하며 살아가고 있을 뿐이다. 자신이 부족하다는 것을 아는 겸손만 있어도 발전 가능성은 커진다.[220] 중국 사상가 이탁오는 자신의 무지를 다음과 같이 질책하였다.

나는 어려서부터 성인의 가르침을 읽었으나 성인의 가르침을 제대로 알지 못했으며, 공자를 존경했으나 공자를 왜 존경해야 하는지는 몰랐다. 그야말로 난쟁이가 광대놀음을 구경하다가 사람들이 잘한다고 소리 지르니 따라서 하는 격이었다. 나이 오십 이전의 나는 정말로 한 마리의 개에 불과했다. 앞의 개가 그림자를 보고 짖으면 나도 따라서 컹컹 짖었던 것이다. 남들이 짖는 까닭을 물어보면 그저 벙어리처럼 쑥스럽게 웃기나 할 따름이었다. —이탁오의 속(續)분서 중에서, 필자 주

프란시스 베이컨은 대중이 무지할 수밖에 없는 원인으로 4대 우상을 제시한다. 알지 못함을 알지 못하는 "동굴의 우상", 세상을 인간 중심으로 판단하는 "종족의 우상", 시중에 돌아다니는 유언비어 수준의 지식을 취하는 "시장의 우상", 명망가의 말을 전적으로 신뢰하는 "극장의 우상"이다.[221] 우리는 사안에 대한 타당성이나 합리성을 따져 볼 지식의 부재로 타자의 허세나 기만에 당하지만, 늘 자신은 똑똑하다는 자부심으로 차 있다. 아들러는 "남이 하는 말을 의심하거나 확인 없이 그에 복종하거나 권위를 인정해 버리는 태도가 문제"라고 말한다.[222] 한스 로슬링은 "대중들은 구글에 손가락 몇 번만 두드리면 알 수 있는 사실을 가지고도 자기주장을 고집스럽게 옹호하는 것을 마다하지 않고 있다"면서 대중의 무지를 꼬집는다.

독서가 행복에 중요한 이유는 첫째, 독서는 나이와 상관없이 당신을 계속 성장시킨다. 김형석 교수는 사람들은 60세부터 생의 내리막이라 생각하지만, 사실 인생에서 가장 행복한 시기는 60세부터 75세 사이라고 주장한다. 그 시기가 되면 경제적 문제

에서 벗어나 자기의 주체성으로 삶을 영위할 수 있으며 여유 있는 시간을 독서로 보낼 수 있기 때문이다. 김 교수는 사람은 콩나물처럼 독서라는 물을 주면 계속 성장하는데, 대부분은 물 없는 삶을 지속함으로써 내리막을 가고 있다며 개탄한다. 그러니 당신이 젊은 시절부터 습관적인 독서력을 기른다면 무한한 성장을 가져올 것이다.

주체적인 자세는 특정 사고나 이데올로기에 구속되지 않으며, 비판적이면서도 열린 태도로 관점을 유지하는 것으로, 이러한 사고는 지적 능력이 탁월하면 할수록 사물을 대하는 시야가 넓어지고 깊어져 더욱 강화될 수밖에 없다. 지식과 직관으로 무장한다면 타인을 모방하려 해도 그렇게 되지를 않는다. 사물을 바라보는 시각, 사건에 접근하는 방법, 일상에서의 분쟁, 자기 처신 등의 모든 문제에서 스스로 판단하고 결정하는 능력이 강화되는데 그런 사람이 어떻게 일처리에 있어 주변을 돌아볼 필요가 있겠는가?

변화하는 세상에서 지식의 추구로 주체성을 확보하면 열정과 용기는 자동으로 생겨나지만, 그렇지 않은 주체는 세상 일이 막연하게 보이므로 남이 살아가는 틀에 맞춰져 소극적으로 행동할 수밖에 없어 상시적으로 불안과 두려움을 느끼게 되고 활동 영역은 부단히 축소되게 된다.

또한 임제 선사가 "모든 것을 죽이라"고 한 말은 '습득된 기존 지식을 과감히 버리지 않으면 진보가 없다'는 뜻이다.[223] 낡은 지식은 우리를 싸고 있는 흘러간 이데올로기일 뿐이며 새로운 지식들은 홍수처럼 출현한다. 낡은 지식에 맞추어 산다면 과거를 살아가는 것이다. 우리는 언제까지나 다른 사람에 의존하며 눈치를 보는 진짜가 아닌 가짜로 사는 삶을 계속 살아야 하겠는가?

이데올로기를 추종하는 이유는 그 경계에서 지켜볼 힘이 없기 때문이다. 모든 이념은 시대를 거쳐 간 과거의 틀이다. 이 틀에 갇히면 모든 사고는 작동을 멈추고 미래를 바라볼 수 없게 된다. 자유도, 진보, 창의도 정지된다. 임제의 '죽인다'는 의미는 기존의 것을 무(無)로 돌린다기보다는 이를 종합한 제3의 창조를 의미하는 것이다.

둘째, 독서는 미래에 대한 통찰력은 물론 사고의 유연성과 감정 통제력을 강화한다. 인문학, 사회학, 심리학은 인간과 사회의 본질을 밝히기 위한 학문이다. 독서로 이를 섭렵할수록 편협한 관점이나 확언에서 벗어나게 하며 주어진 환경과 이데올로기 그리고 자신의 관점도 비판적으로 바라보면서 고수할 수 없는 자신의 관점을 발견하게 된다. 따라서 독서는 우리를 개별적 사고에서 전체적 사고로, 이기주의에서 이타주의로 자연스럽게 이끌어 간다.

독서는 인간에게 삶의 수단과 의미, 미래에 대한 통찰을 얻게 한다. 당신은 어떤 사건이 초래할 위험을 알게 된다면 즉각 행동하게 될 것이다. 우리는 길에서 뱀을 만나거나 낭떠러지에 직면했거나 불이 나 신체적 위협을 느낀다면 즉시 알맞게 행동한다. 독서를 통한 지혜 향상은 이보다 훨씬 복잡한 사건에 대해서 즉각적으로 행동할 수 있는 통찰력과 실행력을 길러 줄 것이며, 폭넓은 자유를 선사할 것이다.

통찰력은 미래의 세상 흐름과 본질을 간파할 수 있는 직관력으로 독서로 기를 수 있는 가장 중요한 능력이다. 특히 고전은 그간의 수많은 혜안을 가진 사상가들의 삶에 대한 고찰이 함축된 결과물로서 생활을 바라보는 척도가 된다. 미래는 점술가의 예언이 아니라 본질을 꿰뚫는 위대한 현인들이 남긴 책에 있다. 당신은 인정하지 않겠지만, 철학적 사유가 깊은 책 한 권은 백 권의 대중서적, 아니 천 권보다도 더 깊은 사유와 철학을 제공할 수 있음을 알아야 한다.

독일의 교육학자 훔볼트는 "우리가 배우고 경험하는 궁극적인 정점은 직관으로 인간의 모든 것을 판단하는 능력을 기르는 것"이라 했고[224], 중국 당나라의 소식은 "책 만 권을 읽으면 신이 된다"고 했으며, 작가 윌리엄 서머싯 몸이 "독서 습관은 닥쳐올 인생의 불행을 막는 수단"이라고 하지 않았는가.

최진석 교수는 《왜 배우는가?》라는 강연을 통하여 배움의 이유를 명석판명하게 설명하고 있다. "인간의 역사에서 문제가 된 것을 해결한 것이 지식인데, 이 지식을 배우는 것은 우리 삶을 용이하게 하고 자기가 남을 통제할 수 있음으로써 생존의 질과 양을 높이는 것"이라고 정의했다. 이러한 지식은 자신의 활동 영역을 확장하는 능력으로서 그 능력의 증진이야말로 삶을 풍요롭게 하고 행복을 배가하는 방법이다. 남의 지식을 활용하는 일에도 배움은 필요하고 지식을 창조하는 일에도 배움은 더욱 필요하다.

마찬가지로 세속적 성공도 세상의 본질을 간파하는 통찰력이다. 통찰력의 정도에 따라 부자는 물론 행복할 가능성도 달라진다. 당신의 독서량이 곧 당신의 성공이며 당신의 행복과 비례할 가능성은 매우 높다. 통찰력이란 당신의 부단한 독서로 길러지는 세상을 간파하는 능력이다. IMF 부총재를 지낸 조셉 스티글리츠는 자유시장의 변동은 참여자의 앎에 달린 것으로서, 자본시장에서의 상승과 하강은 시장을 통찰하는 자와 시장에 무지한 자가 대결한 결과라고 한다. 즉 통찰 없이 참여하는 자가 질 수밖에 없다는 것이다.

독서는 주체성을 강화하고 사고의 유연성, 은유, 치환을 원활하게 하여 창의력 향상, 감정통제를 위한 빠른 길을 제공한다. 특히 행복을 위한 감정관리에 대해서는 주변의 어느 사람도 이를 위해 공부를 한다는 말을 들어보기가 쉽지 않다. 하지만 시중 서판대에는 감정통제를 위한 책들이 예상외로 많다는 점을 쉽게 알 수 있다. 고대 그리스 말기 에피쿠로스 학파는 마음의 편안함과 정신적 안온의 추구를 행복으로 보고, 그러한 깨달음을 유지하려면 배움과 수련을 지속해야 한다고 사유 하였는데, 그들은 배움을 통해 실체에 가까워질 때 자기를 통제하고 흔들리지 않는 부동심, 아타락시아(ataraxia) 상태를 추구할 수 있다고 하였다. '행복도 배워야 한다'는 말은 행복하기 위해서라거나 행복을 위해서 배운다는 뜻이 아니다. 세상을 공부하여 깨닫게 되면 감정통제에 이를 수 있다는 것이 귀착점이다. 불교적 행복은 마음의 정화를 통해서 평정심을 유지하는 것인데 이는 인간의 참된 삶의 모습인 사정제(四聖諦)를 배우고 실천하려는 것이다.

셋째, 독서는 그 자체로 즐거움을 느끼게 하며 탁월함을 추구하는 지혜를 얻는다. 독서는 그 자체로 새로운 여가이며, 여행이며, 시대를 앞서간 사람들과의 대화이다. 삶에서 이만큼 즐거운 여가가 어디에 있겠는가. 조금만 시간을 내어 도서관에 들어서면 당신은 위대한 사상가들과 대화할 수 있다.

많은 사상가가 독서에 대해 금언을 남겼지만 가장 리얼한 표현을 한 임어당의 독서론은 참으로 탁월하다. 그는 독서를 여행으로 비유했으며 훌륭한 사람과의 대화로 표현한다.

> 독서 습관이 없는 사람은 시간적으로 공간적으로 눈앞의 세상에 갇혀 지낸다. 그러나 책 한 권을 집어 들면 그 즉시 다른 세상으로 들어간다. 좋은 책일 경우 세상에서 가장 입담 좋은 사람과 만나게 되는 것이다. 달변가는 당신을 앞으로 나가도록 인도하고 다른 나라, 다른 시대로 데려가거나 개인적인 회한을 털어놓기도 하며 이제껏 몰랐던 학문, 또는 삶의 문제를 토론하기도 한다. 이는 마치 여행과도 같은 것이다. ─임어당, 『생활의 발견』, 박병진 옮김, 육문사, 생활의 발견, 2020, 341쪽

임어당의 독서론은 근대철학의 아버지인 데카르트의 "좋은 책을 읽는 것은 과거의 가장 뛰어난 사람들과 대화를 나누는 것과 같다"는 말과 거의 같은 의미로 읽힌다. 또 존 듀이의 "독서는 일종의 탐험으로 신대륙을 탐험하고 미개척지를 개척하는 것"이라는 말도 동류의 명언이다. 마지막으로 몽테스키외는 "권력도 명에도 부도 쟁취했으나 독서만큼 즐거움을 주는 일은 없었다"는 말로 독서를 통한 행복을 피력했다.

특히 독서의 장점은 다른 여가보다 비용이 들지 않는다는 데 있다. 독서만큼 값싸게 주어지는 영속적인 쾌락은 없다. 당신은 단돈 2만 원이면 고전 한 권을 소유할 수 있다. 여행경비 수십, 수백만 원과 여러 수고스러움 그리고 드는 시간을 고려한다면 이 얼마나 훌륭한 가성비인가!

급변하는 현대사회에서 사람들은 학교를 졸업하고 취직하자마자 책을 멀리한다. 지식은 물론이고 행복과 직접적 연관이 있는 인간의 본성과 심리 문제에 관심이 없다. 전통을 갱신하고 새로 생겨나는 학문이 우리 앞에 무수히 놓여 있는데도 부분적이고 특정한 지식에 매몰되어 우물 안 개구리로 살아간다.

독서에 습관과 취미를 가지는 것은 쉬운 일은 아니다. 독서는 우선 대상에 관한 호기심이 일어야 하고 그 호기심을 강한 열정으로 알아가야 한다. 단순히 시간만 들인다고 취미가 되지는 않는다. 처음 독서를 시작하면 앉아있는 것도 힘에 부치지만, 어느 정도 독서량이 되면 다른 어떤 취미활동보다도 강한 열정을 불러일으킨다.

독서를 통한 발견과 깨달음의 기쁨은 즐거운 마음을 배가시킨다. 그것이 생계나 이익과 관련되지 않은 내용이더라도 말이다. 당신이 이 세상에 태어난 이상 세상일에 관심과 열정을 가진다는 것은 당연한 일이다. 대상이 무엇이든 당신의 열정을 불러일으키는 것이라면 무엇이든 묻고 질문하며 사유하는 행위는 삶의 쾌락을 고조시킨다. 독서를 통한 행복은 강박, 소외, 질병, 허무를 유발하는 물질적 소비나 육체적 쾌락과는 달리 부작용이 적고 심지어 고갈되지 않는다. 모든 경험, 새로 획득한 모든 지식은 새로운 발견으로 들어가는 문을 활짝 열어젖히기 때문이다.

알랭은 "독서의 행복은 예견하기 어려운 것으로 경험을 쌓은 독서가들까지도 스스로 놀랄 정도이다. 학문은 멀리서 바라보면 조금도 즐겁지 않다. 그러므로 그 안으로 들어가야 한다. 처음에는 강제와 혼란이 필요"하다며 주체적인 노력을 강조한다. 에리히 프롬은 더 심화된 독서론을 펼친다.

우리가 학교에서 배우는 공부는 졸업 후 소유하기를 기대하는 물질적 재산의 양에 대개 대응한다. 이른바 우수한 학생이란 학자들의 말을 가장 정확하게 암송할 수 있는 학생이다. 그들은 박물관에의 박식한 안내인과 같다. 그들이 배우지 않은 것은 이런 종류의 재산적 지식을 초월한 존재적 독서다.

그들은 학자들에게 질문하고 그들과 대화하는 법을 배우지 않는다. 그들은 사상가들의 모순과 그들이 어떤 문제를 무시하거나 쟁점을 회피하고 있는 것을 알아차리는 법도 배우지 않는다. 그들은 저자가 진짜인지 가짜인지 알아내는 법도 배우지 않는다. 존재 양식을 가진 독자는 가끔 높은 평가를 받고 있는 책 조차도 전혀 가치가 없거나 극히 제한된 가치밖에 없다는 결론에 도달한다. 혹은 그들은 어떤 책을 완전히 때로는 저자보다도 잘 이해하고 있을지도 모른다. —에리히 프롬, 『소유냐 존재냐』, 최혁순 옮김, 범우사, 2017, 63쪽

사실 생업에 열중하는 현대인들에게 인문서는 차치하고 단순한 실용서를 정기적으로 읽는 일도 쉽지 않다. 하지만 시간이 나는 대로 틈틈이 독서에 관심을 기울인다면 조금이나마 도움이 될 것이다. 독서 없이는 인식의 확장에 한계가 있고 자신의 한계 바깥을 보기가 어렵다. 사회생활 경험은 단편적 지식확장과 생존에 도움은 되겠지만, 삶을 고찰하며 인간의 진정한 내면세계에 이르기에는 매우 협소한 협곡에 불과하다는 사실을 인정해야 한다.

당신이 넓고 깊은 지식을 겸비하지 않는다면, 타자의 의견에 휘둘리지 않으면서도 열려 있는 주관을 유지하기 어렵다. 또한 사고의 경계에 설 능력도 생기지 않는다. 자신의 위치를 알 수 없고 이데올로기가 정당한지 판단하기 어렵다. 판단은 하더라

도 자신의 욕망과 이기심 외에 다른 이유는 없을 것이다.

우리는 자신의 무지를 인정하기가 매우 어렵다. 왜냐하면 자신이 무지를 알기가 어렵기 때문이다. 소크라테스의 "너 자신을 알라"는 말은 그만큼 자신을 벗어나기 힘들다는 것을 말해준다. 켄 윌버는 인간은 자신보다 높은 성장단계의 세계를 알 수 없으나 높은 단계의 의식 수준에 있는 자는 자기보다 낮은 단계의 의식 수준을 보게 된다고 한다. 따라서 나 자신을 알기 위해서는 더 높은 의식 수준을 추구해야 한다.

아리스토텔레스는 탁월성을 발휘하기 위한 덕목으로 지혜를 강조했다. 지식, 공부, 수련하는 것을 강조하는 것이다.[225] 석가모니가 열반 시 제자에게 남긴 마지막 말도 "평생 정진할 것"이다. 명심하라. 독서는 통찰력을 키워 불안한 삶의 감정을 최소화하면서 개인의 행복을 최대화할 수 있는 가장 바람직한 수단이다.

2. 비교하지 마라

비교는 자신의 소유물을 남에게 견주어 보는 것으로 차이, 구별, 경쟁, 모방, 두려움, 불안, 집착, 시기, 질투 등을 야기한다. 인간의 가장 원천적인 소유 욕망에 바탕을 둔 부정적 감정의 원천이며 불행한 삶의 발원지이다.

비교는 우리 인간 문명의 발전 동기로서 가장 기본적 의식이자 부정적 감정의 대표적 씨앗이다. 인간 문명은 사물을 유형별로 구분 파악해서 범주화하는 지혜로부터 시작됐다. 나와 타자의 구분, 적과 아군의 구분, 먹을 것과 먹지 못하는 것, 나무를 소나무, 잣나무, 떡갈나무 등으로 구분할 수 있는 능력은 인간 생존의 기초로서 문명 발전의 동력이기도 하다. 분별은 구분하기 전에 비교에서 시작하기 때문이다.

그런데 지금 우리 삶에서 비교는 어떻게 작동하고 있는가? 우리는 우리의 행복이 욕망하는 물건의 소유에 있지 않음에도, 남보다 더 많이 소유해야 한다는 잘못된 비교 이데올로기에 사로잡혀 불안정한 하루하루를 보낸다. 무조건 많이 가져야 행복해진다는 관념은 산업사회를 거치면서 더욱 강화된 현대인의 근본 문제의 하나가 되었다.

현대인은 과거에 비해 상상도 못 할 풍요와 가능성을 누리지만, 놀랍게도 자신의 소유가 충분하지 않을뿐더러 모자란 존재라는 느낌에 시달린다. 궁핍은 급격하게 감소했으나 이상하게도 궁핍감과 궁핍에 대한 공포는 더 커지고 있는 것이다. 이것은 타자보다 더 높은 기대, 선망이 겉으로만 천박한 평등을 가장하고 타오르는 비교의 산물일 뿐이다.[226] 비교는 현대인이 겪는 모든 불행의 근원이다. 그 이유를 좀 더 구체적으로 살펴보자.

첫째, 현대인은 남들보다 우위에 서는 것, 더 많이 소유하는 것이 곧 행복이라는 잘못된 이데올로기에 사로잡혀 있다. 이미 여러 번 강조하였듯이 행복은 자산, 지위, 명예, 권력 등의 소유에 있는 것이 아니라 당신 감정의 문제임에도 이를 비례하는 것으로 프로그램화된 것이다.

쇼펜하우어는 우리가 소유하고 있는 물건을 세 가지로 구분 - ①자기 고유의 지식, 인격, 건강 등, ②물건, ③명예, 지위, 명성 등 평판-한 후, 행복이란 ②, ③과 같은 "외적 사물에 있는 것이 아니며, ①과 같은 자신이 가지고 있는 관념이나 감정, 인품, 기질, 도덕성 등 자신의 모습에 의하므로 이를 갈고 닦을 것을 강조"한다. 자산이나 지위, 명예, 등의 소유물은 일시적 모습에 불과한 것임에도 우리는 이러한 진리에는 무지하다. 쇼펜하우어는 "인간의 행복은 자신의 모습, 즉 정신적 능력의 한계에 따라서 향락의 크기가 좌우되는 존재적 삶에 있음에도 이를 망각하고 일시적 소유물에 집착"하면서 "동물적인 쾌락, 관능적인 향락, 저급한 사교, 비속한 쾌락 등 이상으로 상승하지 못한다"고 비판한다.[227] 즉, 쓰고 남을 정도의 부는 우리들의 행복에는 거의 아무런 기여도 하지 못한다. 부자가 불행을 느끼는 것도 바로 그 때문이다.

따라서 본래 소유하고 있는 인품이나 기질 등 관념적 사고와 같은 모습이야말로 그 사람의 인생을 행복하게 만드는 가장 중요한 소유물이다. 이를 벗어나 남들보다 우위에 서는 외적인 사물의 비교를 통하여 행복을 추구하는 것은 부정적 세계에 들어서는 것과 마찬가지일 뿐이다.

근세 이후 인간은 자산, 지위, 명예, 명성을 덕목으로 생각하고 남들과 끝없이 경쟁하며 자기 자신을 착취해왔다. 수많은 불행이 이러한 경쟁에서 유발된 것이다. 산업사회는 자신만이 남보다 더 많이 소유하고, 더 빨리, 더 높이 위치하는 것을 행복으로 세뇌해 왔다. 이러한 욕망 이데올로기는 호킨스의 의식지도에서 부정적 의식 중 낮은 단계에 불과한데도, 궁극적인 행복으로 여기는 환상에서 깨어나지 못하고 있는 것이다. 과거처럼 전쟁, 기아, 질병으로부터의 생존 및 안전에 대한 위험은 거의 소멸된 상태인데도 그때의 의식을 그대로 가지고 있다.

당신이 더 큰 수입을 얻은 후에 여가를 갖겠다는 생각은 일 자체를 즐기지 못하게 할뿐만 아니라 여가가 가져다주는 행복을 끝없이 지연시키고, 행복을 느낄 감수성조차 무디게 할 것이다. 그러한 상황의 지속은 그 자체로 불행의식을 고착시키기 쉽다. 자신에게 알맞은 소유의 적정선을 망각하고 비교에 따른 부정적 감정만이 고스란히 남게 될 것이기 때문이다.

일터를 부 획득 수단으로 각인된 우리들은 이 좁은 시야를 벗어나더라도 무엇하나 자기의 즐거움을 추구할 방법을 알지 못한다. 소유를 통한 행복은 다다익선이 아니고 최소한의 의·식·주임을 망각하지 말아야 한다. 류보머스키가 그의 행복 방정식에서 밝혔듯이 부와 같은 환경요인은 당신의 행복에 단 10%의 영향력에 불과하다는 것을 알아야 한다.

둘째, 비교는 집착, 경쟁 격화, 시기, 질투, 좌절, 분노, 우울 등 모든 부정적 감정의 원천이다. 러셀은 행복을 망가뜨리는 부정적 요소로 경쟁, 질투, 죄의식, 피해망상증, 여론(남에 대한 나의 인식)을 제시한다. 이것들은 나의 능력, 재산, 외모, 지위 등을 남의 것과 비교하는 열등의식에서 출발한다고 한다. 러셀은 무엇이나 남의 것과 비교해서 생각하는 습관은 치명적인 악습인 질투라고 하면서 사람은 어리석게도 자신이 소유한 것에서 기쁨을 찾지 않고 타인이 가진 것에서 고통을 찾아내려고 한다면서 비교의 무익함을 강조하였다.[228]

지두 크리슈나무르티는 나를 타인에 비교하는 것은 나 자신을 거부하는 것이라고 하면서 비교는 결국 망상과 불행을 불러오는 것이라고 했다.[229] 이러한 비교 이데올로기의 문제를 제대로 인식한다면 결코 자신을 남과 비교하면서 자신의 행복을 방해받지 않아야 할 것이다. 우리가 아무리 잘나도 언제나 자신보다 나은 사람이 있기 마련이다. 따라서 끝없는 비교는 결국 자기부정에 이른다. 질투하면서 행복할 수는 없는 것이 아닌가. 비교에 너무 많은 관심을 쏟는 사람은 만성적으로 상처를 앓고 위협을 느끼며 늘 불안정해 한다.[230]

미국의 행복학자 류보머스키는 자신의 실험에서, 행복한 사람들은 다른 사람의 성공에 기쁨을 느끼고 실패하면 염려해 주었지만 전형적으로 불행한 사람은 그 반대였다고 한다. 불행한 사람은 동료의 성취와 승리에 기뻐하기보다는 풀이 죽고 동료의 실패에 동정심을 느끼기보다는 안도감을 느낀다고 한다. 류보머스키는 감정의 대부분은 자신을 다른 사람과 끊임없이 비교하는 과도한 생각(overthinking)의 문제라면서 이러한 생각의 지속은 나를 쥐고 흔들어 답을 찾아내야 할 것 같다는 집착에 이른다고 한다.[231] 사실 이러한 상황에서는 통찰력 있는 답이 나올 수 없으며 나쁜 감정만 계속될 것이다. 이럴 때는 생각을 멈추고 마음을 다른 쪽으로 전환하거나 인생 전반에 관한 성찰 혹은 우주적인 관점에서 자신과 세상의 관계를 바라보기를 권한다.

건강한 비교란 없을까? 비교를 자신의 성장을 재촉하기 위한 동기부여로 삼는다면 당신의 행복은 증가한다. 비교에 따른 감정을 극복하기 위해서는 감사하고 칭찬하는 습관을 길러야 한다. 자신의 장점, 고유한 가치를 스스로 느끼고 인정하는 것이 필요하다. 사실 인간이 행복하기 위한 방법은 간단하다. 각자의 고유성을 서로 인정하면 경쟁이 원천적으로 불필요하고 질투를 느끼지 않게 될 것이다. 하지만 경쟁을 피할 수 없는 시장주의 경쟁사회를 살아가야 하는 현대인은 배움, 감정 관리, 주체 확립 등을 통해 지혜의 함양으로 대응해가야 할 수밖에 없는 실정에 있다.

남들과의 비교나 경쟁으로부터 한발 물러나 속박과 집착에서 해방될 때, 진정한 성장을 이룰 수 있다. 이때는 과거의 나 자신과의 비교를 통해 더 나은 내가 되기 위해 변화를 두려워하지 않으며 끊임없는 추구를 필요로 한다. 이때의 성장은 자본주의 욕망이 추구하는 성장이 아니라 의미와 가치를 추구하는 성장이다.

셋째, 비교로 인한 감정을 긍정적 모티브로 승화시키지 못하면 사회적 불평분자가 되기 쉽다. 인간사회는 궁극적으로 기회의 평등이지 결과의 평등으로 귀착될 수 없다. 사회적 불평분자들은 자신의 낮은 지위나 잘못을 사회구조 탓으로 돌린다. 비교를 통한 질투, 시기심은 평준화를 요구하는 악의가 숨어 있는 감정이다. 내 수준을 높일 수 없으니 남의 수준을 깎아내려 자기위안으로 삼으려는 의도다.

니체의 다음 사유는 남과의 비교가 사회적으로 얼마나 악영향을 미치는지를 능히 짐작할 수 있다.

오늘날 유럽의 모든 나라와 미국에는 자유정신을 사칭한 매우 편협하고 억압적인 정신이 존재하고 있는데 그것은 우리의 의도와 본능과 전혀 상반된 것을 요구하고 있으며 그것이 미래의 새로운 철학자들에 대해서도 닫힌 창문과 잠겨진 문으로 작용하리라는 사실은 더 말할 나위도 없다. 간단히 말하면 그러한 정신의 소유자들은 유감스럽게도 말주변 좋고 무책임한 글을 남발하는 민주주의적 취향과 현대이념의 노예들이며 평등주의-자유정신을 사칭한-를 신봉하는 사람들이다. 그들이 용기 있고 예의 바르다는 점을 부인하지는 않겠다. 그들은 모두 고독이라는 걸 모르고 홀로 설 줄도 모르고 고지식하고 친절한 인간들이다. 그럼에도 불구하고 인간의 모든 불행과 실패의 원인을 이제까지의 낡은 사회형태의 탓으로 돌리려는 근본 성향을 가졌다-이것은 교묘하게 진실을 왜곡시키는 방식이다-는 점에서 그들은 왜곡된 정신을 지녔고 어리석고 피상적이다. 그들은 모든 사람이 푸른 초원을 노니는 가축들이 누리는 것과 같은 행복을 안전과 안락과 평온을, 그리고 좀 더 편안한 삶을 향유하게끔 하기 위해 전력을 다한다. 그들이 끊임없는 두 가지 노래와 구호는 권리의 평등과 모든 고통받는 사람들에 대한 연민이다. 그들은 고통 자체를 반드시 제거되어야 할 어떤 것으로 취급한다. —니체, 『선악을 넘어서』, 김훈 옮김, 청하, 2003, 68쪽

니체는 평등주의자들 대부분이 자신들의 강한 시기심을 숨기고 마치 소외되고 빈천한 자들의 사도인양 가장하는 것은 현실에 무지한 선입견 때문이라고 말했다. 오늘날 사회주의적 성향을 가진 자들에 대한 비판과 유사하다. 그들이야말로 시기, 질투의 덩어리라는 것이다. 그런 자세로는 아무런 발전이 없다. 비교, 경쟁에 따른 사기, 질투는 승화해야 할 감정이지 적대할 악이 아니다. 비교는 하되 자기의 발전의 디딤돌로 활용할 때 행복

으로 갈 수 있다.

과도한 욕망은 소중한 것들을 즐기지도 못하고 다 잃어버리게 할 것이며 의식을 고착화할 것이다. 사회적으로는 자기 마음의 탐욕에 눈을 감고 사회적 불평등에 집착한다. 부의 균등한 분배에만 열을 올린다. 실제로는 아무 행동도 하지 않으면서 자신의 시기심을 가리는 알리바이로 그런 말을 즐겨 쓰는 사람들이 숱하게 많다. 지금도 지대한 영향력을 미치는 마르크스의 계급 투쟁론은 노동자와 자본가의 대립을 전제로 한 질투, 비교, 선악을 상정한 이원적 대결론의 하나일 뿐이다.

당신은 비교를 통하여 더 발전하고, 성숙하고, 아름다워지려고 한다. 그러나 그렇게 될까? 사실은 있는 그대로의 당신이며, 당신을 타자와 비교함으로써 그 사실을 조각낸다. 그리고 그것은 에너지 낭비일 뿐이다.

있는 그대로 보는 것은 당신에게 엄청난 힘을 준다. 타자와 비교 없이 자신을 볼 수 있을 때 당신은 온전한 자기가 되는 것이다. 비교를 초월한 감성을 키우려면 생각 근육을 키워나가야 한다. 생각 근육은 독서, 배움, 삶과 앎에 대한 열정으로 가능하다. 끊임없는 호기심과 배움만이 당신을 행복으로 이끄는 원동력이 될 것이다. 다른 사람과 비교하지 않는다면 당신은 있는 그대로의 당신일 뿐이다.

자신의 소유에 만족하고 이를 즐기려면 남들과 비교하지 말라. 자기보다 더 잘살고 더 많이 가진 자를 부러워하고 배 아파

하는 사람은 결코 행복할 수 없다.[232] 행복하려면 "자기보다 못한 자가 얼마나 많은가를 생각하라"고 하는 세네카의 충고를 새겨들어야 한다.[233] 우리는 항상 위보다 아래를 보고 살아야 하며 자기보다 행복하다고 여기는 사람이 보기에만 그런 것인지, 아니면 실제로는 불행을 감추고 사는지도 의심해봐야 한다. 사람이 자신을 위로하는 가장 빠른 방법은 자기보다 불행한 사람을 보는 것이다.

3. 정직하라

정직함이란 자신과 타인에게 향하는 생각과 말과 행동이 진실한 것이다. 한 연구에 따르면 인간은 하루에도 수십, 수백 번 거짓말을 한다고 한다. 정직하다는 것은 남을 모방하지 않으며 스스로 주체적으로 사고하고 행동하는 것이다. 정직함은 자신의 의지와 의사를 어떤 형태로든 표현하는 것으로 능동적, 주체적 처신과도 동일하다. 정직함은 아이와 같으며, 자발성, 긍정적 의식상태와 같다. 니체가 인간 정신의 세 가지 변화로 미성숙한 "낙타"에서 용감한 "사자"로 그리고 천진난만한 "아이"가 될 때에야 비로소 인간은 정직하고 참다운 사람이 된다고 하였다. 아이는 선과 악의 구별이 없는 원초적 세상과 같으므로 삶을 있는 그대로 받아들이는 정직함을 상징한다. 아이가 된다는 것은 망각, 새로운 출발, 유희, 스스로 굴러가는 수레바퀴, 최초의 운동, 신성한 긍정을 의미하는 것이다.[234]

정직함은 자신의 의식 수준을 상승시키는 가장 바람직한 주춧돌이다. 어떤 사안에 정직하지 않으면 자기반성은 기준이 없는 것과 같아서 진실은 은폐되고 창조도 발전도 중단된다. 타인에게는 물론이고 자기 자신에게 정직하지 않다면 현상을 정확히 볼 수 없을 뿐만 아니라 문제를 인식할 수조차 없게 된다. 자신이 무지하다는 것도 마찬가지다. 자신이 알지 못한다는 것을 인정해야 비로소 겸손해지고 용기가 생길 것이 아닌가.

부정적 감정에서 탈출하는 방법도 정직이 큰 역할을 한다. 당신은 지금 상황을 똑바로 보고 잘못이 있을 경우 인정하고 흔쾌히 수긍한다면 가슴은 열리고 자유도 찾아온다. 솔직하지 않은 감정은 가슴에 응어리가 생길 수밖에 없다.

칼 로저스는 그의 심리학 저서 『진정한 사람 되기』에서 진실만이 수용 능력을 향상하고 성격을 변화시키고 성취력을 강화한다고 하였다. 또한 진실은 질병 치료를 촉진하며 진정한 자기로 거듭나게 한다는 의견을 책 전반에 쏟아 놓고 있다.[235] 데이비드 호킨스는 낮은 의식 수준에서 높은 의식 수준으로 갈 수 있는 가장 빠른 길은 자신과 타인에게 정직함이라는 것을 강조한다.[236] 미국의 어떤 연구 결과는 사회적 하위문화를 구성하는 사람들은 거짓말로 상대를 속이는 것을 마치 자신이 유능한 것으로 착각한다고 한다. 그만큼 정직은 인간의 사회적 능력과 협동, 자신의 성장과 밀접한 관련이 있다는 증거다.

달라이 라마는 자신도 대중들 앞에서 강연을 시작하기 바로 전엔 언제나 약간의 불안감을 느낀다고 한다. 그는 이러한 불안 감정을 이겨내는 방법으로 활동의 올바른 동기와 정직성이 최선이였다고 하였다. 그는 대중 연설에 앞서 불안감이 생길 때마다 "내가 강연을 하는 중요한 목적은 적어도 사람들을 이롭게 하려는 동기에 있음을 상기시키는 것이지, 내 지식을 자랑하려는 것이 아니라는 사실을 떠올린다"고 한다.[237] 당신이 어떤 일을 도모하던 자신의 행위가 올바르고 동기에 진정성을 가진다면 응당 용기가 생길 것이다.

서점에서 '정직'이란 단어로 도서를 검색하였는데 예상보다 책이 적었다. 그중 이 글에 참조할 만한 적절한 책이 있어 소개하려 한다. 이 책의 머리글에는 "대형서점이나 도서관에도 정직에 대한 책은 찾아보기 어렵다. 찾는 사람이 없으니 책을 쓴 사람도 없기 때문이다"[238]라고 적혀 있다. 아마도 정직이란 너무나 보편적 자세라 실무적 접근 필요조차 느끼지 못할 정도로 당연하여 사람들의 관심을 자극할 소제가 아니기 때문일 것이다. 하지만 관련 목차는 정직이 우리에게 가져다줄 수 있는 내용을 최대한 함축하고 있었다.

①내 인생의 주인으로 살기 위해서는 정직하게 살아야 한다.

②지혜로운 삶은 정직에서 찾아야 한다.

③무서울 것 없이 살고 싶다면 정직하라.

④진정한 행복을 원한다면 진정으로 정직하라.

⑤정직도 지혜로워야 빛이 난다.

―김석돈, 『행복한 너무나 행복한 즐거운 정직』, 도서출판 행복에너지, 2016, 9~11쪽

이 저서는 정직이 주는 효과를 매우 상세하게 설명하고 있다. 특히 이 책의 핵심을 관통하고 있는 것은 바로 "진정한 행복을 원한다면 진정으로 정직하라"는 말이다. 사실 이 5개의 금언은 모두 연관되어 있으며 각각의 하나는 다른 네 가지를 포용하는 중요한 함의가 있는 것이다. 당신이 정직하다면 다른 네 가지 상황은 자연스럽게 스며들 것이다.

우리의 내면에 있는 진짜 나와 가짜 나에 대해서 알아보자. 내가 원하는 대로 사는 것이 진짜 나다. 남이 원하는, 남에게 보이고 싶은 대로 사는 것이 가짜 나다. 가짜 나가 사는 인생은 비교의 산물로 위태롭고 공허하다. 가짜 나는 가끔 자기 자신의 내면까지 가리는 망토 역할을 한다. 따라서 타인을 물론 자기 자신도 속이고 소외시키는 것이다.

쇼펜하우어는 "상류사회의 부어라 마셔라 하는 생활만큼 어

리석은 것도 없다"고 비판했다. 이러한 생활은 우리의 초라한 생존을 향락의 연속으로 바꾸며 반드시 환멸과 비애로 이어진다는 것이다.[239] 이러한 행동의 이면에는 항상 거짓이 있으며, 신체가 의복에 둘러싸여 있듯이 우리의 언행 전체가 거짓으로 에워싸인다. 이 껍데기에서 벗어나야만 우리의 본심이 품고 있는 진정한 나를 볼 수 있다. 하지만 인간관계에는 불가피한 가식이 요구되고, 가식을 보태더라도 최소한 본인에게 정직할 때 반성도 가능하며 나아가 자유, 창의, 진보도 찾아 온다.

가짜 나의 힘이 너무 커지면 진짜 나를 압도하고 주인 노릇을 한다. 가짜 나가 적응과 생존을 위한 것이라면, 진짜 나는 성장을 위한 것이다. 가짜 나는 혼란, 창피함, 걱정, 비관적 사고, 결정장애, 고집, 공허함, 이기심, 거만함, 시기 등의 기본 토대가 된다. 이러한 감정들은 정직할 때 용이하게 배출되는 것이다.

자크 라캉은 현대인의 이러한 삶을 타자의 욕망에 의한 삶[240]이라고 하였다. 비록 관계가 복잡한 현대사회의 불가피한 면을 감안해야 겠지만 당신의 정직은 거짓보다 자유와 주체성을 확립할 가능성이 훨씬 크다.-현대인의 이러한 자세는 저항적 의식보다는 초월이 필요하다- 평소 진짜 나를 잘 지키고 있는 사람은 남이 나를 어떻게 보든지 별로 신경 쓰지 않는다. 남이 나를 우습게 보더라도 묵묵히 내가 가진 장점을 활용하면서 내가 갈 길을 한 걸음 한 걸음 걸어가며 자신의 정체성을 강화할 것이다. 가짜 나가 생활화되고 습성이 되면 그것은 이데올로기가 되어

나의 정체성과 삶을 형성하여 그것은 결국 당신의 사고를 공중 누각처럼 공허하게 할 뿐이다.

진짜 나를 지키려면 늘 세심하고 신중한 행동이 요구된다. 여럿이 모여 웃고 떠들지만 끝나고 나면 허탈한 모임을 줄여야 한다. 그런 자리는 단골 메뉴인 비교, 험담, 남의 곤경에 대한 참견이 이어진다. 이런 자리에서는 나르시시즘적 허영심을 충족할 수 있지만 끝나면 단물이 빠진 껌처럼 공허함만 느낀다.

진짜 나는 혼자서도 잘 지낸다. 진짜 나는 주변이 달라진다 해도 중심을 잃어버리지 않는다. 가짜 나는 의존하던 사람이 떠나면 엄청난 충격에 휩싸인다. 진짜 나가 없으면 남의 노예로 사는 것이다. 사실 가짜 나는 나의 약한 자아를 숨기기 위한 방어기제일 뿐이다. 이러한 가짜 나를 정직하게, 조심스럽게 벗겨서 진짜 나를 찾아야만 주체성을 회복하고 참된 자아로 살아갈 수 있으며 성장, 확장, 생산, 창조, 그리고 행복으로 갈 수 있다.

진실하게 살아가고자 하면, 사람은 반드시 예술에 이른다고 한다. 그곳에만 진실을 보는 창이 열려 있기 때문이다. 현대 첼로연주의 아버지라 불리는 파블로 카잘스는 90세가 넘어서도 하루 대여섯 시간 동안 연습했는데, 한 젊은 기자가 인터뷰 중 "당신은 이미 세상에서 가장 위대한 첼리스트로 인정받고 있습니다. 그런데 95세에도 아직도 하루 여섯 시간씩 연습하는 이유가 무엇입니까?" 묻자 그는 머뭇거리지 않고 이렇게 대답했다고 한다. "왜냐하면 내 연주실력이 아직도 향상된다고 믿기 때문이

오." 90세가 넘은 나이에, 자부심이 하늘을 찌를 듯한 연주가가 하는 말은 자기 자신은 물론 타인에게 얼마나 정직한가를 보여준다. 이러한 자세야말로 생에서 의미와 가치를 그리고 창조를 가져오는 행복의 기본 요소임을 명심하자. 그리고 다음 법구경의 거짓과 진실에 대한 구절을 보자.

> 진실을 거짓으로 보고, 거짓을 진실로 본다면, 이것은 그릇된 생각이요, 사견(邪見)이다. 자신에게 이익될 것이 없다. 진실을 진실로 볼 줄 알고, 거짓을 거짓으로 볼 줄 아는 것, 이것이 바른 견해요, 진견(眞見)이다. 반드시 이익이 따른다. —『법구경』, 대구품 11, 12

4. 용기로 결단하라

러셀은 이 세상에 자기가 할 일은 없다고 여기며 빈둥거리는 청년들에게 다음과 같이 용기를 가질 것을 당부했다. "현실 사회에 나가거나, 해적도 좋고, 보르네오의 임금님도 좋고, 소비에트 러시아 노동자도 좋으니까 하여튼 무언가 되어 보게나. 인간의 가장 원시적이고 육체적인 욕구가 당신들의 에너지를 깡그리 빨아먹어 버릴 만한 생활 속에 뛰어들어 보게나."241)

용기의 전형적인 특징은 '할 수 있다'는 인식과 느낌이다. 자신감, 역량, 실력, 활력이 있는 감정 내지는 의식으로서 자발성, 행동, 실행, 실천, 의지, 열정, 자유, 능동성, 주체성 등을 포괄한다. 모든 일을 아끼고, 사랑하며, 베풀고, 삶 전반에 열정이 있는 긍정적 상태로서 이러한 자세는 유머, 활기, 확신, 명확성을 가질 수 있는 상태다. 행복에 가장 근접하는 지혜로움은 행동으로 구현된다. 생각만으로는 아무런 결과가 없다. 행동 또는 실천은 지혜의 필수 요소로 용기에 달렸다.

용기 있는 결단은 부정적 감정을 약화시키고 긍정적 감정은 살아나며 절제력은 강해지고 너그러움은 깊어진다는 사실을 알아야 한다. 용기는 사익을 초월한 공익의 증진이다. 용기는 생각을 외부에 행동으로 옮기는 실천이다. 행복은 모든 실천 과정과 결과에서 우러나오는 즐거운 감정으로 생각만으로는 이루어지지 않는다. 비겁은 행동하지 못하는 태도이며, 만용은 합리성이 결여된 무모함이다. 용기는 비겁과 만용 사이의 중용이다.

러셀은 행복한 사람들은 "열의(Passion)"를 가진다고 한다.242) 열의, 열정, 감성은 행동으로 옮기기 전의 관심과 호기심이다. 열의가 있다는 것은 용기를 가진 심적 태도와 같다. "머리에만 있는 생각은 아무런 결과를 낼 수 없다"는 아리스토텔레스의 말이나, "안전만 생각하여 행동할 수 있는 용기를 포기하는 것은 과정도 결과도 포기하는 것"이라는 벤자민 프랭클린의 금언은 행동 없는 결과가 없다는 사실을 강조한다.

당신이 흥미를 갖는 일이 많을수록, 지식을 얻을수록, 삶의 영역을 확대할수록 열정과 호기심은 커가며 즐거움은 늘어나고 무료함은 능동성으로 바뀔 것이다. 하나를 잃더라도 의지할 것이 또 있기 때문이다. 모든 것에 흥미를 갖기에는 인생이 너무 짧지만, 필요한 만큼 흥미를 갖는 것은 행복한 일이다.

인간은 같은 일의 반복에는 권태를 느낀다. 이미 얻은 것과 겪은 것은 우리를 만족시키지 못하고 오히려 더 빨리 더 많은 것을 향한 갈증만을 일깨울 뿐이다. 더 강한 자극 대신 새로운 것에 관한 호기심에 몸을 맡길 때 쾌락은 증가할 것이다. 도전에는 용기가 필요하다. 기대와 공포가 서로 힘을 겨루면 대부분 공포가 승리한다. 이럴 때 눈을 조금 더 크게 뜨고 지식을 더하고 통찰력을 발휘함으로써 공포를 극복할 수 있다. 지혜, 앎에 대한 추구와 통찰은 당신의 행복 필드를 확대하고 호기심을 자극하여 새로운 것에 과감히 도전하게 할 것이다.[243]

문명화는 국가의 과도한 규제와 분업으로 인간을 단편화, 부품화했다. 열의를 가지고 자신의 영역을 확장하기에는 불리한 환경인 것도 사실이다. 많은 사람이 직장이나 사회관계에서 벽돌이나 톱니바퀴처럼 삶의 의미를 느끼지 못하고 있다. 그러나 관심과 용기만 있다면 더 다양하고 편리한 방식으로 다방면의 자유를 쟁취할 수 있는 시대이기도 하다. 뭔가를 하고자 하는 것은 결국 의지의 문제다.

용기는 의식지도 상 부정적 감정에서 긍정적 감정으로 승화하는 매우 중요한 전환점 역할을 한다. 이 단원에서 다루는 용기는 의식지도상 그런 부분적 용기를 포함하는 것은 물론, 당신의 삶 전반에 대한 포괄적 태도를 말하고자 하는 것이다.

데이비드 호킨스는 의식의 큰 발전을 가능하게 하는 두 개의 임계점을 사랑과 용기로 보았는데 그 중 용기는 주체를 피동에서 능동으로 변화하는 기준점이자 행동에 책임을 지고 신념을 밀고 나아가는 자발성이 일어나는 변곡점이라는 것이다.[244] 용기는 욕망하는 바를 얻을 수도 있지만 포기할 수도 있다는 의식으로, 자연스럽게 주기와 받기의 균형을 이루는 균형점이기도 하다. 또한 용기는 기꺼이 공포를 인정하고 직시하면서 공포에 대한 면역력과 통제력을 높인다. 데이비드 호킨스는 "용기 수준에서는 행동에 역점을 두고 용기 아래 수준에서는 이득이 역점을 둔다"며 행동하는 삶으로 가는 길목임을 강조했다. 그는 용기야말로 부정적 감정에 있는 사람들이 긍정적 감정으로 상승할 수 있는 가장 큰 의식의 전환점이라고 강조하고 있다. 지금 당신이 불안하고 우울하다면 그것을 있는 그대로 받아들이는 용기를 내기 바란다.

일단 용기를 내면 성과를 거두기가 더욱 쉬워지고 자발성, 사랑, 평화 등의 긍정적 감정으로 상승하는 동인으로 작용한다. 용기는 부정적 감정에 빠진 사람이 가장 먼저 챙겨 봐야 할 기본적 자세다.[245]

아무리 재능이 뛰어나더라도 용기를 내서 실천하지 않는다면 재능은 발휘되지 못한다. 우리는 자신의 용기 부족을 가족, 사회, 제도, 국가 등 환경 탓으로 돌리는 것은 아닌지 숙고해 볼 필요가 있다. 에릭 호퍼는 사회적 부적응자, 일련의 악덕이나 강박에 사로잡힌 사람들, 과도하게 이기적인 자가 사회적 불평분자가 된다고 하였다.[246] 이들은 자신의 문제를 사회 탓으로 돌리며 욕심, 분노, 질투에 휩싸여 행복과는 거리가 먼 삶을 삶에도 자신의 용기 없음에는 무지하다. 쇼펜하우어는 이 세상에서 가장 행복한 사람은 먹고 사는 일에 얽매이지 않고 자기 재능을 충분히 발휘할 수 있는 자가 행복한 사람이라고 하였는데 비록 재능이 있어도 이를 발휘할 용기가 없다면 그 재능은 무용지물이 된다.

최근 서구에 유행하는 '프티부르주아'와 우리나라 젊은이 사이에 '소확행'이라는 용어는 현대인의 소극적이고 도피적인 용기없는 이데올로기의 표상을 의미한다. 이것은 자신을 위축시키는 잘못된 이데올로기일 뿐으로 그저 자기 보신만 추구하며 소극적 태도로 삶을 안전과 옹색함으로 대하는 어리석은 자세다. 하이데거는 현대인의 이런 삶의 방식을 단순한 호기심과 잡담의 세계로 묘사하며 "존재를 망각한 자세"라고 비판하면서 완전한 자기로 돌아와야 한다고 강조한다. 유한한 존재임을 자각하는 존재, 죽음을 앞둔 인간으로서 자기의 탁월함을 최대한 발휘하여 세상에 생산적, 창조적 업적을 남기겠다는 자세로 살아가는 것이야말로 인간본래적 삶이라 주장한다.[247]

아무리 뛰어난 인재라도 행동하지 않은 사람은 아무런 결과도 남기지 못한다. 용기 없는 결과는 아무것도 생기지 않음을 명심해야 한다.

용기는 당신을 패하지 않는 땅에 서게 할 것이다. 자신감도 생기고 목표나 환경이 설정됐다 하더라도 충분하지 않다. 행동할 용기가 필요하다. 세상에 성공을 보장하는 일은 아무것도 없다. 성공과 실패는 생각의 좋고 나쁨, 능력의 차이도 아니다. 자신의 판단을 믿고 과감한 모험을 실행하는 데 있다. 많은 사람이 정력은 충만하나 한편으로는 무료함, 고립감, 무력감으로 정력을 발산할 방법이 없다고 생각한다. 그렇다면 당신은 왜 자신의 환경과 여건을 진지하게 검토하고 목표를 설정하여 과감한 행동에 옮기지 않은가? 용기는 과감하게 행동하는 것이며 자신감을 행동에 표현하는 예술이다. 그 예술은 식견과 담력을 표시하는 것이다. 일반 대중들은 항상 생각하고 말은 하지만 행동으로 옮기지 못한다. 지층에서 용암은 끓어오르나 뿜어져 나올 충분한 힘은 없는 것과 같은 것이다. 이 경우 당신에게 필요한 유일한 것은 용기이며 행동이다. (중략) 많은 사람이 회의적 태도로 인생을 보낸다. 용감하기만 하다면 당신의 거대한 잠재력이 발휘되어 충분한 기적을 창조할 수 있을 텐데도 말이다. 이 세상에는 아무런 이름도 남기지 못하고 묘지에 들어가는 수많은 천재가 있다. 재능이 넘치지만 결국 아무런 업적을 남기지 못한다. 관건은 그들이 용감하게 첫발을 내딛지 않는 것에 있다. 많은 사람이 재능을 가지고 있으나 기회가 없다고 불평하지만, 이는 무능력의 표시가 아닐까? 비겁한 자들만이 술잔에서 용기를 얻으나 진정한 용기는 당신 자신에게 있으며 당신의 마음에 있다. —한창수 외, 고급중국어 Ⅱ, 한국방송통신대학교출판부, 2011, 125~127쪽

용기 있는 자와 용기 없는 자는 사회적 승리자와 실패자의 구분기준이다. 사회적으로 실패한 사람들은 실패의 원인을 부모, 친구, 가진 것, 사회적 제도 등의 환경 탓으로 돌린다. 하지만 엄밀하게 따지면 자신의 문제다. 그들의 실패는 실행에 옮기지 못하는 비겁함과 머뭇거림이 원인인 경우가 많다. 현대그룹 정주영 회장의 "해봤냐"는 의구심과 다르지 않다.

일상에서도 여러 이유로 용기를 내지 못할 수 있는데, 사실 용기도 배움, 정직, 비교 등과 밀접하게 관련되어 있다. 배움의 목적은 사건의 통찰과 예측을 위한 것인데, 어떤 사안을 두고 앞이 보이지 않는 사람한테는 용기를 촉구할 수도 없다. 왜냐하면 통찰적 미래가 보이지 않는 사건에 대한 무모한 추진력은 만용이 될 수 있기 때문이다.

남의 용기와 비교만 한다면 세상을 시기와 질투로만 보게 되고 하류 인생, 패배자, 실패자로 추락할 것이다. 배움, 정직, 비교, 죽음은 모두가 상호 연관되어 있으며 용기 또한 마찬가지다.

사실 어느 하나도 독립적으로 작동한다고 할 수 없이 유기적으로 연관되어 동시에 작동한다.

니체는 용기의 역사적 근원을 그리스의 귀족도덕에서 찾는다. 용기는 원래 귀족들이 가졌던 도덕률이며, 그 반대인 게으름이나 비겁함은 노예들의 정신에서 기원했다고 한다. 귀족은 행동하는 능동적 인간으로서 그들의 행복은 위험과 고난 속에서 용기 있는 행위-분노, 사랑, 외경, 감사, 복수 등-와 분리될 수 없는 것으로 그들의 도덕이라고 말한다.

그들(그리스 귀족)은 적의 상태를 살펴봄으로써 인위적으로 자신들의 행복을 꾸미거나, 혹은 자신들이 행복하다고 스스로를 설득하거나 기만할(원한을 지닌 모든 인간이 습관적으로 그러하듯이) 필요가 없었다. 그들은 또한 원만하고 원기가 넘쳐흐르는, 따라서 필연적으로 능동적인 인간으로서 행복이 행동과 분리될 수 없다는 것도 알고 있었다. 행동적인 것(eu prattein)이 그들에게는 필연적으로 행복의 일부였다. 무력한 자, 억압받는 자, 마음속에 해악적인 증오 감정이 들끓는 자들의 행복과는 현저한 대조를 이룬다. 이들에게 있어서 행복이란 본질적으로 마취, 혼미, 휴식, 평화, 안식일, 긴장을 풀며 사지를 편안히 하는 것으로 나타난다. 고귀한 인간이 자신에 대해서 믿음을 가지고 솔직하게 생활하는 데 반해서, (gennaios: 고귀한 태생이라는 단어는 '솔직한'이란 뉘앙스와 '순박한'이란 뉘앙스도 갖는다) 원한의 인간은 결코 솔직하거나 순진하지 않으며, 또한 자기 자신에 대해서도 정직하거나 순진하지 않다. 그의 영혼은 곁눈질을 한다. 그의 정신은 은닉처를 은밀한 길, 뒷문을 사랑한다. 모든 비밀스러운 것이 그에게는 자기의 세계로서 안전과 위안으로서 매력적으로 느껴진다. 그는 침묵을 지키는 법, 잊어버리지 않는 법, 기다리는 법, 잠정적으로 자기를 낮추고 비굴해지는 법을 안다. 이러한 원한의 종족은 궁극적으로 어떠한 귀족적 종족보다도 영리할 수밖에 없다. 그들은 또한 영리함을 굉장할 정도로 존중하는데, 말하자면 제일 중요한 생존조건으로서 존중하는 것이다. 반면 귀족적 인간들에게는 영리함이란 사치나 세련과 같은 은은한 풍미를 지닌다. 왜냐하면 그들에게는 영리함이란 중요한 것이 아니기 때문이다. 오히려 무의식적 본능의 완벽한 조절 기능이나 위험이나 적에 직면했을 때 용감하게 돌진하는 것과 같은 무분별성이, 혹은 언제나 귀족적인 영혼이 서로 인지하기 위한 표시가 된 저 분노, 사랑, 외경, 감사, 복수 등의 열광적인 격발이 훨씬 중요한 것이다. 원한 그 자체가 설령 귀족적 인간에게 나타나는 일이 있을지라도, 그것은 바로 다음의 반동에 의해서 깨끗하게 지워져 버리기 때문에 아무런 해독을 끼치지 않는다. 약하고 무력한 자들에게 있어서는 나타나지 않을 수 없는 무수한 경우에도 귀족적 인간에게는 그 원한이 전혀 나타나지 않는다. —니체,『도덕의 계보/이 사람을

보라』, 김태현 옮김, 청하, 2011, 45~46쪽

니체는 용기야말로 인간의 모든 고난을 이겨내는 최상의 도구라고 하였다. 심연에서 느끼는 현기증도 고통도 죽음조차도 극복할 수 있는 자세라며 칭송한다.[248] 그는 '행복'이란 그리스어 'eu prattein'은 순조롭게 살아간다는 뜻이며 행동을 잘한다는 것인데, 반면에 사회적으로 무력한 자. 억압받는 자, 마음속에 해악적인 증오 감정이 들끓는 자들은 수동적인 행위들인 마취, 혼미, 휴식, 평화, 안식일, 긴장을 풀며 사지를 편안히 하는 행위를 행복이라고 생각했다는 것이다.[249] 이것들은 과감하게 실행하는 용기라기보다는 게으르고 위축된 태도에 해당할 뿐이다.

권태로움에 시달리는 현대인들에게 용기의 울림은 감동으로 다가온다. 그렇다면 나태는 행복과 거리를 멀리할 뿐임에도 우리는 어째서 과감한 실행을 포기하고 현실 안주를 선택하는가? 우리는 모두 자기의 행복을 위해서 지금부터라도 세상에 대한 호기심과 열정을 가지고 용기 있는 도전을 감행해야 하겠다.

직장생활만 하다가 은퇴한 필자가 체계적인 공부도 없이 이런 책을 쓰는 일은 커다가 용기가 필요하다. 어느 교수의 강의 중 "우리는 모두 졸작을 쓸 권리를 가지고 있다"는 말은 필자에게 큰 용기가 되었다. 달라이 라마의 말씀대로 이 책의 집필 의도가 인간에게 행복을 선사하자는 목적으로 선한 일이 분명한데 부끄러움을 가질 필요가 없었다.

마지막으로, 주변의 거대한 반대를 극복하고 자신의 의지를 믿고 용기 있게 실천한 한 사람의 이야기를 하려 한다. 수에즈 운하를 건설한 레셉스라는 사람의 용기에 관한 일이다. 그는 3천 년 전부터 위대한 왕들이 시도했으나 성공하지 못했던 수에즈 운하 과업을 완수했다. 오직 의지력 하나만으로 해낼 수 있는 일이 무엇인지 보여주기 위해서는 그가 극복해야만 했던 난관을 요약한 것으로도 충분할 것이다.

그 과정을 직접 목격한 한 기자가 불멸의 지도자 레셉스의 이 거창한 사업의 전말을 짧은 글로 요약했다.

그는 운하 건설에 얽힌 일련의 사건을 날짜와 일화 별로 내게 얘기해 주었다. 그는 자신이 극복해야만 했던 모든 난관과 자기가 가능하게 했던 모든 불가능한 것들, 일체의 저항, 자신에 반대하는 사람들의 결탁, 역경, 전화위복, 패배 등 모든 저항에 대해 털어놓고 그 어떤 것도 자신을 결코 절망에 빠뜨리거나 좌절시키지 못했다고 덧붙였다. 이어서 그는 자신에게 맞서 쉴 새 없이 공격했던 영국과 늘 망설이기만 하던 이집트와 프랑스, 초기 공사 단계부터 다른 누구보다도 더 극렬히 반대하고 나서며 노동자에 대한 식수 공급을 거부하여 그들을 목타게 만들었던 프랑스 영사를 회상했다. 그리고 처음부터 적대감을 표출하면서 과학적 지식을 토대로 재난이 일어날 것이라고 자신하며 마치 몇 날 몇 시에 개기일식이 일어

날 것으로 예측하듯 그걸 계산하고 예고하던 해군 장관이나 기술자 등 경험과 학식을 갖춘 그 모든 대단한 인물들을. ─귀 스타브 르 봉, 『군중심리』, 이재형 옮김, 문예출판사, 2013, 146쪽

행복은 그 실천 방안을 알아야 하는 것도 중요하나, 용기있게 실천하는 자에게 찾아온다. 쇼펜하우어는 "운명의 주사위가 단호하게 던져지는 이 세상에서 살아가기 위해서는 운명에 대한 방패와 인간에 대한 무기를 갖춘 단호한 기백이 필요하다"고 말했으며, 볼테르는 "인간은 뽑아 든 칼을 내리쳐야 비로소 성공을 얻으며, 무기를 손에 쥔 채로 죽는다"는 말은 삶에서 용기 있는 실천의 중요성을 칭송하고 있는 것이다.[250] 물론 지나침(만용)에 대한 경계도 잊지 말아야 한다.

5. 죽음

메멘토 모리(Memento mori)는 '죽음을 기억하라'는 뜻의 라틴 어로 살면서 한 번은 들어봤을 것이다. 옛날 로마에서는 원정에서 승리를 거두고 개선하는 장군의 시가행진 뒤에서 노예가 큰 소리로 계속 외치게 했다고 한다. 그 말에는 이런 뜻이 담겨 있

다. '전쟁에서 승리했다고 너무 우쭐대지 말라. 오늘은 개선장군이지만, 너도 언젠가는 죽는다. 그러니 겸손하게 행동하라!'

우리는 죽음을 생각하면 두렵거나 암울한 생각이 든다. 이것은 다만 노인과 환자들만의 두려움은 아닐 것이다. 우리는 주변 사람들의 죽음을 대하면서도 애써 나와는 무관하다고 생각하거나 무시하며 회피한다. 과학에서는 죽음을 이 넓은 우주에서 원자와 같은 입자가 잠시 뭉쳐 이루어진 생물체로 존재하는 인간이 어느 순간 다시 우주로 흩어지는 물리현상으로 본다.[251]

죽음이 자연에서 나와 자연으로 회귀하는 엔트로피 현상의 하나일 뿐이라면 두려워할 일이 아니다. 김상욱 교수는 놀랍게도 이 우주에는 살아있는 생명체는 거의 없고 오직 인간이 사는 지구에만 무수히 많은 생명체가 있다면서 오히려 죽어 있는 상태가 더 자연스러운 상태일 수 있다고 한다. 이 거대한 우주도 생성하고 소멸하는데 하물며 미물인 인간의 생사란 하루살이와 다르지 않다는 것이다. "신은 인간이나 하루살이나 삶에 있어 차별을 두지 않는다"고 한 어느 러시아 작가의 말이 떠오른다.

하지만 사유하는 의식을 가진 대자적 존재인 우리 인간은 죽음을 영성화하고 형이상학적 해석을 하고 싶은 욕망이 생기는 것은 어쩔 수 없다. 종교는 이러한 일에 일가견이 있다. 일부 신비주의자(신지학회)나 명상론자들은 죽지 않는 영혼의 존재를 인정하며, 사후 육체와 분리된 영혼은 삶에서 축적된 지혜의 수준에 따라 입자의 밀도와 파장의 크기로 분류되어 유사한 부류끼리 모여 영원히 함께 살아간다고도 한다. 특히 임사체험을 한 사람들의 사후 세계 이야기는 우리를 놀라게 한다.

인공지능이 발전한 오늘날에도 종교나 사후 세계를 연구하는 기관이 병존하는 것은 죽음이 그만큼 인간에게 근원적인 문제라는 증거다. 우리가 여기서 행복을 논하는 것도 인간에게 죽음이 있기 때문인 것은 아닐까. 종교인들은 그들의 종교에서 말하는 사후 세계를 그리면서 현실의 위안을 얻기도 한다. 신의 존재가 불명료한 상황에서 현실을 억제하고 구속하면서 알 수 없는 미래를 담보로 교리에 의지하며 영위하는 삶은 행복을 위해서 바람직하지 않다. 다만 어떤 사람들한테 종교는 자기 삶의 조력자 또는 도덕적 차원에서 힘과 믿음을 얻을 수 있는 매우 유용한 수단이다.

우리가 죽음을 두려워하는 이유는 자신의 자산, 가족, 육체, 지위 등의 소유물, 즉 가지고 있는 것을 잃을지도 모른다는 염려다. 그것은 내 육체를 잃는 두려움, 내 자아, 내 소유물, 내 동일성을 잃는 데 대한 두려움이며, 심연에 직면하는 공포다. 이러한 소유 이데올로기가 강하면 강할수록 죽음은 더욱 두렵게 느껴지게 된다. 부로니 웨어는 저서 『내가 원하는 삶을 살았더라면』에서 죽음에 직면했을 때 가장 후회한 것들로 "내가 원하는 삶을 살지 못한 것, 열심히 일한 것에 대한 후회, 내 감정을 솔직히 표현하지 못한 것, 친구와 연락하지 못한 것, 나 자신과 더 많은 시간을 보내지 못한 것"을 제시했다. 이는 바로 소유 이데올로기를 실현하다가 놓쳐버린 분실물들이다. 이에 대한 해결책으로 마이클 싱어는 다음과 같은 삶을 주문한다.

> **언젠가는 죽으리라는 사실을 당신은 알고 있으니, 해야 할 말을 서슴없이 하고, 해야 할 일을 주저 없이 하라. 다음 순간에 어떤 일이 일어날지 걱정하지 말고 현재에 오롯이 임하라. 항상 죽음을 대면하고 있는 것처럼 살기를 배우라 그러면 당신은 더 대담해지고 가슴은 더 열릴 것이다.** —마이클 싱어,『상처받지 않는 영혼』, 262쪽

그렇다면 왜 죽음이 행복을 위한 기본 요소로 고려할 대상이 되어야 하는가? 내일 죽는다고 생각하면 결코 오늘을 가볍게 보내려 하지 않을 것이다. 그것은 자신이 죽는다는 사실을 인식하고 자신을 돌아본다면 소유 이데올로기를 초월하여 생각하게 할 것이기 때문이다. 또한 자신의 의미를 찾고 세상에 가치 있는 일을 하도록 결단하게 한다. 당신은 죽음을 필연적인 것으로 인정할 때 더 정직해지며 남을 사랑하게 되는 것은 자명하다. 남을 사랑하게 된다는 것은 자신은 물론 세상을 위해서도 가치 있고 바람직한 일을 도모하게 된다.

하이데거는 인간은 혼자라는 본성이 두드러진 현존재(dasein)로서 공간적으로는 타인과의 관계 속에 삶을 영위하고 있지만, 시간적으로는 죽음을 앞둔 존재자로 오늘의 생활을 결단해 가

는 존재라고 한다. 언제나 죽음을 생각하며 사려 깊은 삶을 살라는 것이다. 웨인 다이어는 "죽음을 생각하는 사람일수록 자신의 삶을 겸손하게 돌보고, 행동을 반성하며, 시간을 소중하게 받아들일 줄 안다"고 하면서 한 살이라도 더 젊을 때 자신의 죽음을 사유할 것을 주문한다. 또 예외는 있지만 사람들은 "나이가 들수록 점점 더 현명해진다. 오랫동안 지식을 쌓아서도 아니고, 젊은 날보다도 더 많은 시간적 경제적 여유가 있어서도 아니다. 삶에서 일어난 무수한 사건과 일에 대한 경험이 축적되어서도 아니다. 이유는 하나다. 나이가 들수록 '죽음'에 대해서 자연스럽게 더 많이 생각하고 탐색하기 때문"이라고 한다.[252] 당신이 당신의 죽음을 생각하면서 살아간다면 단 한 순간도 그냥 흘려보내지 않는다는 것은 대부분의 사람들이 동의할 것이다.

죽음을 현명하게 받아들이는 자세는 '생명에 집착하지 않는 것, 생명을 소유물로 경험하지 않는 것'이다. 에피쿠로스가 "죽음은 우리에게 아무것도 아니다. 왜냐하면 분해된 것은 감각이 없고, 감각이 없는 것은 우리에게 아무것도 아니다"라고 한 말의 뜻은 우리가 존재하는 동안에 죽음은 없지만, 죽음이 닥쳐왔을 때는 이미 우리는 존재하지 않는다는 사실을 강조하고 있는 것이다.[253]

에리히 프롬은 생명을 소유물로 생각할수록 두려움은 커지지만 존재하는 것으로 보면 결코 두려움을 가질 수 있는 것이 아니라고 말했다. 이처럼 생명을 자연의 일부가 아니라 물건처럼 내 것이므로 여기면 죽음은 가지고 있는 것을 잃는 공포가 된다. 그것은 내 육체, 내 자아, 내 소유물, 내 동일성을 상실하는 데 대한 두려움으로 동일성을 갖지 않는 영원한 잃어버림 상태의 심연에 직면하게 되는 두려움인 것이다.[254]

몽테뉴는 삶을 의미 있게 살 수 있도록 하는 다섯 가지 테마로 '죽음, 현재, 주체적 삶, 정직, 지식'을 제시한다. 그중 죽음을 가장 첫 장에 놓고 인간의 노화와 죽음에 대한 자세를 가르친다. 그는 죽음은 "자연의 원칙에 조금도 벗어나지 않는다"고 하면서 다양한 방법으로 죽음에 대한 태도를 설명하는데, 죽음을 두려움의 대상으로 보지 말고 자연의 한 현상으로 받아들이라고 주문한다. 죽음을 겁내지 말라고, 담담하고 평온하게 모든 곳에 죽음이 있음을 상기시킨다. 죽음을 두려워하는 대신, 정신의 노화를 피하여 말 위에서 죽고 싶다는 말로 마무리한다. 몸과 정신의 주체성과 통제력을 잃고 몸져누운 시간을 최소화하자는 것이다.

이 세상에 들어갈 때처럼 나오라. 죽음에서 삶으로 두려움 없이 들어갔던 그 길이 삶에서 죽음으로 나오는 길이다. 당신의 죽음은 만유 질서의 한 조각이자 세계의 생의 한 조각이다. 주자가 횃불을 넘겨주듯 사람들은 서로 생명을 내준다. 이처럼 아름다운 자연의 원리를 어찌 그대를 위해 바꾸겠는가? 그대는 이같이 아름다운 원리를 통해 창조되었으며 죽음

은 그대의 일부다. 죽음에서 도망하는 것은 곧 자신에게서 도망하는 것이다. 지금 누리는 그대의 존재 역시 죽음과 삶에 동시에 속해 있다. 태어난 첫날부터 그대는 삶을 사는 동시에 죽음을 사는 것이다. ─몽테뉴, 『몽테뉴의 수상록』, 소울메이트, 안혜린 옮김, 2018, 24쪽

쇼펜하우어도 죽음에 관하여 몽테뉴와 같은 말을 남겼다. 그는 죽음과 삶을 서로의 전제조건으로 보았다. 또한 원래 없었던 내가 다시 없었던 존재로 돌아가는 것일 뿐, 죽음으로 잃는 게 없다고 설득하고 있다.

우리가 죽음으로 무엇을 잃었단 말인가? 삶과 죽음은 둘이 서로 의지하여 삶이 죽음이 되고 죽음이 삶의 조건이 되어 인간의 생애에 양극을 이루며 공존해왔다. 그렇다면 우리는 죽음을 어떻게 볼 것인가. 나는 본래 이 세상에 없었던 존재였다. 각자 자기가 태어난 날짜를 헤아려 보면 생일 그 이전에 나는 이 세상에 없었다는 것을 확신할 수 있다. 우리는 이 세상에 없었던 상태를 죽음이라고 말하지 않는다. 그러나 태어나면서 나는 죽음을 비로소 앞두게 되었다. 따라서 죽음이란 삶을 전제로 해서 존재한다는 명백한 진리가 성립된다. 나는 남녀 간의 사랑이 인류의 종족 유지를 위해 꼭 필요한 본능이라고 말했다. 따라서 인간은 사랑과 쾌락의 생식행위로 인해

서 태어난 결과물이다. 바로 그 생식행위의 결과 나는 하나의 존재로서 매듭이 만들어졌고, 그리고 그 매듭은 훗날 죽음이라는 커다란 환멸에 의해 풀리면서 원래의 상태로 돌아간다. 삶은 끝내 죽음을 통해 원래의 상태로 돌아간다. 위대한 생명이 한낱 죽음의 소멸로 끝나고 말다니 참으로 허망하다. 그런 뜻으로 보면 삶은 별 의미가 없고 인간은 참으로 불쌍한 존재에 불과하다. 하지만 불쌍할 이유도 없다. 우리는 본래 없었던 것인데 잠시 존재하다가 다시 없는 상태로 돌아가는 것이기 때문에 사실상 잃는 것이 없다. 생각해 보라. 우리가 죽음으로 무엇을 잃었단 말인가? ─쇼펜하우어, 『사랑은 없다』, 이동진 옮김, 해누리, 2016, 174쪽

이제 우리는 우리의 하루하루의 삶에서 죽음을 애써 생각에서 지우지 말고 철저히 인식하되 이를 두려워해서는 안 된다. 그런 자세로 삶을 살아가며 한순간도 허투루 보내지 말자.

죽음이 운명이라면 사력을 다해 취득한 자산은 즉시 재고해야 할 첫째 문제가 아닐까? 에리히 프롬은 소유 이데올로기가 강할수록 죽음은 더욱 두려워진다고 했다. 또한 그는 죽음을 자연에 대한 사랑으로 미화하였다.

죽음은 어떤 합리적 설명으로도 두려움을 제거해 주지는 못하지만, 바야흐로 죽으려 하는 순간조차 그것이 경감될 수

있는데, 그것은 생명에 대한 유대를 다시 주장함으로써, 또 우리 자신의 사랑까지도 불태우는 다른 사람들의 사랑에 반응함으로써 가능하다. —에리히 프롬, 『소유냐 존재냐』, 최혁순 옮김, 범우사, 2017, 174쪽

죽음에 대한 공포를 없애는 방법은 죽음에 대한 대비가 아니라, 소유양식을 줄이고 이 세상을 사랑하는 아름다운 존재 양식으로 살아가려는 지속적 노력으로 대신할 것을 당부하는 명언이다.[255]

3장
직접적 의식통제 방법들

　이 장은 의식 자체에 직접적으로 접근하여 생각의 흐름을 통제하여 감정을 관리하는 영성적 지혜에 대한 것이다. 명상을 생각하면 이해하기 쉽다. 의식의 직접 통제에 관해서는 II부 **[표 7]**의 '의식의 구조'나 감정편의 '관찰자로 자기 감정 바라보기' 등을 참고하면 좋다.

　지금까지 지혜가 대체로 마음 바깥의 외적 필드에서 상시생활의 자세에서 찾아가는 수련이라면, 이 장의 직접적인 통제방식은 의식의 구조 자체에 직접 접근하여 감정을 통제하려는 내재적 방식이라 볼 수 있다.

　여기서는 불교식의 탐, 진, 치 관리와 최근 유행하는 마음 내려놓기(가슴 열기), 들뢰즈 철학의 영토확장, 그리고 흔히 얘기하는 명상의 4가지 유형의 감정 관리 방식에 대해서 알아보려 한다. 각각의 방식은 실존적 삶의 현실을 인정하고 의식의 직접적 통제를 통하여 삶의 고통을 이겨낼 수 있도록 개발되어 왔다.

이 장의 직접적인 의식통제 방식은 물론 앞의 어떤 방식의 지혜든 간에 결국은 의식 문제에 해당하지만, 그렇다고 행복객체인 대외적 실존체와 완전히 무관할 수는 없다. 이 방식들은 제도적인 종교기관에 속하지 않았거나 그러고 싶지 않은 사람들에게도 무언가를 얻게 할 것이다. 깨달음으로 가는 길이 쉽지는 않겠지만 제대로 수련하고 실천한다면 소기의 성과를 거둘 수 있다. 저마다 상황에 맞는 방식을 선택하면 될 것이다. 마음먹고 정진한다면, 당신도 전지적 깨달음에 이를 수 있다.

우리의 삶에서 종교적인 신앙이 없더라도 여전히 잘 지낼 수 있습니다. 심지어 어떤 경우에는 훨씬 잘 지낼 수도 있습니다. 그것은 어디까지나 우리들의 개인적인 권리입니다. 신앙을 갖길 바란다면 그것은 좋은 일입니다. 하지만 또 다른 차원의 영성이 있습니다. 그것은 내가 기본적인 영성이라고 부른 것으로 이를테면 선함, 친절, 자비, 그리고 관심 같은 기본적 인간의 특성입니다. 그리고 우리가 종교를 믿든 안 믿든 이런 종류의 영성은 반드시 필요합니다. 나는 개인적으로 이와 같이 두 번째 차원의 영성이 첫 번째로 말한 종교적인 영성보다 더 중요하다고 여깁니다. ─달라이 라마, 『달라이 라마의 행복론』, 338~339쪽

의식의 이원화를 명상의 요체로 하는 인도 힌두문화에서는 인

간이 절대 자유의 경지(해탈, Moksa)에 이르는 4가지 방법을 제
시하는데, 지혜의 수련(Jnana yoga), 행위의 수련(Karma yoga), 헌
신(Bhati yoga), 명상(Dhyana yoga)으로, 각 방식의 접근법은 다르
지만, 최종 목적은 모두 깨달음으로 상호 간에 상보관계를 가진
이 네가지 방식은 각기 따로 발전해왔다. BC 150경 『바가바드
기따』출현 이후 4가지 방법 모두 해탈에 이를 수 있음을 인정
하고 있다.[256]

탐, 진, 치의 관리는 지혜의 수련과 명상이 혼합된 형태에 해
당하며, 들뢰즈의 영토확장은 행위의 수련에 가깝다. 마음열기·
내려놓기 그리고 명상은 의식의 이원적 구조를 통한 순수의식
을 지향하는 방법에 해당한다.

1. 불교의 탐, 진, 치 통제

불교는 인간 삶의 본질을 사법인(四法印)으로 보는데 이를 모
르는 인간의 무지가 탐(貪), 진(塵), 치(癡)를 야기함으로써 고통
을 겪게 된다는 것이다. 따라서 이러한 고통에서 벗어나 자유
로운 몸이 되기 위해서는 고통의 원인을 제거하는 수련, 즉 고
집멸도(苦集滅道)의 수행으로 행복에 이르는 것을 주교리로 하

고 있다.

　사법인은 세상의 이치에 대한 근본진리로 제행무상(諸行無常), 제법무아(諸法無我) 열반적정(涅槃寂靜), 일체개고(一切皆苦)의 진리를 말한다.[257] 법인이란 법의 도장, 징표로 도장을 찍는 것처럼 그 이치가 진리라는 뜻이다. 즉 수많은 세상의 사상과 학설의 진리 여부는 이 법인과의 일치여부에 의거 평가된다.

　'제행무상'은 만물의 형상이 시시각각 변하므로 고정된 상이 없다는 뜻이다. 자연은 물론이고 세상의 이치 또한 변한다는 것으로 일정한 상이 존재하지 않는다는 것을 말한다. 또한 '제법무아'는 고정불변의 절대적 실체나 상은 없으며 만물이 직물처럼 연결되어 하나라는 뜻이니 나또한 실체가 있는 것이 아님을 말한다. 모든 것이 연결되어 있음을 연기라 하며, 모든 것이 서로 연기되어 있으니 세상은 동일체로서 하나일 뿐이다. 내가 자연과 하나인데 어찌 욕심을 부리고 화를 낼 필요가 있겠는가. 세상은 하나로 내 것과 네 것의 구분이 없다. 따라서 경쟁하고 질투하는 우리는 사법인에 무지하기 때문으로 무지의 결과로 세상은 고통스러운 장소가 되었으니 이를 일체개고의 상태로 표현한다.[258] 그러나 이러한 번뇌와 고통이 없는 맑고 고요한 열반의 경지가 있는데, 이곳이 바로 부처님이 발견한 열반적정의 세상이다.

　사법인의 진리에 무지한 인간은 탐, 진, 치로 고통을 겪게 된다. 삼불선근(三不善根), 삼구(三垢), 삼화(三火)라고도 하며 탐욕

(貪慾)과, 화남, 노여움, 부정적 감정인 진애(塵埃), 어리석음을 뜻하는 우치(愚癡)를 일컫는 말이다. '탐'은 돈, 명예, 권력, 소유 이데올로기, 애정에 대한 탐심 등 모든 세속적 욕망을 뜻하며, '진'은 자신의 욕심을 채우지 못하게 되는 것에 대한 시기, 질투, 분노, 불안 등 부정적 감정으로서 불행의 직접적 원인이 되는 것이다. 욕망 성취에 방해되는 대상에 대한 반감, 혐오, 불쾌, 적대감 등을 총칭한 정서로 바로 부정적 감정을 말한다. '치'는 세상의 이치에 대한 무지, 그릇된 생각이다. 사법인의 진리에 대한 무지는 물론이고 남에 대한 예의, 이 세상 저 세상에 대한 개념 등 인간사에 존재하는 모든 진리·지식(이데올로기)에 대한 앎의 부족, 모름, 알지 못함이다. 탐심이 물리적, 정신적 욕심이라면 이 욕심으로 발현된 감정이 진이며, 이러한 탐심이나 진심은 결국 치, 무지에서 야기된다는 논리인 것이다.

필자의 행복론의 3요소 중 필드는 탐욕의 대상이며, 감정은 진에 해당하고, 이데올로기는 어리석음의 대상인 치에 대응한다.

또한 불교가 어리석음을 '고'의 원인으로 지목하는 것은 모든 악의 근원이 무지라고 한 소크라테스의 금언과 같다. 탐, 진, 치는 의식 구조상 에고(ego)에 해당하며 해탈의 경지인 열반적정의 세계는 깨달음에 해당하는 순수의식의 세계와 대응하는 것이다.

삶에서 탐, 진, 치는 세 가지 업보(業, karma)를 쌓게 되는데[259]

우리는 어떻게 이러한 탐, 진, 치로 인한 업보를 쌓지 않고 열반적정의 세계로 갈 수 있게 될까. 불교에서는 고의 근원인 탐, 진, 치를 벗어나 행복을 얻기 위한 지혜로 삼법인의 본질을 깨우쳐 현재의 삶에 만족하며 모든 것을 사랑으로 대하면 가능하다고 본다. 이것이 멸도(滅道)의 과정이다.

석가모니는 열반적정으로 가기 위한 실천적 수행과정으로 사성제(四聖諦)인 고집멸도(苦集滅道)를 제시했다. 사성제란 고와 고의 원인, 고의 소멸과 그 방법에 대한 가르침으로 서로 두 가지씩 원인과 결과를 이루며, 현실과 이상을 대비한다. 따라서 고집멸도란 불교 교리가 집약된 총체적 핵심 사상이다.

멸도는 고를 멸하고 행복을 얻는 길이다. 멸이란 고통이 사라진 상태로 괴로움의 원인인 갈애(渴愛), 탐냄, 성냄, 어리석음이 모두 사라진 평온의 경지이다. 이처럼 괴로움의 원인이 소멸되었다는 것은 열반적정의 상태로 해탈의 경지에 해당한다. 이 진리를 확실히 체험하면 마음의 평화, 열반적정에 들어 참다운 나에 머물 수 있다. 해탈의 경지는 천국이란 별세계가 있는 것이 아니라, 현실을 살아가는 우리 마음의 평화, 고도의 의식수준에 다다른 상태를 말한다.

도성제는 고통을 멸한 열반적정의 세계를 향한 수련에 해당하며 8가지 방법을 제시한다. 이것이 팔정도(八正道)라 하여 이 책의 지혜에 해당한다.

인간은 세상이 환상에 지나지 않는다는 진리를 모르거나 알더라도 환상에서 벗어나기란 매우 어렵다. 특히 욕망의 통로인 12 연기에서 하나를 중단하면 열반에 이른다는 사실을 모르거나 알더라도 또한 이를 실천하는 것은 쉽지 않은 것이다.

인간의 고통, 번뇌, 망상은 탐욕이 그 원인이다. 이 탐욕이 생기는 과정을 12단계로 설명한 것이 12연기다. 따라서 이 중 어느 하나를 끊어내면 욕망을 끊을 수 있게 된다. 칸트가 감성, 오성, 지성을 통하여 인식의 과정을 설명하듯이 불교는 12연기로 설명한다. 무명(無明), 행(行) 식(識), 명색(名色), 육처(六處), 촉(觸), 수(受), 애(愛), 취(取), 유(有), 생(生), 노사(老死)의 인식 과정은 고통을 초래하는 과정이다.[260] 고통을 멈추기 위해서는 이 인식 과정 중 어느 하나를 끊으면 고통에서 해방된다.(필자 주)

그러므로 일상을 통해 진리를 얻고 마음의 평정을 위한 수련을 지속하지 않으면 멸성제에 도달할 수 없다. 소승불교가 팔정도[표 13]를 권하듯 대승불교에서는 육바라밀(六波羅蜜)을 권한다. 실질적 괴로움을 만드는 것은 인간의 본성이 아니라 본성에 역행하는 마음의 무명번뇌(無名煩惱)일 뿐이다. 따라서 극복대상은 밖에 있지 않다. 온전히 대상을 인식한 내면의 정신세계에 있다는 것이다. 불교도 행복은 의식통제의 문제임을 말해준다.

[표 13] 불교의 팔정도(八正道)

戒	정어(正語)	바른 말	거짓이 아닌 참된 말
	정업(正業)	바른 행위	살생, 도둑질 등을 하지 않는 올바른 행동
	정명(正命)	바른 생활	출가자는 무소유, 재가자는 바른 직업, 바른 직업관
定	정정진(正精進)	바른 노력	끊임없이 노력하여 물러섬이 없는 마음
	정념(正念)	바른 사티	순간순간 관찰로 사티를 유지함
	정정(正定)	바른 삼매	바른 집중
慧	정견(定見)	바른 견해	제반 진리를 그대로 보는 견해, 올바른 진리관, 세계관
	정사유(正思惟)	바른 사유	명상이나 번뇌에 끄달리지 않는 건전한 마음 자세

*출처: 정운 편역, 『경전숲길』, 조계종출판사, 2011, 105쪽

팔정도는 불교의 종합수행법이자 불교 수행의 요체로 유구한 세월을 통해 수많은 수행자에 의해 개발되고 계승되어온 수련의 정형이다. 대승불교의 육바라밀[261]은 자신보다는 타인을 향한 사랑, 자비, 이타심으로 변형되었을 뿐 실제 내용은 같다.

불교의 이러한 행복 개념들은 필자가 제1장부터 지금까지 이야기하고자 하는 행복론과 접근 과정상 차이는 있을지언정 논리상 거의 다르지 않다. 다만 불교가 사찰이라는 한정된 공간에서 수련한다면, 필자가 제시하는 방법은 삶의 현장에서 수련한다는 차이일 뿐이다.

불교에서는 정진으로 진아(眞我)를 찾아야 한다지만, 현실을

살아가는 우리는 생계를 팽개치고 수련만 할 수는 없다. 불교에서 추구하는 진아, 진여(眞如)를 목적으로 하지 않더라도, 매 순간 정화해가는 것만으로도 얼마든지 마음을 다스릴 수 있다. 다른 모든 수련도 마찬가지다. 완벽하게 현상계를 초월한 마음 다스림은 없다. 불심의 척도라고 할 수 있는 환희지(歡喜地) 등을 일컫는 십지(十地)[262]에 도달한 고승들도 잦은 후퇴가 있다는데 어찌 우리 중생들이 평생 그 도를 위해 살 수 있겠는가.

불교의 탐, 진, 치를 관리하는 방법을 아는 것만으로 삶의 자세는 달라질 수 있다. 평범한 소시민이 불교 세계관을 다 이해하기는 어렵지만, 인생의 시간을 조금만 길게 펼쳐본다면 우리 삶의 덧없음에 숙연해질 것이다. 자연히 욕심을 내려놓고 청정심을 기르며, 성내지 않는 마음 자세를 가지게 되면서 수련의 장에 들어설지도 모른다. 그리하여 청정한 마음, 평화롭고 자비한 마음, 지혜롭고 밝은 마음이 우리 본래의 진리임을 알고 삶을 재정립하게 될 것이다.

2. 영토를 확장하라

얼마 전 미디어 광고에 '노마드(nomad)'라는 단어가 유행한 적이 있다. 노마드란 들뢰즈 철학의 탈영토화(deterritorialization) 개념을 일컫는 용어로서, 양 떼를 몰고 끊임없이 새로운 개척지를 찾아 이동하는 초원의 삶을 인생의 태도에 비유한 용어다.

영토확장의 삶은 기존의 삶의 터전(safe zone)에 안주하려는 피동적 삶을 과감히 벗어던지고 새로운 열정과 희망으로 자신의 활동 영역을 개척하는 도전적 삶을 의미한다. 우리는 통상 지금의 생활이 크게 불편하지 않으면 안전을 추구한다. 이는 변화에 대한 두려움으로 현상을 유지하려 애쓰는 대중의 일반적인 경향이다. 우리는 남들과의 차이를 없애고 동일시하며 모방하는 생활을 당연시한다. 그러나 이것은 열정과 호기심을 죽이는 프티부르주아의 삶에 불과하다. 이러한 태도는 점차 자신의 활력을 소진하고 세상에 대한 무료함, 무의미만 증가한다.

우리는 삶의 배치(arrangement)를 바꾸는 데 주저할 필요가 없다. 당신이 조금의 열정이라도 있다면 기존환경을 과감히 바꾸는 용기를 가짐으로써 당신의 삶을 다채롭게 하고 즐거움을 가져다줄 동력을 얻게 될 것이다. 우리가 삶의 안전만을 생각한다면 아무런 발전이 없을 것이며 위축되는 자신만을 발견하게 된다. 당신은 당신의 활동 영역인 영토를 확장하기 위해 사건을 만들 용기를 가져야 한다.

계열화된 생활의 배치는 항들의 순서를 바꾸거나, 어느 하나의 추가 내지는 제외로도 전혀 다른 삶으로 전환할 수 있는 가변성을 향해 열리게 된다.[263] 가령 '나는 서울에서 산다'라는 사실에서 '서울을 횡성'으로 바꾼다면 활동 범위, 생활방식, 주변 환경, 기분, 자세 등 모든 면에서 큰 변화가 나타날 것이다. 마치 고정된 대포에 자동으로 움직이는 바퀴가 달리는 것과 같은 변화다.

> **사물이 이웃 항과 접속하여 어떤 의미가 만들어질 때 그것은 사건화 되는 것이며 복수의 사물을 하나의 계열로 연결하는 것이 계열화이다. 하나의 사물은 계열화되는 선이 달라짐에 따라 다른 사건이 될 수 있다.** —이진경, 『철학과 굴뚝 청소부』, 그린비, 2005, 418쪽

이처럼 삶에서 어떤 새로운 항의 추가나 제거, 대체, 순서 변경 등을 통해 기존 배치를 변화시켜 기존의 영토에서 새로운 곳으로 전환하는 것을 "탈영토화"한다고 한다. 새로운 배치는 다시 접점을 만나서 다른 계열로 계속 변환할 수 있다. 당신이 호기심, 열정, 용기, 의지를 가진다는 것은 현재 상황에서 새로운 변화의 동력을 얻어 변화를 추구해 가자는 힘을 얻는 것이다.[264]

들뢰즈는 우리 삶의 배치를 용기 있게 바꿀 것을 조언한다. 삶의 계열화 요소를 하나만 대체하더라도 삶은 크게 변하기 때문이다. 즉 기존의 배치를 유지하고자 하는 욕망, 기존의 배치에 길들여진 욕망의 접점을 찾아 탈영토화하여 새로운 욕망으로 변형시키는 것은 다른 영토로 들어서는 것으로 새로운 뭔가가

변이, 생성(becoming)됨을 뜻한다. 즉 이전과 다른 어떤 새로운 사건에 진입하게 된다.

노마드 정신은 힌두인의 수행, 행위 자체를 통한 자아실현적 삶을 깨달음의 수단으로 하는 행위 요가(Karma-yoga)와 유사한 개념이다. 행위의 수련은 행위 그 자체를 위한 것이다. 행위의 목적에 연연한 구속에서 벗어나 자유를 얻는 방편이다.[265] 우리는 행위를 어떤 목적을 위한 수단으로 여기면서 그 목적에 종속된다. 하지만 행위가 목적의 수단이 아니라 목적 그 자체가 될 때 우리의 행위는 어떤 속박도 던져버린 굽이치는 물줄기처럼 생명화할 것이다. 일의 목적보다는 과정을 중시하는 화이트 헤드의 철학적 사고처럼 말이다. 이러한 활동이 인류에 대한 사랑과 창조적 행위라면 더 높은 감정 수준에 이를 수 있다.

현대인은 일터의 작은 부속품으로 살아가며 변화를 두려워한다. 자기 보신 외에는 무감한 프티부르주아로 살아가는 게 행복이라고 여긴다. 조금만 눈을 크게 뜨면, 세상이 얼마나 넓고 깊은지, 호기심을 일으키는 일이 얼마나 많은지, 자기가 얼마나 무지한지 눈치챌 수 있음에도 이를 망각하고 산다. 우리는 모두 세상에 관한 열린 태도, 열의, 호기심을 잊은 채 다람쥐 쳇바퀴 같은 삶을 당연시하고 있는 것이다. 설령 욕망이 샘솟더라도 실천에 옮기는 것을 사회적 상식-평균적이거나 보편성을 의미하며 들뢰즈는 이를 동일성이라 한다-에서 벗어나는 탈선이나 위험으로 여기고 이를 가슴에 묻는다. 이러한 태도는 평균적 이데올로기를 추종하는 현대인의 전형적 형태로 수동적인 삶일 뿐이다. 학창 시절이 끝나자마자 배움과 성장은 정지하고 세월에 밀려 무미건조한 하산길을 당연하듯 살아가는 것이다.

노마드 정신은 삶의 매너리즘에서 벗어나 아는 영역은 심화하여, 모르는 영역에 대해서는 호기심과 열정을 가지고 새롭고 끊임없이 모티브를 찾아 배우며 삶의 지평을 용기 있게 넓히는 태도다. 특히 경제력을 갖추고 일에 구속되지 않으며 은퇴하여 여유시간을 가진 사람이라면 새로운 욕망을 실행할 용기를 가짐으로써 즐거움을 찾아갈 수 있을 것이다.

하지만 노마드 정신은 사실 경제적 능력이나 시간적 여유와는 크게 관련이 없다. 하나의 가치에 머물거나 종속되지 말고, 그것을 재편하는 탈영토화 운동에서 에너지를 얻고 즐거움을 느끼면 되는 것이다. 고정된 것, 강제되는 것, 지배적인 가치나 방법을 탈피하고 새로운 가치나 방법을 창안하는 열정 그자체면 가능하다.

그렇다고 단순히 직업을 바꾸라는 말은 아니다. 현재 업무영역에서도 얼마든지 재배치는 가능하다. 농업에 종사하는 사람이라면 작물을 바꿀 수도 있고, 농기구를 개량할 수도 있다. 또한 수확량 연구, 품종 연구 등도 재배치의 일종이다. 전공이 경영학이니 컴퓨터공학은 나하고 무관하다는 식의 사고, 이제 은퇴했고 나이가 들었으니 앞으로 새로운 일이나 취미를 배워 무얼 하냐는 식의 자세야말로 욕망의 재배치를 거스르는 부정적 태도일 뿐이다.

탈주는 도피가 아니다. 현실에 안주하지 않고 물리적 영역과 정신적 영역에서 새로운 곳을 향해 나아가는 방편인 것이다. 그곳에서 재영토화한 후에는 또다시 어디로든 떠날 수 있는 움직임이다. 탈영토화는 기존의 현존을 벗어난다는 면에서 혁명이기도 하다. 혁명이 기존 질서를 인위적으로 전복한다면, 탈영토화는 기존 질서를 초월한다.

당신은 기존의 터전을 탈영토화한다면서 이를 파괴하려는 부정적 과정이어서는 안 된다. 기존과 다른 새로운 욕망을 적용하는 긍정적 과정으로 승화해야 한다. 자본주의를 공산주의로 대체하려는 사고는 혁명이 아니라 단순한 전복이다. 대안이나 혁신 없이 전복을 위하여 기존 질서를 파괴하고 해체하는 것은 어마어마한 사회적 비용과 혼란을 초래한다. 이는 구식의 가치, 기존의 세상에 대한 혐오의 정념만 키우는 부정적 욕망일 뿐 창조로 연결될 수 없다. 탈주란 낡은 것을 부정하고 파괴하는 일이 아니라, 새롭게 가치와 의미를 창조하는 일이다. 낡은 것의 부정이나 파괴는 그러한 긍정의 결과 뒤따라오는 부산물로서, 새로운 것을 만들면 옛것은 자연스럽게 사라질 것이다.[266]

들뢰즈는 이처럼 일상의 배치를 변경하여 접점을 달리하는 다른 길을 탈주선(line of flight)에 비유한다. 탈주란 기존의 배치에서 정해진 것, 고정된 것, 강제되는 것에서 벗어나 달리는 것이고 기존의 지배적인 가치나 방법에서 벗어나 새로운 가치나 방법을 창안하는 것이다.[267] 이는 새로운 가치와 삶의 방식을 창조하는 생산적 활동인 것이다.

우리는 탈주선을 그리고 새로운 가치를 창조할 능력을 상실했는지도 모른다. 하지만 기존의 세계에 대한 혐오의 정념만을 키워가는 것은 자신의 무능을 사회에 돌리는 시기, 질투의 표현 이상이 될 수 없음을 깨달아야 한다. 탈주는 현재의 환경조건을 부정하는 것이 아니라, 기존의 조건과 환경을 긍정하고 개척하며 확장하여 새로이 도약하려는 능동적 사유의 자세다.

니체가 인간은 자기를 극복해 가야 한다는 "힘에의 의지"를 삶의 본질로 보았듯이 들뢰즈의 탈영토화는 융화 복합화의 현대인에게 다방면의 관심을 유도하는 맞춤형 삶의 태도다. 이것은 어떠한 이데올로기기에도 함몰되지 않고 그 경계에 서서 세상을 바라보는 고도의 의식 수준이다.

당신이 지금 현실의 삶이 막막하게 느껴지거나 하루하루 무료함이 밀려온다면 자신의 안주함을 비판하고 과감히 떠날 수 있는 용기를 가져야 한다. 지난 상처에 얽매여 새로운 삶을 시작할 수 없는 사람이나, 상처로 마음을 닫고 원망하는 사람은 아무리 돌아다녀도 유목민이 될 수 없다. 상처뿐만 아니라 쾌락과 부와 명예, 아름다운 사랑과도 언제든 이별할 수 있는 용기를 가질 때 당신은 창조적 유목민의 삶을 영위할 수 있게 된다.

유목민은 단순히 써버린 땅을 떠나 다른 땅으로 옮겨가는 이

주민을 뜻하지 않는다. 현재 머무는 장소나 이동한 장소에서 용감하게 환경을 개척하며 이전과 다른 배치를 통해 새로이 창조하는 긍정인을 말한다. 긍정인은 유연하다. 특정 시공간과 관념에만 사로잡히지 않으며 끝없이 새로운 길로 내달리며 성장하는 생명에 가깝다. 부정인은 경직되었다. 현재에 안주하며 부정의 부동성에 뿌리 깊이 취한 채로 죽음에 다가간다.

진정한 영토확장은 열정과 호기심으로 지식을 넓히고 위험을 감수하는 용기를 통한 세련된 창조력으로 당신의 삶을 더욱 풍요롭게 할 것이다.

3. 가슴 열기·내려놓기

가슴 열기·내려놓기는 관찰자인 순수의식이 관념 다발인 이데올로기, 감정, 필드에 대한 의식의 흐름을 무념하게 바라보는 방식으로 의식을 직접 통제하는 방법이다. 마치 물병의 목을 손가락으로 제어하듯이 생각의 흐름을 통제하는 방법이다. 먼저 닫힌 마음을 열고 살아가되, 감정이 생기면 그 원인에 저항하지 않으며, 양보하고 수용하며 나를 스쳐 흘러가도록 한다. 감정에 맞대응하거나 억제하거나 회피하지 않고 있는 그대로 직시하거나 승화하는 마음이다. 최근 인생 내려놓기, 스트레스 내려놓기, 분노 내려놓기, 놓아버림 등 유사한 명칭으로 유행하고 있는데 그만큼 이 방식에 효력이 인정된다는 증거일 것이다.

스트레스는 내면, 마음, 의식의 문제다. 두려움이 쌓여 있을수록 세상을 보는 시야는 좁아지고 언행 또한 소심해진다. 세상은 겁먹은 사람에게는 섬뜩하고 불안한 곳이고, 화난 사람한테는 늘 불만스럽고 짜증 나는 곳이며, 죄책감에 시달리는 사람에게는 죄로 이끌 유혹이 도사리는 곳이다.

가슴 열기·내려놓기는 당신이 가지고 있는 기존의 삼스카라는 물론 앞으로 발생할 부정적 감정을 가슴에 쌓아놓지 않고 그 즉시 휘발시키는 방법이다. 감정 이면의 에너지에 저항하지 않는 것, 즉각 내려놓고 흘려보내서 압력을 줄이거나 자동으로 소멸케 하는 방식이다.

마이클 싱어는 가슴 열기를 "감정 에너지를 흘려보내는 것"이라 한다. 만일 당신이 분노와 같은 부정적 감정을 흘려보내지 않고 붙잡아 두는 것은 "가슴에 그 에너지를 저장한 후 유사한 상황에 다시 나타나도록 고착시키는 것"과 같다고 하였다.[268]

에너지가 다른 생각이나 관념들(이데올로기)에 부딪혀서 마음을 지나가지 못하면, 그것은 가슴을 통해 풀려나가려 한다. 이것이 모든 감정의 움직임을 일으키는 것이다. 이것마저 당신이 저항하면 에너지는 뭉쳐져서 가슴속의 깊은 창고에 쑤

셔 넣어진다. —마이클 싱어, 『상처받지 않는 영혼』, 95쪽

그는 삶에서 감정이란 자신의 에너지를 어떻게 다루느냐의 문제로 이미 일어난 부정적 사건에 대항하는 것은 혼란을 일으킬 뿐만 아니라 몸속에 에너지를 가두는 것과 같다고 한다. 흘러 나가지 못한 감정 에너지는 항상 가슴속에서 뛰쳐나와 주체를 뒤흔들 날을 기다린다는 것이다.

마이클 싱어는 "가슴 열기란 무슨 사건이나, 어떤 사람에게도 흔쾌히 가슴을 열고 대응함으로써 감정이 흘러들어왔다가 흘러가게 하는 것"이라고 했다. 예를 들어 밤에 길거리를 걷는데 알 수 없는 누군가가 다가오면 자기도 모르게 몸이 움츠러들 것이다. 이것은 가슴을 닫았기 때문이다. 이 경우 가슴을 연다면 다가오는 사람은 두려운 대상이 아니라 그저 행인일 것이다. 과도한 가슴 닫기는 당신의 의식 수준을 고착할 수 있는 요소임을 명심하자. 그러니 가능한 한 어떤 상황에서도 가슴을 열어두자.

데이비드 호킨스는 무거운 물건을 떨어뜨리듯 마음속 압박을 한순간 끝내는 방법으로 "놓아버림(letting go)"을 제시한다.[269] 놓아버리면 평안하고 가벼워진다. 안정되고 홀가분하다. 압력이 줄어들기 시작하고, 결국 눈 녹듯 사라진다. 억제나 표출, 회피는 당장은 압력이 완화될 수는 있어도 감정은 가슴에 남는다. 호킨스는 놓아 버림의 방식으로, 일어나는 감정 알아차리기, 일어난 감정 놓아두기, 감정의 상태 관찰하기, 감정이 스스

로 제 갈 길을 가도록 놓아두기 등 4단계로 구분하여 설명하고 있다.[270]

우선, 일어난 감정을 있는 그대로 관찰하며 이면의 에너지가 방출될 때까지 순수의식으로 바라보는 것이다. 사실 당신은 삶에서 화난 감정에 맞대응하지 않고 관찰자로서 자신의 감정을 바라보기란 매우 어려운 일이다. 어떤 이유로 우리의 마음에 부정적 감정이 발생했다면 먼저 감정을 표출하지 말고, 감정 관찰자가 되어 바라보자. 어떤 모습인지, 어느 정도의 세기인지, 신체적으로 어떤 반응을 유발하고 있는지, 생각과 감정을 표출하지 않고 그저 관찰자로서 감정 자체만을 바라보자. 생긴 감정에 대한 저항은 그 감정을 지속, 강화할 것이다. 저항하거나 감정을 바꾸려는 노력을 포기함으로써 비로소 감정이 변하고 그 강도는 약해진다.

그리고 당신은 감정을 관찰하면서 일어나는 생각을 무시하거나 함께 한다. 꼬리를 무는 생각들에는 신경 쓰지 않는다. 감정이 진행되는 때에는 그 이유에 대한 타당성, 그로 인한 위험, 사후 처리, 주변의 반응, 나의 잘잘못, 자존심의 상처, 타자의 비판 등 수백 가지의 생각들이 머릿속을 헤집는다. 이런 생각은 감정이 생긴 이유를 자신에게 설명하고 납득시키려는 시도, 즉 자기변명이다. 모든 부정적 감정은 생존에 대한 근본적 두려움과 관련된다. 생존에 필요하다고 믿는 과도한 이데올로기 프로그램이 상시 가동 중임을 인식하고 그 프로그램의 작동에서 벗어나야 한다.

> 당신은 이제 바야흐로 그냥 지나가지 않는 그것 때문에 당신 삶의 경험이 바뀐다. 이제 삶은 당신의 주의를 얻어내기 위해 이 지나가지 못한 사건과 다투어야만 하게 되었고 그 사건의 인상은 얌전히 남아 있으려 하지 않는다. 당신은 그것을 끊임없이 떠올려서 생각하려고 하는 자신을 발견할 것이다.
> —마이클 싱어, 『상처받지 않는 영혼』, 94쪽

감정에 관한 생각, 그 생각에 관한 생각들, 결국 생각 자체를 하지 말라는 말이다. 하지만 생각이 강화되어 불길처럼 번진다면 억지로 멈출 필요는 없다. 생각이 그대를 스쳐 가도록 방치해라. 저항하지 않고 흘려보내라. 관찰자로서 양떼구름 같은 생각과 감정을 그저 바라만 보라.

마지막으로 감정이 일어난 원인이 되는 일에 저항하지 않고 항복하라. 항복한다는 것은 감정의 원인이 된 어떤 일에 감정으로 대응하지 않으며 애착을 버리는 일이다. 감정의 원인이 된 그런 일은 생겨도 괜찮고, 생기지 않아도 괜찮았다. 진정 자유로운 사람은 애착을 놓아버린다.

내려놓음은 마음의 모든 생각과 감정에 지휘권을 주지 않고 감정과 자아를 분리하는 방법이다. 감정은 오고 가지만 나의 감정이 곧 나는 아니다. '진짜 나(순수의식)'는 감정을 지켜볼 뿐이다. 더 이상 자신을 감정과 동일시하지 않는다. 일어나는 감정을 관찰하고 지각하는 '나'는 의식 그 자체일 뿐이다. 내 안에 변치 않는 관찰자가 있음을 자각하는 것이며, 어느 순간 자신이 그 수준에 들어섰음을 알게 된다. 현상의 경험자가 아니라 의식의 흐름을 지켜보는 목격자로 존재함으로써 진정한 나와 가까워지고 그동안 감정에 속았음을 깨닫고 자유로워질 것이다.

데이비드 호킨스는 "내려놓음이야말로 큰 노력 없이 부정적 감정에서 긍정적 감정의 최정상까지 올라가는 가장 손쉬운 방법"이라고 말한다. 인간이라면 가질 수밖에 없는 부정성을 인정하고 자신에게 정직할 때 상황을 흔쾌히 받아들일 때 초월이 가능하다고 한다.

내려놓음은 목표를 체념하거나 포기하는 것으로 오해할 우려가 있다. 간절히 욕망해도 이룰 수 없는 경쟁 사회에서 내려놓기라니, 말이 될까? 여기서 '내려놓음'은 좌절이나 포기가 아니다. 내려놓음은 성취를 포기하는 게 아니라, 이에 따른 감정을 통제하고 과정271)을 계속하며 즐기는 수단이다.

내려놓기와 가슴 열기는 저항하지 않고, 있는 그대로를 받아들이고 용서하고 베푸는 마음이다. 그것은 위대함이며 사랑이라는 의식 수준으로 높이 오르려는 자발성이다. 단순히 감정을 제어하는 수단이지만, 원하는 것을 포기하는 게 아니라 필요한 것을 찾는 것이며 남이 원하는 것을 바라는 것이 아니라, 내가 하고자 하는 것을 구하는 주요 멘탈관리 수단의 하나인 것이다.

4. 명상

　내려놓기, 가슴 열기, 관찰자로 바라보기의 방식들은 사실 명상의 의식통제 방식과 원리에 있어 다르지 않다.

　명상은 인도의 힌두문화의 요가(yoga)에서 유래한 것으로[272] 이후 도교, 자이나교, 불교, 고대 그리스철학, 이슬람, 기독교, 도교 등으로 이어져 현재에 이르고 있다([표 14]). 명상은 부정적 감정을 긍정적 감정으로 승화하는 감정 관리의 한 방식이다. 명상은 '관찰자로 바라보기, 내려놓기·가슴 열기'처럼 자신의 감정과 생각이 형성되는 방식과 이유를 자각하여 감정을 통제한다. 현재 명상은 일반적인 감정통제 방법으로 널리 알려졌으며, 과학적으로도 효과를 인정받고 있다.

　명상은 단순한 마음챙김부터 궁극적으로 자아 초월, 참다운 나와의 만남까지 광범위한 내적 영역과 관련된다. 깨달음은 특정 종교적 전유물은 아니며, 일반인들도 부단한 탐구를 통해서 지고의 단계로 간다면 그것이 곧 깨달음이 될 수 있는 것이다.

　명상은 본래 고통을 극복하고 삶의 진정한 의미를 탐구하며 고차원적 존재와 연결되기 위한 수련이었으나, 지금은 감정의 통제를 통한 개인적 성장을 도모하고 건강과 행복을 찾기 위한 수단으로 활용되고 있다.

> **명상의 효과 ①두뇌활동에 도움: 집중력 강화, 창의력 향상, 기억력 향상, 알아차림, 처리 속도 향상 ②정서 건강에 도움: 우울 감소, 불안, 기분전환, 공감 능력 향상, 자기 인식과 자기통제 능력 증진, 긍정적 감정과 관계성 조정 ③스트레스 해소: 노화 억제, 면역력 강화, 증상 완화, 혈압 감소, 차분함 증진 등이다.** —지오반니 딘스트만, 『명상에 대한 거의 모든 것』, 불광출판사, 2020, 23~29쪽

명상은 일상의 주도권을 잡지 못하고 물결에 떠밀리듯 생활하는 현대인들에게 고요한 마음을 유지하고 자기조절의 힘을 배양하며 흐름의 주도권을 되찾아 줄 수 있는 유효한 감정 관리 방법의 하나다.

명상은 생각에 정신을 빼앗기는 대신 현재에 집중하는 수련으로 세수를 하며 살결에 닿는 물의 상쾌한 감각을 알아차리고 치아 하나하나에 집중하여 이를 닦고 보다 차분하고 맑은 정신으로 하루를 시작하게 한다. 마음의 소리를 줄여 지금 이 순간을 살게 하는 것이다. 여기서는 명상의 일반적인 접근 방법에 대해서 알아보고자 한다.

명상을 이해하기 위해서는 의식과 의식의 흐름, 생각, 감정, 이데올로기 등 행복 요소에 대한 구조의 이해가 선행되어야 한다.

지두 크리슈나무르티는 "당신이 생각의 구조와 근원을 이해하는 것이 명상"이라고 했다.[273]

[표 14] 명상의 유형

베단타	힌두 요가	불교	도교	수피교
네티,네티	프나나야	마음챙김	태극권	심장박동
자기탐구	요가니드라	위빠사나	내관	지크르
목도하기	쿤달리니	좌선	좌망	사랑
	트라타카	경행	기공	수피회전
	만다라	자비선		
	만트라	사마타		
	탄드라	선문답		
		족첸		

*출처: 지오반니 딘스트만, 『명상에 대한 거의 모든 것』, 서종민 옮김, 불광출판사, 2020, 21쪽

이 글을 쓰는 필자도 이 책을 읽는 독자도 지금 현재 의식은 흐르고 생각은 끊임이 없다. 우리는 마음이나 마음에서 일어나는 생각, 감정 등 의식의 흐름을 '나'라고 생각한다. 의식의 흐름은 뇌라는 하드웨어에 이데올로기란 프로그램이 필드에 작동하여 '나는 이러저러해야 한다'는 당위적 생각이나 감정이 화면에 표출되고 있는 것이다. 이처럼 의식과 의식의 흐름은 분리가 가능하고 통제도 가능하다. (표7을 참고하기 바란다)

이러한 의식과 의식의 흐름은 여러 가지 은유로 비유된다. 의식을 거울로 행복 3요소를 거울에 묻은 먼지, 때, 오염물로 표현하기도 하며, 푸른 하늘과 구름, 극장의 스크린과 상영되는 영화로 비유된다. 의식은 더 차원 높은 관찰자, 참다운 나, 진짜 나, 진아(眞我) 등으로 표현하며 아웃풋에 해당하는 의식의 흐름인 생각이나 감정과 구별 하게 된다.

당신은 관찰자로서 당신의 생각과 감정을 바라보는 자가 되며 생각과 감정과는 분리된다. (II부 3, 감정편의 3. 나의 감정 바라보기를 참고하기 바란다) 따라서 생각을 지우거나 감정을 억제할 수 있다. 앞에서 설명한 자신을 관찰하는 방법인 내려놓기, 가슴 열기, 명상은 결국 생각 주도권을 회복하여 주체적인 삶을 살게 하려는 방법인 것이다.

"아무런 저항 없이 당신의 생각을 그저 주시자로 바라볼 때 생각은 나를 방해하지 않으며 자유를 얻게 된다. 명상은 모든 생각과 감정을 느껴 아는 것이며, 옳다든가 나쁘다고 말하지 않으면서 다만 생각과 느낌을 바라보며 그것과 함께 움직이는 것이다. 그런 관찰 속에서 당신은 생각과 느낌의 모든 움직임을 이해하기 시작한다. 명상은 모든 것을 완전한 주의력을 가지고 보는 것, 즉 그것의 일부가 아니라, 완전하게 보는 마음의 상태다." —지두 크리슈나무르티, 『아는 것으로부터의 자유』, 정현종 옮김, 물병자리, 2002, 184쪽

그러나 명상은 여기서 그치지 않는다. 수준이 심화되면 세상을 하나로 보는 경지에 이르며 성장지도 상 가장 높은 평화의 단계를 거쳐 깨달음의 단계에 이를 수 있다고 한다. 세속의 일터를 가진 우리가 여기에 이를 수 없더라도, 다음 내용을 이해하고 실천하려 노력하면 삶의 질은 크게 개선될 것이다.

첫째, 의식의 흐름을 보는 관찰자의 입장에 서려면 시작은 과거와 미래에 관한 생각을 최대한 줄여서 현재의 순간에 집중하여 고요한 마음을 유지하는 것이다. 실제 명상의 정의를 살펴보면, "현재의 순간에 완전히 주의를 기울일 수 있는 것(조셉 골드스타인), 매 순간에 대한 자각(존 카밧진), 현재의 현실에 대해 깨어 있게 하는 것(틱낫한), 실제 무슨 일이 일어나고 있는지와 일어난 일을 자신에게 어떻게 말하고 있는지의 차이를 보게 해주는 스스로에게 말하고 있는 이야기(샤론 실즈버그)" 등으로 정의하고 있다.[274)]

명상은 마음을 통제하려고 애쓰지 않고 한 걸음 물러나 수동적으로 주의 집중하는 법을 익히면서 그와 동시에 마음을 자연스러운 알아차림 상태에 두는 과정이다. —앤디 퍼디컴, 『당신의 삶에 명상이 필요할 때』, 안진환 옮김, 스노우폭스북스, 2020, 69쪽 현재에 집중하는 일은 명상을 시작하는 사람이 머릿속의 생각을 제거하기 위한 출발이자 습관화를 위한 것이다. 익숙해지면 머릿속에 어떤 생각이 떠돌아다니더라도 당신은 관찰자로 머물 수 있다. 이 시간이 늘어날수록 자신의 순수의식과 생각은 분리되고 감정이 생각에 굴복하는 일은 줄어든다.

제프리 브랜틀리는 관찰자로 존재하기 위한 자세로 7가지 방법인 비판단(non-judging), 비추구(non-striving), 믿음(trust), 인내(patience), 수용(acceptance), 초심자의 마음(beginner's mind), 놓아주기(letting go)를 제시하고 있다.[275] 가장 중요한 것은 비판단과 비추구다. 그는 비판단을 당신이 알아챈 모든 것을 기꺼이 받아들이고 투영하는 자각이라 한다. 판단이란 일어난 일에 대해 매 순간 생각과 비난을 얹고 포개면서 생각이 구름처럼 파생되어 확대되는 것이다. 비판단이란 단지 생각하는 것을 알아차리고 그것을 놓아주는 방법을 배우는 것이다. 이것은 판단 자체를 멈추는 것으로, 당신 머리에서 판단이 일어나고 있다는 것을 자각하면 충분하다.

둘째, 명상의 방식에는 불교의 사마타(śamatha, 奢摩他) 방식과 위빠사나(vipassanā, 觀) 방식 등으로 구분할 수 있다. 사마타 방식은 의식을 어떤 사물이나 개념에 집중하여 다른 생각을 잠재우는 것이며, 위빠사나 방식은 떠오르는 생각을 무비판적으로 수용하는 방식이다. 표에 제시한 명상들도 개념상으로는 이 두

가지의 형태 중 하나에 속한다.

사마타는 명상 자세에서 특정 사물이나, 호흡, 신체 부위 또는 특정 이미지에 정신을 집중하는 방법이다. 마음을 대상에 집중해 머문다. 예컨대 호흡에 집중하면서 호흡의 들숨, 날숨을 의식하거나 몸의 움직임을 관찰한다. 다른 생각이 나면 다시 원래대로 돌아온다. 눈앞에 촛불을 응시하거나 내 신체의 제3의 눈(정수리 부분), 또는 신체의 여러 부분을 옮겨가면서 관찰하기도 한다.

외부에 특정 사물을 응시하는 트라타카(trataka), 몸의 장기를 하나하나 관찰하는 내관법(內觀法), 몸의 에너지 바퀴에 차례로 집중하는 쿤달리니(Kundalni), 특정 소리나 단어(만트라, 옴, 아미타보)를 반복하며 정신을 집중하는 만트라(mantra) 방식이 대표적이다.

위빠사나 방식은 자신은 관찰자가 되어 의식의 흐름인 생각들을 저항 없이 바라본다. 관찰자로 바라보기, 놓아 버림, 가슴 열기, 내려놓기 등과 같은 방식이다. 불교에서 사용하는 좌선, 베단타 철학의 네티네티 등이 이런 유형이라 할 수 있다.

기타 방식은 삶의 주요한 주제인 사랑, 삶, 인간 등의 본질적 문제를 깊이 사유한다. 만다라, 의식 확장하기, 머리 없는 나, 탄트라, 좌망, 자비선, 자기 탐구 등이 이에 해당한다.[276]

셋째, 수련의 효율을 높이려면 특정 자세를 취하자. 정지한 자세는 좌선이나 눕기가 있고 자세를 변환하면서 하는 방법에는 아사나(행위 요가), 국선도, 태극권, 춤, 걷기(鏡禪) 등이 있다. 이러한 방법들은 서로 교차하거나 중복될 수 있으며, 우열을 가릴 기준은 없다. 자신에게 가장 효과적인 수행 방법을 취하자. 다리가 아파 좌선을 오래 못하는 사람은 눕거나 움직이면서 사유하는 방식으로 변경한다.

명상의 한계는 어디까지인가? 단순한 마음챙김이 첫 번째 단계라면 두 번째는 나의 내면에 있는 에고와 참다운 나를 분리하는 단계가 두 번째 단계이며, 이 둘이 합쳐져 온 우주가 하나인 진여(眞如), 공(空)임을 깨닫는 단계가 마지막 단계라고 한다. 이 단계는 우리 삶의 이데올로기가 모두 사라진 자연 그대로의 모습으로 불교에서는 삼매에 해당한다. 의식 지도상으로는 사랑, 평화, 깨달음의 수준이다.

중간의 분리 단계에서는 범위가 매우 넓다. 수련의 깊이에 따라 분리 단계의 인식 수준, 분리 시간의 지속성과 그 강도 등이 달라진다.

힌두 철학의 우파니샤드는 깨달음의 높은 단계인 투리야(turiya) 상태를 자신을 이루는 의식과 의식의 흐름, 이 두 개의 나를 알아채는 제3의 의식을 인식하는 수준이라고 한다. 가장 높은 단계인 투리야티타(turiyatita) 단계는 주시자와 세상이 하나가 되는 단계로서 순수하게 보는 자신, 관찰하는 자기가 어느 순간 사라져 버리는 상태다. 관찰되는 대상이 완전히 스스로 일어나 홀로 존재하면서 관찰자의 느낌을 밀어내는 것이다. 맑고 텅 빈 의식의 장에서 떠오른 대상만 있을 뿐 구경꾼은 없는 경지다. 이처럼 명상의 수준과 방법은 단체마다 각양각색이지만, 의식을 다루는 본질에 있어서는 거의 동일하다.

명상의 목적은 어떤 상황에서도 흔들리지 않는 마음(mantal)이다. 그리고 흔들렸더라도 쉽게 되찾을 수 있는 평정심을 회복하는 능력이다. 그 모든 바탕에 깔린 핵심 요소는 당신의 현재에 대한 집중력이며 이 힘을 배양하는 노력에 달렸다. 당신은 어떤 방법을 통해서도 주의를 집중할 수 있으나 그 목적은 어떤 일이 벌어지고 있든지간에, 그 순간에 자유로울 수 있는 역량을 기르는 것이다. 샘 해리스의 말처럼 당신에게 그런 능력이 있다면 이미 평생 마주할 문제 중 대부분을 해결한 것이나 다를 바 없다.[277] 어떤 사람은 위험 한가운데 놓여 있어도 만족하고 어떤 사람은 세상의 행운이란 행운은 모두 쥐고 있으면서도 불행하다. 외적 환경이 중요치 않다는 의미가 아니다. 삶의 질은 주어진 환경보다는 당신의 마음이 주도한다는 사실을 잊지 말자.

미주

1) F. 펠만, 『행복의 철학사』, 최성환 옮김, 시와진실, 2012, 15~24쪽

2) 길가메시여, 당신은 어디로 가고 있나요? 당신이 찾고 있는 영생은 결코 찾을 수 없습니다. 신들이 인간을 창조했을 때, 그들은 인간의 몫으로 죽음을, 영생은 그들의 몫으로 가져가 버렸습니다. 길가메시여, 당신의 배를 가득 채우세요, 밤과 낮으로 즐거운 일을 만들고, 매일 향연을 베푸세요. 밤이나 낮이나 춤과 노래가 울려 퍼지게 하세요. 깨끗한 옷을 입고, 머리와 몸을 씻으세요. -『길가메시 서사시』(필자 주)

3) 페터 쿤츠만 외, 『철학도해사전』, 여상훈 옮김, 들녘, 2016, 245쪽

4) 에피쿠로스는 신을 숭배하는 것은 시간 낭비이고, 사후 세계는 없으며, 행복은 인생의 유일한 목적이라고 설파했다. 고대 사람들 대부분은 에피쿠로스의 생각을 거부했지만, 오늘날에 와서는 모두 동의하는 기본 전제다. -유발 하라리, 『호모데우스』, 김명주 옮김, 김영사, 2017, 51쪽

5) 레슬리 스티븐슨 외, 『인간의 본성에 관한 10가지 이론』, 박중서 옮김, 2006, 244~247쪽

6) 임정환, 『행복으로 보는 서양 철학』, 씨아이알, 2018, 136~139쪽

7) F. 펠만, 같은 책, 23~25쪽

8) 흄은 사람이 하는 모든 노력의 궁극적인 목적은 행복의 달성이다. 행복을 위해 기술을 발명하고, 학문을 육성하고 법을 만들고 사회를 형성하고 있다고 했다. -탈 벤 샤하르, 『해피어』, 노혜숙 옮김, 위즈덤하우스, 2007, 72쪽

9) happy는 행운, 또는 기회를 뜻하는 아이슬란드어 happ로 haphazard(우연), happenstance(우연한 일)에서 유래했다고도 한다. -탈 벤-샤하르, 같은 책, 31쪽

10) R. D. 프레히트, 『내가 아는 나는 누구인가』, 윤순식 외 옮김, 교학도서, 2022, 426~428쪽

11) 임정환, 같은 책, 39~59쪽

12) B. 스피노자, 『에티카』, 황태연 옮김, 비홍출판사, 2020, 158~171쪽

13) 존 스튜어트 밀, 『공리주의』, 서병훈 옮김, 책세상, 2018, 26~32쪽

14) 이정호, 『행복에 이르는 지혜』, 한국방송대학교출판부, 2011, 105~107쪽

15) 에리히 프롬, 『소유냐 존재냐』, 최혁순 옮김, 범우사, 1999, 21쪽

16) 이정호, 같은 책, 73쪽

17) 모 가댓, 『행복을 풀다』, 강주현 옮김, 한국경제신문, 2017, 42~44쪽 / R. D. 프레히트, 같은 책, 426~429쪽

18) 이정호, 같은 책, 105~114쪽

19) 소냐 류보머스키, 『How To Be Happy』, 오혜경 옮김, 지식노마드, 2008, 32~38쪽 / 조너선 라우시, 『인생은 왜 50부터 반등하는가』, 김고명 옮김, 부키, 2021, 140~146쪽

20) 디팩 초프라, 『디팩 초프라의 완전한 행복』, 이상춘 옮김, 한문화, 2013, 18~28쪽

21) 벤담은 감정의 평가 요소로 강렬도, 지속도, 확실도, 원근도, 다산성, 순수성, 범위 등을 평가 요소로 제안했다.(필자 주)

22) MEDIA란 마샬 맥루한의 정의로 인간이 만든 모든 물리적, 정신적 도구이다. 행복객체로서 미디어는 인간의 인식틀을 거친 모든 물질적 정신적 산출물로 행복 3요소 중 이데올로기는 이 미디어 중 우리의 의식에 장착된 정신적 산출물까지 포함하는 개념이다.(필자 주)

23) 조너선 라우시, 같은 책, 265~300쪽

24) 조너선 라우시, 같은 책, 278쪽

25) 조너선 라우시, 같은 책, 294~297쪽

26) 힌두 전통의 삶의 방식으로 학습기는 25세까지며, 50세까지는 가주기라 하여 가정을 이루어 자녀를 낳아 기른다. 이후 75세까지는 집을 떠나 숲속에서 수련하는 산림기, 75세 이후는 세상을 유랑하는 유랑기로 구분한 삶을 말한다.(필자 주)

27) 조너선 라우시, 같은 책, 297쪽

28) 지두 크리슈나무르티, 『아는 것으로부터의 자유』, 정현종 옮김, 물병자리, 2002, 105~108쪽

29) 에리히 프롬, 『자유로부터의 도피』, 원창화 옮김, 홍신문화사, 2006, 90~115쪽

30) 에리히 프롬, 『자유로부터의 도피』, 26~38쪽

31) 귀스타브 르 봉, 『군중심리』, 이재형 옮김, 문예출판사, 2013, 178쪽

32) 김호기, 『세상을 뒤흔든 사상, 메디치미디어, 2017, 236쪽

33) 김호기, 같은 책, 144~146쪽

34) 김호기, 같은 책, 88~91쪽

35) 세네카: 무작정 남이 하는 대로 따라 살지 말라. / 프롬: 완전한 자기로 살 때 행복하다. / 몽테뉴: 진짜 나답게 되는 법을 알아야 인생을 행복하게 살 수 있다. / 몽테스키외: 그저 많은 사람이 가는 길로 향하지 말아야 한다. / 따라서 군중과 일찌감치 떨어져 자신이 원하는 목표가 무엇인지 정확히 알고 역경에도 흔들리지 않으며 주체로 살아가야 행복하다.(필자 주)

36) 데이비드 호킨스, 『놓아 버림』, 박찬준 옮김, 2013, 215~231쪽

37) 에이브러햄 매슬로우는 자아실현자의 특징 중 하나로 세상의 모든 사람을 사랑하는 마인드 즉, 인류애를 들고 있다.(필자 주)

38) 전일함, 일체성이란 불교의 불이일원론, 참다운 나, 객관적 의식, 진아, 존재 등과 같은 의미로 세상의 사물을 모두 하나로 보는 사상이다.(필자 주) / 나의 진정한 정체성은 깨끗하고 순수한 존재의 느낌이며, 우리는 그것을 "나는 존재한다"고 표현한다. -디팩 초프라, 『완전한 삶』, 구승준 옮김, 한문화, 2013, 65쪽

39) 데이비드 호킨스, 『놓아 버림』, 박찬준 옮김, 2013, 226~229쪽

40) 뤼디거 달케 외, 『마음과 질병의 관계는 무엇인가?』, 염정용 옮김, 한언출판사, 2015, 77~94쪽 / 데이비드 호킨스, 『의식 혁명』, 백영미 옮김, 판미동, 2011, 25쪽

41) 스피노자는 감정을 긍정적 감정에 해당하는 기쁨과 부정적 감정에 해당하는 슬픔으로 구분하고, 기쁨은 우리 몸에 삶의 의욕 즉 코나투스를 불어넣게 되는데, 이 감정이 많으면 많을수록 삶의 의욕은 증가하게 되며, 반대로 슬픔은 일에 대한 의욕을 떨어뜨리거나 잃게 하여 삶의 질의 추락을 가져온다고 한다. -B. 스피노자, 같은 책, 105쪽

42) 데일 카네기, 『카네기 행복론』, 최염순 옮김, 씨앗을뿌리는사람, 2015, 책 전반 내용

43) 뤼디거 달케 외, 같은 책, 27쪽

44) 최근 심신상관의학(Mind Body Medicine)은 영성적 경험을 중시하는 많은 의학자들에 의해 그 중요성이 제시되고 있다.(필자 주)

45) R. D. 프레히트, 같은 책, 451쪽

46) 빅터 프랭클, 『영혼을 치유하는 의사』, 유영미 옮김, 청아출판사 2017, 19쪽

47) 인간의 본성으로 이성적 측면을 강조한 플라톤, 아리스토텔레스 등 대부분의 철학자는 진리 추구를 행복으로 보았다. 칼 힐티의 일을 통한 행복, 니체 쇼펜하우어의 예술적 활동, 러셀, 카네기 등의 일에 대한 태도 강조, 들뢰즈의 노마드 정신 추구 등은 관계 필드의 일을 통한 창조적 행위를 행복으로 강조한 것이다.(필자 주)

48) 이즈미야 간지, 『일 따위를 삶의 보람으로 삼지 마라』, 김윤경 옮김, 북라이프, 2017, 127쪽, 161~163쪽

49) 하이데거는 삶을 본래적 삶과 비본래적 삶으로 구분하는데, 비본래적 삶이란 남들이 하니까 하는 모방의 세계로 잡담과 호기심으로 범벅된 일상을 말한다. 이러한 비본래적 삶은 허무감을 일으켜 실존의 무의미를 초래한다고 한다. 만일 당신이 그런 상태라면 당신의 정신은 의미와 가치를 추구하는 자아실현의 길을 찾아보라는 내적 신호이다. 이때는 죽음을 앞둔 인간의 본래적 삶이 무엇인지에 대해 자신을 돌아보아야 한다.(필자 주)

50) 슈테판 클라인, 『행복의 공식』, 김영옥 옮김, 이화북스, 2020, 186쪽

51) 박찬국, 『하이데거 읽기』, 세창미디어, 2014, 146~152쪽

52) 프리드리히 니체, 『차라투스트라는 이렇게 말했다』, 두행숙 옮김, 부북스, 2016, 252쪽

53) P. D. 우스펜스키는 인간의 기능으로 지적 기능, 감정기능, 본능기능, 운동기능으로 구분한다. -P. D. 우스펜스키, 『인간 진화의 심리학』, 정명진 옮김, 부글북스, 2012, 55쪽

54) 켄 윌버, 『켄 윌버의 통합명상』, 김명권 외 옮김, 김영사, 2020, 135쪽

55) 켄 윌버는 이 두 유형에 대해 의식의 상태(states)와 의식의 구조(structures of consciousness)로 구분한다. -켄 윌버, 같은 책, 15~16쪽

56) 데이비드 호킨스, 『놓아 버림』, 박찬준 옮김, 2013, 390~404쪽, 『의식 혁명』, 백영미 옮김, 판미동, 2011, 89쪽

57) 데이비드 호킨스, 『놓아 버림』, 390~404쪽, 『의식 혁명』, 100~119쪽

58) 데이비드 호킨스, 『의식혁명』, 112~118쪽

59) 이에 대해서는 데이비드 호킨스의 『의식 혁명』, 『놓아 버림』, 『치유와 회복』 등 각종 저술내용을 참고 바란다.(필자 주)

60) 데이비드 호킨스, 『의식 혁명』, 백영미 옮김, 판미동, 2011, 100~104쪽

61) 켄 윌버, 같은 책, 27~28쪽

62) 켄 윌버는 홀론(holon)과 홀라키(holoarchy)로 설명하는데, 홀론은 단위 요소
이며 홀라키는 그 상위구성물로 각각의 상위단계는 하위 단계들을 전체적으
로 초월하면서 함유하게 된다는 의미이다. 예컨대 세포와 유기체의 관계와 같
은 것이다. -켄 윌버, 같은 책, 36쪽, 31~130쪽

63) 켄 윌버, 같은 책, 32~59쪽

64) 켄 윌버, 같은 책, 60~69쪽

65) 켄 윌버, 같은 책, 60~95쪽

66) 켄 윌버, 같은 책, 78쪽

67) 우크라이나 사태, 시리아의 종교전쟁, 아랍의 봉기(예멘 내전, 이집트, 튀니
지와 알제리, 리비아)는 민주주의를 위한 운동이었으나 민족중심적인 분열 세
력으로 퇴보하였고 제5단계의 의식으로 경제적 성공을 거둔 극동 및 동남아
의 일부 국가가 민족주의 등을 내세워 3, 4단계로 퇴행 중이다. -켄 윌버, 같은
책, 81~82쪽

68) 켄 윌버, 같은 책 95~112쪽

69) 불교의 연기론과 도교의 직물구조이론과 같이 세상의 모든 만물은 상호의존
하여 존재하므로 개체성이 없다는 것임.(역자 주)

70) 켄 윌버, 같은 책, 282~290쪽

71) 부에 대한 욕망은 필드에 치중하는 대표적 행복 추구 방식으로 어떤 행복론
에서도 부의 증가가 행복과 비례한다고 하지는 않는다.(필자 주)

72) 리처드 도킨스, 『이기적 유전자』, 홍영남 외 옮김, 을유문화사, 2018, 5~20쪽

73) 윌 듀런트, 『내가 왜 계속 살아야 합니까』, 신소희 옮김, 유유, 2020, 34~36쪽

74) 서은국, 『행복의 기원』, 21세기북스, 2021, 189쪽

75) 쇼펜하우어, 『쇼펜하우어 인생론』, 박현석 옮김, 나래북, 2010, 51쪽

76) 쇼펜하우어, 같은 책, 397쪽

77) 매슬로우의 욕구 3, 4단계에 해당하는 활동으로 애정, 공감, 소속감, 친교, 가
족, 친지, 친구에게 존경받고 싶은 욕구, 자기 존중, 자율성, 성취감, 외적인 지
위, 신분, 명예, 명성 등을 추구하는 장으로 관계 필드에 해당한다.(필자 주)

78) 박찬국, 『하이데거 읽기』, 세창미디어, 2014, 33~62쪽 / 마르틴 하이데거, 『존
재와 시간』, 전양범 옮김, 동서문화사, 2015, 78쪽

79) 마르틴 하이데거, 같은 책, 157~160쪽

80) 박찬국, 『삶은 왜 짐이 되었는가』, 21세기북스, 2017, 106~111쪽

81) 알랭 드 보통, 『불안』, 정영목 옮김, 은행나무, 2011, 15~19쪽

82) 쇼펜하우어, 같은 책, 65~78쪽

83) 쇼펜하우어, 같은 책, 57쪽

84) 슈테판 클라인, 같은 책, 139쪽

85) 칼 로저스, 『진정한 사람 되기』, 주은선 옮김, 학지사, 2020, 15~42쪽

86) 에이브러햄 매슬로우, 『동기와 성격』, 오혜경 옮김, 2020, 102~103쪽

87) 사회는 그 사람의 행위 중 타인과의 이해관계가 있는 경우에만 책임을 물을
수 있다. 주권이 자신에게 있는 몸과 마음에 대해서는 오직 자신의 이해관계로
서 독립성은 절대적이다. -존 스튜어트 밀, 『자유론』, 박문재 옮김, 현대지성,
2018, 47쪽

88) 플라톤, 『국가론』, 이환 옮김, 돋을새김, 2015, 247~254쪽

89) 김광현, 『이데올로기』, 열린책들, 2014, 32쪽

90) 아래한글 국어사전

91) 절대 진리는 존재하지 않는다는 회의주의나 누가 무엇을 판단하던 그것은
판단하는 자에게는 참이라는 상대주의는, 그리스 시대 규범을 중시한 플라톤
등 정통철학에 반기를 든 소피스트들이 이미 주장한 것으로 법, 관습, 도덕 등
노모스(nomos)를 따르지 말고 자유롭게 살 것을 주장했다.(필자 주)

92) P. D. 우스펜스키, 같은 책, 2012, 15~25쪽

93) 로저 트리그, 『인간 본성에 대한 철학적 논쟁』, 최용철 옮김, 간디서원, 2003,
156쪽

94) 로저 트리그, 같은 책, 259~280쪽 / 정도언, 『프로이트의 의자』, 인플루언셜,
2016, 34~39쪽

95) 알프레드 아들러 『아들러의 인간 이해』, 홍혜경 옮김, 을유문화사, 2016,
233~304쪽 / 에리히 프롬, 『자유로부터의 도피』, 원창화 옮김, 홍신문화
사, 2006, 231~248쪽, 탈 벤-샤하르, 『해피어』, 노혜숙 옮김, 위즈덤하우스,
2007, 46쪽

96) R. D. 프레히트, 같은 책, 90쪽

97) 쇼펜하우어, 같은 책, 38쪽

98) 이데올로기는 우리가 인식하기도 전에 인간에게 주입된다. 이러한 특성을

알튀세르는 '언제나-이미-주체'로서 개개인에게 편입된다고 한다. -이진경, 『철학과 굴뚝 청소부』, 그린비, 2005, 364~368쪽

99) 유발 하라리는 이러한 협동해야 한다는 이데올로기는 인간이 만든 일종의 허구라 한다. 그러나 이 허구가 피라미드, 만리장성을 축조하였으며, 현대의 구글 등 빅테크 기업, 자동차 회사를 만들었다고 한다. -유발 하라리, 『호모데우스』, 김병주 옮김, 김영사, 2017, 218~228쪽

100) 지젝은 '이데올로기적'이라는 것의 본질은 참여자들의 무지를 통해서만 존재할 수 있는 사회적 현실이라고 전제하면서, 라캉식으로 말하자면 '주체는 이런 논리를 모르는 한에서만 자신의 증상을 즐길 수 있다'고 진단하고 있다. -김광현, 『이데올로기』, 열린책들, 2013, 72~74쪽

101) 레슬리 스티븐슨은 인간 본성이란 것도 어떤 면에서는 철학, 혹은 세계관이며 또는 이데올로기라고 할 수 있는데, 각자의 삶으로 받아들이는 순간 이데올로기로 불린다고 한다. -레슬리 스티븐슨, 같은 책, 24~25쪽

102) 즉 어떤 사회에도 이데올로기는 있을 거라는 말이다. 이런 점에서 알튀세르는 이데올로기를 무의식에 비유한다. -이진경, 같은 책 361쪽

103) 대중들이 잘못된 신념에 빠지기 쉬운 베이컨의 4대 우상: ①인간중심의 기준으로 사물을 관찰하는 종의 우상, ②자기의 성격, 교육, 습관, 경향 등을 기준으로 사회를 바라보는 경향, ③자기 주변의 친구나 부모 등 가까운 일반 대중의 생각이나 사유를 신뢰하는 경향, ④철학자나 사상가의 말을 진리로 믿는 것. -페터 쿤츠만 외, 같은 책, 192쪽

104) 박찬국, 『삶은 왜 짐이 되었는가』, 23~32쪽

105) 우리는 어느 사이에 인간다운 관조 생활을 잃었을 뿐만 아니라 인간다운 일을 잃고 노동하는 동물로 전락했다. -이즈미야 간지, 같은 책, 85쪽

106) 폴 라파르그가 주조한 표현으로 자본주의를 종교로, 임금노동자를 자본교인으로 회화화한다. -이즈미야 간지, 같은 책, 85쪽

107) 박찬국, 『삶은 왜 짐이 되었는가』, 49~52쪽

108) 박찬국, 『삶은 왜 짐이 되었는가』, 55쪽

109) 김광현, 같은 책, 350~356쪽

110) 흄은 질투심을 일으키는 것은 우리와 다른 사람들 사이의 커다란 불균형이 아니라 오히려 근접 상태에 있다고 한다. 즉, 일반병사는 상사나 상병에게 질투를 느끼지만, 장군에게는 전혀 질투심을 느끼지 않는다고 한다. 뛰어난 작가

도 평범한 삼류작가가 아닌 자신과 근접한 작가에게 질투를 더 받게 된다.(필자 주)

111) 알랭 드 보통, 같은 책, 55쪽

112) 유발 하라리, 같은 책, 56쪽

113) 탈 벤-샤하르, 같은 책, 107쪽

114) 플라톤은 『국가론』에서 인간의 행복을 위한 국가의 중요성, 지도자의 자질, 정의, 잘못된 국가체제 등에 대해 시대를 초월한 견해를 밝히고 있다. 특히 인간의 불행은 지도체제의 분열에 의한다는 것은 지금의 위정자들이 교훈으로 삼아야 한다.(필자 주)

115) 슈테판 클라인, 같은 책, 350~362쪽

116) 김형석 교수, 중앙일보 오피니언, 2022.06.10. 00:34

117) 국가가 생각하는 성공의 척도는 국민의 행복이 아니라 영토의 크기, 인구 증가, GDP 증대였다. 독일 프랑스, 일본 같은 산업화된 나라들은 대규모의 교육제도와 보건복지 제도를 만들었지만 이 제도들의 목표는 개인의 행복을 확보하는 것이 아니라 국력을 키우는 것이었다. -유발 하라리, 같은 책, 52쪽

118) 귀스타브 르 봉, 같은 책, 235쪽

119) 존 스튜어트 밀, 『자유론』, 박문재 옮김, 현대지성, 2018, 45~51쪽

120) 귀스타브 르 봉, 같은 책, 217쪽

121) 귀스타브 르 봉, 같은 책, 217쪽, 235쪽

122) 모 가댓, 같은 책, 155~156쪽

123) 그리스 아테네가 스파르타에 대항하여 싸울 것을 설득한 페리클레스의 시민 연설문은 대다수 시민의 전쟁 반대 여론에 제국의 논리는 영토확장, 존속에 대한 두려움, 제국의 이익 등을 위해 존재한다는 내용이다.(필자 주)

124) 텍사스대학교 라즈 라구나탄 연구팀은 우리는 평소 긍정적 생각보다는 부정적인 생각을 더 많이 하는 부정성 지배 경향이 강하다고 한다. -모 가댓, 같은 책, 261~265쪽

125) 道常無爲(도상무위) 而無不爲(이무불위), 도의 본체는 하는 일이 없으나 그렇다고 하지 않는 일도 없다. -노자, 『도덕경』, 박일봉 편저, 육문사, 2011, 125쪽 / 도의 경지에 달하면 모든 일이 저절로 이루어진다는 말이다.(필자 주)

126) 증자 & 자사, 『대학 중용』, 김원중 옮김, 휴머니스트, 2020, 208쪽

127) 프리드리히 니체, 『도덕의 계보 / 이 사람을 보라』, 김태현 옮김, 청하, 1999,

43~46쪽

128) 뤼디거 달케 외, 같은 책, 56~94쪽 / B. 스피노자, 같은 책, 236~242쪽

129) 뤼디거 달케 외, 같은 책, 58~59쪽

130) 사물은 선과 악의 관계 속에서만 말할 수 있는 것이다. 동일한 사물도 관계에 따라 선과 악으로 불릴 수 있듯이 똑같은 것에는 완전함과 불완전함이 같이 있다. -B. 스피노자, 같은 책, 13쪽

131) 아리스토텔레스, 『니코마코스 윤리학』, 천병희 옮김, 도서출판 숲, 2020, 60~85쪽

132) 정운 편역, 『경전숲길』, 조계종출판사, 2011, 104쪽

133) 증자 & 자사, 같은 책, 126쪽

134) 증자 & 자사, 같은 책, 141쪽, 171쪽

135) 소유물의 범위는 돈, 권력, 명예는 물론 친구, 연인, 건강, 여행, 미술품, 신, 자아 등 세상의 모든 것을 포함한다. -에리히 프롬, 『소유냐 존재냐』, 105~109쪽

136) 알랭 드 보통은 『불안』에서 부를 비롯한 권력, 명예, 신체 등에 있어 남들보다 높은 단계에 있으려는 지위에 대한 끊임없는 추구가 현대인의 상시적 불안의 원인이라고 했다.(필자 주)

137) 에리히 프롬, 『소유냐 존재냐』, 129쪽

138) 에리히 프롬, 『소유냐 존재냐』, 75~117쪽

139) 르네 데카르트, 『정념론』 김선영 옮김, 문예출판사, 2013, 40~43쪽

140) 리사 펠드먼 배럿, 『감정은 어떻게 만들어지는가?』, 최호영 옮김, 생각연구소, 2017, 79~87쪽, 245~253쪽, 288~320쪽

141) P. D. 우스펜스키, 같은 책, 51쪽

142) 리사 펠드먼 배럿, 같은 책, 262~266쪽

143) 마이클 싱어, 『상처받지 않는 영혼』, 이균형 옮김, 라이팅하우스, 2014, 75~87쪽

144) 뤼디거 달케 외(마음과 질병의 관계는 무엇인가? 염정용 옮김, 한언출판사, 2020, 69~73쪽

145) 마이클 싱어, 같은 책, 82~87쪽

146) 뤼디거 달케 외, 같은 책, 102~107쪽

147) 데이비드 호킨스, 『놓아 버림』, 박찬준 옮김, 판미동, 2013, 194~206쪽

148) 데이비드 호킨스,『의식 혁명』, 백영미 옮김, 판미동 2020, 101~102쪽

149) 수용은 갈등이나 대립에 의해 양극화되지 않는다. 우리는 타인에게도 우리와 똑같은 권리가 있다는 것을 알며, 평등을 존중한다. 이 수준은 차별이나 편협성에서 자유로우며 평등에 다양성을 배제하지 않고 다원성을 인정한다. -데이비드 호킨스,『의식 혁명』, 102~104쪽

150) 데이비드 호킨스,『의식 혁명』, 104쪽

151) 마이클 싱어, 같은 책, 101쪽

152) 데이비드 호킨스,『의식 혁명』, 106~111쪽

153) 에크하르트 톨레,『지금 이 순간을 살아라』, 노혜숙 외 옮김, (주)양문, 2008, 52쪽

154) 데이비드 호킨스,『의식 혁명』, 308쪽

155) 데이비드 호킨스,『의식 혁명』, 305~310쪽

156) 데이비드 호킨스,『의식 혁명』, 176~193쪽

157) 정도언, 같은 책, 164~165쪽

158) 정도언, 같은 책, 164쪽

159) 정도언, 같은 책, 160~166쪽

160) 쇼펜하우어, 같은 책, 206쪽

161) 데이비드 호킨스,『놓아 버림』, 159~175쪽

162) 정도언, 같은 책, 140쪽

163) 데이비드 호킨스,『놓아 버림』, 141~158쪽

164) 데이비드 호킨스,『놓아 버림』, 141~143쪽

165) 우리의 삶에 대한 두려움의 가장 포괄적 감정인 불안을 심리적 요소라기보다는 존재론적, 외부적 분위기에 기분 잡혀 있는 상황으로 정의한다. 이는 두려움이나 공포가 특정 대상에 대한 감정이라면 불안은 불안의 대상이나 객체가 확정되지 않은 일반적, 포괄적 느낌이라고 할 수 있다. 즉 불안은 삶 자체에 항상 존재하는 크고 작은 불편한 느낌이다. 따라서 불안은 존재론적 심리라면 공포는 인식론적 감정이라 할 수 있다. -박찬국, 삶은 왜 짐이 되었나, 23~97쪽

166) 데이비드 호킨스,『놓아 버림』, 118쪽

167) 탈 벤-샤하르는 처음에는 불편해도 자기의 활동 영역을 넓혀가면서 행복은 확대된다고 했다. 그 영역을 안전지대(Safe Zone), 연장지대(Stretch Zone), 공황지대(Stress Zone)로 나누었다. -탈 벤-샤하르,『행복이란 무엇인가?』, 왕옌

밍 엮음, 김정자 옮김, 느낌이있는책, 2014, 68~71쪽

168) 알랭 드 보통, 『불안』, 5~10쪽

169) 자기파괴의 극단적 예는 자살이다. 극단적 선택 외에도 몸에 해로운 행동을 지속적 충동적으로 하는 것도 자살에 해당한다. 예를 들어 흡연, 폭음, 폭식, 약물 남용이 그렇다. 자신에게 나쁜 줄 알면서 그러는 것은 불안을 해소하려는 시도이기 때문이다. 내가 나를 처벌한다는 의미로 벌 받는 괴로움을 통해 죄책감을 덜어내는 행위로 만족감을 얻기 위한 것이다 -정도언, 같은 책, 116쪽

170) 데이비드 호킨스, 『놓아 버림』, 79~117쪽

171) 정도언, 같은 책, 110~120쪽

172) 정도언, 같은 책, 142쪽

173) 데이비드 호킨스, 『놓아 버림』, 133~140쪽

174) 버트런드 러셀, 『행복의 정복』, 정광섭 옮김, 동서문화사, 2017, 136쪽, 198쪽

175) 데이비드 호킨스, 『의식 혁명』, 90~92쪽

176) 쇼펜하우어, 같은 책, 111쪽

177) 마크 브래킷, 『감정의 발견』, 임지연 옮김, 북라이프, 2020, 85쪽

178) 리사 펠드먼 배럿, 같은 책, 33, 568쪽

179) 리사 펠드먼 배럿, 같은 책, 337쪽

180) 리사 펠드먼 배럿, 같은 책, 175~188, 347~353쪽

181) 뤼디거 달케 외, 같은 책, 99쪽

182) 데이비드 호킨스는 이를 믿음체계, 부정적 프로그램이라 한다. 달걀의 콜레스테롤이 혈중 콜레스테롤 수치를 높인다는 믿음체계를 받아들이면 몸도 이런 믿음에 따라 달걀이 들어왔을 때 혈중 콜레스테롤을 높인다. -데이비드 호킨스, 『치유와 회복』, 박윤정 옮김, 판미동, 2013, 122쪽

183) 리사 펠드먼 배럿, 같은 책, 350~353쪽

184) 리사 펠드먼 배럿, 같은 책, 356쪽

185) 알프레드 아들러, 같은 책, 232쪽

186) 다니엘 골먼, 『EQ 감성지능』, 한창호 옮김, 웅진지식하우스, 2008, 101~102쪽

187) 정도언, 같은 책, 67쪽

188) 지두 크리슈나무르티는 생각을 없애는 단순한 방법으로 생각이 나면 즉시

행동하는 방법을 제시한다. 즉 '내가 전화를 해야 할 것 같다'고 생각할 때 행동하지 않고 생각만 하면 신경이 쓰여 불편한 감정이 계속되지만 즉시 수화기를 들면 관련 감정은 사라진다는 것이다. -지두 크리슈나무르티, 『아는 것으로부터의 자유』, 정현종 옮김, 2011, 105~108쪽

189) 정도언, 같은 책, 67~75쪽

190) 모 가댓, 같은 책, 107~116쪽

191) 로저 트리그, 같은 책, 145~167쪽

192) 모 가댓, 같은 책, 109쪽

193) 모 가댓, 같은 책, 107~147쪽

194) 한나 아렌트는 인간의 활동을 생존을 위한 노동(labor), 도구나 작품 등 생산적 활동을 일(work), 정치적 작용, 예술 등 활동(action)으로 구분한다. -이즈미야 간지, 같은 책, 78~81쪽

195) 데일 카네기, 같은 책, 353쪽

196) 이정호, 같은 책, 162~177쪽

197) 이즈미야 간지, 같은 책, 60~82쪽

198) 쇼펜하우어, 같은 책, 39쪽

199) 일의 경중, 일의 과소, 일에 대한 성취 등 일을 통한 행복이 힐티의 행복 논지다. -이정호, 같은 책, 174~178쪽

200) 소냐 류보머스키, 『How To Be Happy』, 오혜경 옮김, 2008, 118쪽

201) 쇼펜하우어, 같은 책, 77쪽

202) 이즈미야 간지, 같은 책, 184~189쪽

203) 몽테뉴, 『몽테뉴의 수상록』, 안혜린 옮김, 소울메이트, 2018, 85쪽

204) 슈테판 클라인, 같은 책, 326~328쪽

205) 대니얼 길버트의 실험 결과는 자신이 하는 일이 너무 어렵거나 너무 쉬울 때 집중이 더욱 어려운 것으로 나타난다고 한다. 따라서 자기 수준에 적정한 일을 하는 것이 즐거움 감정을 키운다.-슈테판 클라인, 같은 책, 331~334쪽

206) 쇼펜하우어, 같은 책, 242~243쪽

207) 마이클 싱어, 같은 책, 88~103쪽

208) 데일 카네기, 같은 책, 199쪽

209) 데일 카네기, 같은 책, 112~113쪽

210) 데일 카네기, 같은 책, 150쪽

211) 데일 카네기, 같은 책, 134쪽

212) 데일 카네기, 같은 책, 227쪽

213) 데일 카네기, 같은 책, 41~46쪽

214) 윌리엄 제임스는 "행동이 감정을 따르는 것처럼 생각되고 있지만 실제로 행동과 감정은 동시에 작용한다고 한다. 더 직접적인 의지의 지배하에 있는 행동을 규제함으로써, 우리는 의지가 직접적으로 지배하고 있지 않는 감정을 간접적으로 규제할 수 있다"고 한다. -데일 카네기, 같은 책, 174쪽

215) 데일 카네기, 같은 책, 172쪽

216) 소냐 류보머스키, 같은 책, 352쪽

217) 쇼펜하우어, 같은 책, 39쪽

218) 달라이 라마, 『달라이 라마의 행복론』, 류시화 옮김, 김영사, 2001, 244쪽

219) 선정과 지혜를 따로 닦을 것이 아니라 병행해야 한다는 불교 수행법의 하나로 고려 보조국사 이후 우리나라 선종의 중요한 수행법이다.(필자 주)

220) 소크라테스는 인간의 영혼은 지식과 덕을 지닌다면 행복에 달할 수 있다고 하면서 모든 악행의 원인은 무지라고 했다. 잘 모르기 때문에 악을 행하게 된다는 것이다. 알게 되면 자연스럽게 용기와 열정도 따라온다고 한다. -임정환, 같은 책, 22~37쪽, 소크라테스와 마찬가지로 불교와 왕양명도 무지가 불행의 원인이라고 하였다.(필자 주)

221) 페터 쿤츠만 외, 같은 책, 193쪽

222) 알프레드 아들러, 같은 책, 89쪽

223) 황진규, 『처음 철학하는 사람을 위한 아는 척 매뉴얼』, 유노북스, 2016, 68~75쪽

224) 유발 하라리, 같은 책, 331쪽

225) 아리스토텔레스, 같은 책, 216~237쪽

226) 박찬국, 『하이데거의 존재와 시간 읽기』, 57~65쪽

227) 쇼펜하우어, 같은 책, 82~85쪽

228) 버트런드 러셀, 같은 책, 178~182쪽

229) 지두 크리슈나무르티, 같은 책, 50쪽

230) 우리의 주관적 안녕을 결정하는 것은 물질적 안녕의 절대적 수준이 아니고, 타인과 비교되는 자신의 상대적 위치조차 아니다. 그것은 다름 아닌, 우리가 생각하는 자신의 위치다.-조너선 라우시, 같은 책, 65~70쪽

231) 소냐 류보머스키, 같은 책, 217~226쪽

232) 조너선 라우시, 같은 책, 65~69쪽

233) 세네카『세네카의 행복론』, 정영훈 엮음, 정윤희 옮김, 메이트 북스, 2019 / 조너선 라우시, 같은 책, 78쪽

234) 프리드리히 니체, 『차라투스트라는 이렇게 말했다』, 두행숙 옮김, 부북스, 2016, 39~42쪽

235) 칼 로저스, 『진정한 사람되기』, 주은선 옮김, 학지사, 2009, 책 전반 내용 참조

236) 데이비드 호킨스, 『놓아 버림』, 60쪽

237) 달라이 라마 외, 같은 책, 296~299쪽

238) 김석돈, 『행복한 너무나 행복한 즐거운 정직』, 도서출판 행복에너지, 2016, 7쪽

239) 쇼펜하우어, 같은 책, 251쪽

240) 이진경, 같은 책, 341~345쪽

241) 버트런드 러셀, 『행복의 정복』, 정광섭 옮김, 동서문화사, 2017, 152쪽

242) 버트런드 러셀, 같은 책, 225~227쪽

243) 슈테판 클라인, 같은 책, 235~262쪽

244) 데이비드 호킨스, 『의식 혁명』, 262쪽

245) 데이비드 호킨스, 『의식 혁명』, 60쪽

246) 에릭 호프, 『맹신자들』, 이민아 옮김, 궁리, 2011, 9~26쪽

247) 박찬국, 『하이데거의 존재와 시간 읽기』, 143~159쪽

248) 프리드리히 니체, 같은 책, 248쪽

249) 프리드리히 니체, 『도덕의 계보 / 이 사람을 보라』, 김태현 옮김, 청하, 2011, 45쪽

250) 쇼펜하우어, 같은 책, 364쪽

251) 인간의 심장은 일생 동안 약 2억 리터의 혈액을 40억 회 이상 박동하면서 6억 400만 킬로미터의 혈관에 순환시키는데 이것은 지구에서 목성까지의 거리에 해당한다고 한다.(필자 주)

252) 웨인 다이어, 『우리는 모두 죽는다는 것을 기억하라』, 정지현 옮김, 토네이도, 2019, 17쪽

253) 이정호, 같은 책, 74~75쪽

254) 에리히 프롬, 『소유냐 존재냐』, 173쪽

255) 에리히 프롬, 『소유냐 존재냐』, 174쪽

256) 석지현, 『바가바드 기따』, 일지사, 1995, 15~17쪽

257) 정운 편역, 『경전숲길』, 조계종출판사, 2011, 101쪽

258) 생노병사(生老病死) 4고와 애별리고(愛別離苦), 원증회고(怨憎會苦), 구불 득고(求不得苦)의 일곱 가지 고와 이를 축약한 오음성고(五陰盛苦)까지 총 8 가지가 있는데, 앞의 4고는 육체적 괴로움이며 나머지 세 가지는 정신적 괴로 움이다. 오음성고는 육체적 정신적 괴로움을 모두 포함한다. -정운 편역, 같은 책, 103쪽

259) 몸으로 짓는 업: 살아있는 동물을 죽이는 행위, 남의 물건에 손대기, 사음행 위 / 입으로 짓는 업: 거짓말, 이간질, 욕이나 악담 / 뜻으로 짓는 행위: 탐, 진, 치. -정운 편역, 같은 책, 113쪽

260) 무명: 인간 세상이 사제와 연기로 되어 있음에도 바른 세계관, 인생관을 알 지 못한다. / 행: 삶을 위한 행위로 사고, 언어, 신체적 행위 등이 있다. / 식: 판 단의 의식작용이자 주체이다. 안, 이, 비, 설, 신, 의 6식을 말한다. / 명색과 육 처: 앞의 식과 밀접한 관계로 명색은 식의 대상인 물질과 정신으로 색, 성, 향, 미, 촉, 법의 6경이다. 6처는 육경을 인식 판단하는 안근, 이근, 설근, 신근, 의근 의 몸의 기관이다. 촉은 위의 근, 경, 식의 셋이 접촉하는 것이다. 즉 3자의 회 합에 해당한다. / 수: 근, 경, 식의 3자가 회합하여 생긴 고락 등의 감수 작용이 다. / 애, 취, 유: 애는 갈애, 즉 맹목적인 사랑이다. 취는 취착, 집착으로 싫어하 는 것을 버리고 좋아하는 것을 취사선택하는 행동이다. 유는 취착적 행위를 계 속하고 하는 행위다. / 생, 노사: 살아있음으로 새롭게 변화하는 나날의 모습이 며, 노사란 늙고 죽음을 말한다.(필자 주)

261) 무주상보시(無住相布施), 무주상지계(無住相持戒), 무주상인욕(無住相忍 辱), 무주사정진(無住相精進), 무주상선정(無住相禪定), 무주상지혜(無住相智 慧). -정운, 같은 책, 258쪽

262) 깨달음의 위계: 환희지(歡喜地), 이구지(離垢地), 발광지(發光地), 염혜지 (焰慧地), 난승지(難勝地), 현전지(現前地), 원행지(遠行地), 부동지(不動地), 선혜지(善慧地), 법운지(法雲地). -정운, 같은 책, 319쪽

263) 이진경, 같은 책, 426~429쪽

264) 이진경, 같은 책, 429쪽

265) 석지현, 같은 책, 15쪽

266) 이진경, 같은 책, 430~431쪽

267) 이진경, 같은 책, 430쪽

268) 마이클 싱어, 같은 책, 81쪽

269) 데이비드 호킨스, 『놓아 버림』, 박찬준 옮김, 판미동, 2011, 32~54쪽

270) 데이비드 호킨스, 『놓아 버림』, 32~54쪽

271) 화이트 헤드는 행위의 진행 과정을 즐기는 것이 행복이라고 했다. 화엄경은 중생이 성불이 되기를 바라는 것이 아니라 끝없는 정진이 바로 보리살타(菩提薩埵)라고 하였으며, 들뢰즈의 영토확장은 공부와 호기심을 가지고 길을 갈 것을 주문한 것이지 그 결과를 바라지 않았다. 감정의 상처 없이 목표에 도달하면 좋고 아니면 그 과정을 즐기는 것이다.(필자 주)

272) BC 5000~3500으로 추정되는 남아시아 인더스 계곡의 벽화에는 눈을 반쯤 감고 앉아 명상하는 사람들이 등장한다고 한다.(필자 주)

273) 지두 크리슈나무르티, 같은 책, 180쪽

274) 제프리 브랜틀리, 『분노 내려놓기』, 한기연 옮김, 시그마프레스, 2016, 6~7쪽

275) 제프리 브랜틀리, 같은 책, 16~17쪽

276) 지오반니 딘스트만, 『명상에 대한 거의 모든 것』, 서종민 옮김, 불광출판사, 2020, 21쪽

277) 샘 해리스, 『나는 착각일 뿐이다』, 유자화 옮김, 시공사, 2017, 69쪽

행복기초론

이현복 지음

발행처   도서출판 청어
발행인   이영철
영업   이동호
홍보   천성래
기획   남기환
편집   방세화
디자인   이수빈 | 김영은
제작이사 공병한
인쇄   두리터

등록   1999년 5월 3일
          (제321-3210000251001999000063호)

1판 1쇄 발행 2023년 8월 30일

주소   서울특별시 서초구 남부순환로 364길 8-15 동일빌딩 2층
대표전화 02-586-0477
팩시밀리 0303-0942-0478
홈페이지 www.chungeobook.com
E-mail   ppi20@hanmail.net

ISBN   979-11-6855-167-1 (03190)